湖南省郴州市矿业绿色发展研究

桂祁零 王 博 陈其慎 何 斌
郑国栋 徐质彬 王 静 陈平波
何忠武 王 琨 张艳飞 伍新民
余小艳 崔博京 王良晨 周 双
编著

地质出版社
·北 京·

内 容 提 要

本书系湖南省地质院“湖南省绿色矿业城市建设规划预研究（以湖南省郴州市为例）”项目成果之一，主要围绕国内典型矿业城市绿色发展现状，构建了一套绿色矿业城市综合评价指标体系，并以构建的绿色矿业城市综合评价指标对郴州市进行了 AHP-EM-TOPSIS 综合评价。通过与其他矿业城市横向量化对比分析，指出了郴州市绿色矿业城市建设的优劣势，总结提炼了国内外矿业城市转型发展的一些好的经验与方法，为郴州市绿色矿业城市建设提供借鉴。针对郴州市矿业绿色发展现状及其对生态环境的影响，提出了郴州市绿色矿业城市建设的相关工作建议。

本书可为国内矿业城市绿色发展提供借鉴，可供政府自然资源、生态环境、规划等部门工作人员，矿山企业、地质勘查单位管理者和技术人员参考使用。

图书在版编目（CIP）数据

湖南省郴州市矿业绿色发展研究 / 桂祁零等编著.
北京：地质出版社，2024. 7. --ISBN 978-7-116
-14202-2

Ⅰ. F426. 1

中国国家版本馆 CIP 数据核字第 2024UR2357 号

HUNAN SHENG CHENZHOU SHI KUANGYE LÜSE FAZHAN YANJIU

责任编辑：刘秉翔
责任校对：王　瑛
出版发行：地质出版社
社址邮编：北京市海淀区学院路 31 号，100083
电　　话：（010） 66554528（邮购部）；（010） 66554429（编辑室）
网　　址：https://www.gph.clmpg.com
传　　真：（010） 66554686
印　　刷：北京地大彩印有限公司
开　　本：787 mm×1092 mm 1/16
印　　张：11. 25
字　　数：280 千字
版　　次：2024 年 7 月北京第 1 版
印　　次：2024 年 7 月北京第 1 次印刷
审 图 号：湘 S（2024） 021 号
定　　价：118. 00 元
书　　号：ISBN 978-7-116-14202-2

序

“矿业转型，绿色发展”是我国作出的重要战略决策。当前，加快发展方式绿色转型，坚持生态优先、绿色发展，发展绿色矿业，促进资源型地区可持续发展是矿业城市建设的重要任务。湖南省郴州市是国内典型的成熟型矿业城市，矿产资源丰富，矿业是郴州市主要的支柱产业，在郴州市工业中占据主导地位，研究其矿业绿色发展，建设绿色矿业城市具有重大的意义。

本书的科研团队系统地研究分析了郴州市矿产资源禀赋及开发利用现状，实地调查了矿山企业及矿业开发对生态环境的影响，围绕国内典型矿业城市绿色发展现状，构建了一套绿色矿业城市综合评价指标体系，并以构建的绿色矿业城市综合评价指标对郴州市进行了层次分析法-熵值法-优劣性距离法（AHP-EM-TOPSIS）综合评价，指出了郴州市绿色矿业城市建设的优劣势，总结提炼了国内外矿业城市转型发展的一些好的经验与方法，提出了郴州市绿色矿业城市建设的相关工作建议。建设绿色矿业城市，还有很长的路要走。

本书的研究内容与时俱进，取得了一些创新成果，将对郴州市绿色矿业城市建设起到积极的推动作用，为国内矿业城市绿色发展提供借鉴。本书研究的矿业城市代表性还不够全面，取得的成果和认识需要进一步深入与完善，希望本书在推动矿业转型绿色发展上对读者有所启发。

中国工程院院士

2024 年 1 月

前　言

郴州市是湖南省辖地级市，位于湖南省东南部，面积约19342 km^2，2022年人口总数为463.7万人。郴州，“林中之城”，境内多山林，其中，莽山因其丰富的物种，被誉为“中国南方动植物基因库”。区内成矿地质条件优越，钨、铋储量曾居世界首位，锡、锌储量为全国第三，以有色金属矿产闻名于世界，被誉为“中国有色金属之乡”“世界有色金属博物馆”。矿业是郴州市的支柱产业，在郴州市工业中占据主导地位。2021年郴州市生产总值为2770.08亿元，规模以上矿山企业矿业总产值1306亿元，占生产总值的47.1%。郴州市已形成以地质找矿、采选冶及矿产品加工等基本配套的矿业体系，成为湖南省能源生产基地、全国重要有色金属原材料基地和生产基地，非金属生产与加工也得到快速的发展与壮大。矿业产业的稳定发展为郴州市经济与社会发展提供了所需的原料和产品，有力推动了郴州市地方经济的发展。但是，与矿业开发利用程度高的地区相比，郴州市还存在资源优势未能最大效能地转化为经济优势、产业优势的问题，伴随的矿山企业生态环境问题也较为突出，成为矿业开发利用的瓶颈。

在习近平生态文明思想指导下，为落实湖南“三高四新”“建设富饶美丽幸福新湖南”战略决策，贯彻执行湖南省人民政府办公厅《关于全面推动矿业绿色发展的若干意见》精神，在郴州市成为湖南省自贸区片区之一、国家绿色矿业发展示范区，在实施《郴州市矿业转型绿色发展改革试点工作实施方案》的基础上，围绕国家和湖南省“十四五”规划中关于“加快发展方式绿色转型，坚持生态优先、绿色发展，发展绿色矿业，促进资源型地区可持续发展”等最新精神，湖南省地质院实施了“湖南省绿色矿业城市建设规划预研究（以湖南省郴州市为例）”项目，由湖南省遥感地质调查监测所牵头承担，联合中国地质科学院（矿产资源研究所、尾矿利用技术中心）、湖南省矿产资源调查所共同实施，项目执行年限为2021年1月至2022年12月。项目研究的目的是促进湖南省郴州市矿业产业经济可持续发展，建设绿色矿业城市，为全省乃至全国矿业城市转型升级和高质量发展提供范例。

本书系该项目的主要研究成果，由项目负责人、课题负责人及项目参与人员集体编著而成。本书内容包括：

1）开展了郴州市矿业产业的现状研究，指出郴州市大多矿业处在产业链的低端，多以采、选、冶和粗加工产品为主，占比约90%；而精深加工产品少，占比仅10%左右。矿业产业链具有资源优势，应以优势资源培育延伸优势产业链，不断将矿业产业链向中下游延伸。

2）开展了郴州市矿山生态环境影响研究，指出郴州市生态环境本底优良，绿色矿山发展质量较高，但仍旧存在一定程度的矿山环境问题。划分出矿山生态环境影响严重区面积870.80 km^2，占全市土地总面积的4.50%；较重区面积246.34 km^2，占全市土地总面积的1.27%；较轻区面积18224.89 km^2，占全市土地总面积的94.23%。结合郴州市生态环境承载力、自然资源、经济发展基础和潜力等因素，初步划定生态涵养区面积14179.06 km^2，占全市总面积的73.31%，其中重点生态涵养区面积3918.16 km^2，占全市总面积的20.26%。

3）针对国内矿业城市绿色发展理念，以及江西赣州等6个典型矿业城市绿色发展现状，从矿产资源可持续能力（Resource）、资源型产业经济贡献度（Economy）、产业竞争力（Competition）、城市绿色发展水平（Green）四个维度，综合归纳和处理政策友好性、矿业开发就业率、GDP增速、全年空气质量优良率等23个影响因子，构建了一套绿色矿业城市综合评价指标体系，对郴州市进行了AHP-EM-TOPSIS综合评价，并与江西赣州、福建三明、福建龙岩3个矿业城市进行了评价对比，指出了郴州市的优劣势，在绿色矿业城市建设中应重点聚焦提升产业竞争力和城市绿色发展水平两个方面的问题。

4）总结提炼了国内外一批典型矿业城市（国内江西赣州等7个、国外德国鲁尔区等2个）矿业转型绿色发展的一些好的经验与方法，包括：三明市加快引领传统产业升级，实现三钢集团增产增效不增污；文山壮族苗族自治州加强资源优势转化，促进铝全产业链延伸；赣州打造产业集群，促进产业增效增益；龙岩治理与建设并举，对矿山综合整治，实现变废为宝；湖州多管齐下，保证绿色矿业建设，提供了“湖州经验”等。这些成功的经验对郴州市资源、经济、生态协调发展将起到帮助，亦为郴州市现在由成熟型资源型城市，将来跨越“衰退型”阶段，直接进入“再生型”城市提供了范例。

5）以矿业-产业-生态一体的绿色矿业城市综合建设理念，提出将郴州市打造成集资源、经济、绿色、生态于一体的绿色矿业城市。提出了7条具体建议，包括：加大战略性矿产资源勘查，保障资源能源安全；推进绿色矿山和示范区建设，提高资源利用高效化；围绕“补链、延链、强链”，加快产业园差异化特色发展，培育龙头产业企业；加强矿山生态环境综合整治，持续推进土地复垦和生态修复；利用生态和文化环境，建设生态涵养区；统筹城市基础设施建设，促进矿地融合发展，着力打造特色小镇；加强矿业文化建设，打造城市矿业绿色发展“名片”。

本书在编写过程中得到了郴州市设计集团有限公司的大力支持和帮助，特邀中南大学戴塔根教授进行了审阅，他们提出了宝贵的修改意见，在此表示衷心的感谢。绿色矿业城市的建设是个新课题，没有成熟的经验可以借鉴。本书搜集的资料不足，加之作者水平有限，本书的研究成果和认识需要进一步深入和完善，不足和谬误之处，敬请读者批评指正。

目　录

1　绪论……1
1.1　研究背景和意义……1
1.2　前人研究综述……2
1.2.1　国内矿业城市绿色发展研究现状……2
1.2.2　国外矿业城市绿色发展研究现状……3
1.3　研究内容、研究方法、技术路线、完成的工作量及主要成果……4
1.3.1　研究内容……4
1.3.2　研究方法及技术路线……5
1.3.3　完成的工作量……6
1.3.4　取得的主要成果认识……8

2　郴州市概况……10
2.1　区位条件……10
2.2　交通设施……11
2.3　自然地理……12
2.4　社会经济……12
2.4.1　经济发展……12
2.4.2　产业结构……12
2.4.3　矿业发展……13
2.5　绿色矿山……16
2.6　城市文化……16

3　郴州市矿产资源禀赋及开发利用现状……18
3.1　郴州市成矿地质条件……18
3.2　郴州市矿产资源……19
3.2.1　郴州市主要矿产资源及储量……19
3.2.2　郴州市典型矿区资源及储量……22

3.3 郴州市矿产资源开发利用…… 23
3.4 郴州市矿产资源产业发展现状…… 24
3.5 郴州市矿业产业链情况…… 25
3.5.1 郴州市钨钼产业…… 25
3.5.2 郴州市铅锌产业…… 27
3.5.3 郴州市锡产业…… 27
3.5.4 郴州市白银产业…… 30
3.5.5 郴州市铋产业…… 33
3.5.6 郴州市石墨产业…… 33
3.5.7 郴州市萤石产业…… 35
3.5.8 郴州市硅石产业…… 36
3.5.9 郴州市锂产业…… 37
3.5.10 郴州市铜产业 …… 37
3.5.11 郴州市铍产业 …… 39
3.5.12 郴州市煤炭产业 …… 40
3.5.13 郴州市水泥用石灰岩产业 …… 40
3.5.14 郴州市方解石产业 …… 40
3.5.15 郴州市宝玉石产业 …… 41
3.5.16 郴州市地热产业 …… 41
3.6 郴州市资源型产业发展面临的主要问题…… 41
3.6.1 勘查投入不足，资源保障能力急需加强…… 41
3.6.2 产业链延伸不长，转型升级有待提速…… 42
3.6.3 行业集中度低，企业主体规模有待壮大…… 42
3.6.4 研发投入不足，创新能力有待提高…… 43
3.6.5 环境历史遗留问题突出，绿色发展水平有待进一步提升…… 43
3.6.6 人口持续流出，人才队伍有待扩充…… 44
3.6.7 产业布局分散，园区支撑能力有待加强…… 44

4 郴州市矿业绿色发展与生态保护…… 50
4.1 郴州市生态环境本底特征分析…… 50
4.1.1 地形复杂多样，土地资源可利用程度西高东低…… 50
4.1.2 水资源总量丰富，时空分布不均…… 50
4.1.3 环境质量优良，局部轻度污染…… 52
4.1.4 生态本底优良，生物多样性丰富 …… 53

4.1.5 自然灾害分布广，局部灾害危险性高……53
4.2 矿山生态环境问题分析及修复……54
4.2.1 矿山地形地貌景观破坏……55
4.2.2 矿山土地土壤资源破坏……56
4.2.3 矿山地质灾害……58
4.2.4 矿山水土环境污染……60
4.2.5 矿山水资源破坏……67
4.2.6 矿山固体废弃物排放……73
4.2.7 矿山生态环境修复……74
4.3 矿山生态环境综合评价……75
4.3.1 评价模型……75
4.3.2 评价指标体系……76
4.3.3 评价指标权重……78
4.3.4 综合评估方法……83
4.3.5 矿山生态环境影响综合评价结果……86
4.4 生态涵养区……87
4.4.1 生态涵养区定义和分类……87
4.4.2 生态涵养区确立原则……89
4.4.3 生态涵养区划定范围……90
4.4.4 生态涵养区划定初步结果……90

5 矿业城市绿色发展研究……92
5.1 矿业城市绿色发展概念……92
5.1.1 绿色城市……92
5.1.2 国外绿色矿山……93
5.1.3 中国绿色矿业体系……94
5.1.4 绿色矿业城市……95
5.2 国内外相关绿色城市指标体系研究现状……96
5.2.1 国内相关绿色城市指标体系研究现状……96
5.2.2 国外相关绿色城市指标体系研究现状……98
5.3 绿色矿业城市研究方法及技术路线……99
5.3.1 研究内容……99
5.3.2 研究方法……99
5.3.3 技术路线……100

5.4 典型矿业城市绿色发展案例研究 …… 100
5.4.1 江西省赣州市矿业绿色发展情况 …… 100
5.4.2 福建省三明市矿业绿色发展情况 …… 105
5.4.3 福建省龙岩市矿业绿色发展情况 …… 108
5.4.4 浙江省湖州市矿业绿色发展情况 …… 112
5.4.5 云南省文山壮族苗族自治州矿业绿色发展情况 …… 116
5.4.6 广东省韶关市矿业绿色发展情况 …… 120
5.4.7 值得借鉴的经验及存在问题 …… 123
5.5 绿色矿业城市评价 …… 124
5.5.1 RECG 评价体系 …… 124
5.5.2 绿色矿业城市评价指标体系构建 …… 125
5.5.3 绿色矿业城市评价方法 …… 128
5.6 评价结果 …… 131
5.6.1 数据收集 …… 131
5.6.2 定量化处理 …… 132
5.6.3 评价结果 …… 133

6 郴州市绿色矿业城市发展建议 …… 140
6.1 相关政策分析及规划解读 …… 140
6.1.1 相关政策分析 …… 140
6.1.2 郴州市相关规划解读 …… 141
6.2 国内外矿业城市转型发展案例分析 …… 142
6.2.1 国内案例分析 …… 142
6.2.2 国外案例分析 …… 144
6.3 郴州市绿色矿业城市发展存在的主要问题 …… 146
6.3.1 “矿竭城衰”风险较大 …… 146
6.3.2 矿业结构布局不优 …… 146
6.3.3 资源综合利用水平偏低 …… 146
6.3.4 产业链条延伸缓慢 …… 146
6.3.5 矿山生态修复任务繁重 …… 147
6.3.6 矿地融合管理滞后 …… 147
6.3.7 部分矿区与“三生空间”存在矛盾冲突 …… 147
6.4 郴州市绿色矿业城市建设指导思想与目标 …… 148
6.4.1 指导思路 …… 148

6.4.2 绿色矿业城市建设定位 …… 149
6.4.3 总体目标 …… 149
6.4.4 具体目标 …… 149
6.4.5 机遇与挑战 …… 150
6.5 绿色矿业城市实施路径 …… 150
6.5.1 进一步理顺勘查-开发-保护三者之间的关系 …… 150
6.5.2 合理布局矿产资源勘查及结构优化 …… 151
6.5.3 大力推进绿色矿业示范区建设 …… 151
6.5.4 全面加强矿业产业园区建设 …… 151
6.5.5 全力推进矿山地质环境治理和生态修复 …… 151
6.5.6 加强地质矿业文化建设 …… 152
6.5.7 加快资源枯竭矿区转型发展 …… 152
6.6 绿色矿业城市建设重点任务 …… 152
6.6.1 统筹矿产资源开发与生态环境保护 …… 152
6.6.2 加强矿产资源勘查 …… 153
6.6.3 全域推进绿色矿山建设 …… 153
6.6.4 全面推进绿色矿业发展示范区建设 …… 154
6.6.5 加快推进矿地融合发展 …… 155
6.6.6 有序推进矿业产业园区建设 …… 156
6.6.7 持续推进土地复垦和生态修复 …… 158
6.6.8 加强地质特色城镇建设 …… 159
6.6.9 加强对外交流合作平台建设 …… 159
6.7 实施保证措施 …… 159
6.7.1 健全组织领导 …… 159
6.7.2 加强绿色矿业发展能力建设 …… 159
6.7.3 建立和完善矿产勘查与开发利用融资体系 …… 160
6.7.4 建立科技扶持制度和运行体系 …… 160
6.7.5 严格监督检查 …… 160
6.7.6 加强宣传交流 …… 160

7 结论 …… 161

主要参考文献及资料 …… 163

1 绪　论

1.1 研究背景和意义

矿业城市因矿而兴，城市发展往往以矿产业为主导，在发展过程中，矿业开发的不断深入会不断引发产业结构失调、生态环境破坏、空间规划不合理、经济增速减缓等问题。由于矿产资源具有不可再生性，“因矿而兴、矿竭城衰”是矿业城市发展面临的主要难题，提前布局、因势利导矿业城市转型升级成为必然选择（易永等，2018；陈翔，2021；汪毅等，2022）。在生态文明建设的背景下，矿业城市转型不仅是产业经济的升级，更是绿色发展方式的转变。绿色发展是未来发展的大方向，是实现资源产业高质量发展的重要途径和必然要求，也是我国实现由矿业大国向矿业强国转变的必由之路。研究矿业城市绿色发展不仅是现实所需，更是着眼长远之要。

郴州市位于湖南省东南部，矿产资源丰富，已发现矿种 110 余种，现已初步形成以地质找矿、采选冶及矿产品深加工等基本配套的矿业体系。矿业是郴州市的支柱产业，在郴州市工业中占据主导地位。郴州市是成熟型矿业城市，是“中国有色金属之乡”“微晶石墨之乡”和“中国温泉之乡”，全国重要有色金属原材料基地和生产基地，是全国钨、铋、稀贵金属和微晶石墨主要生产基地，湖南省最大的铅、锌、锡和水泥生产基地，全国“城市矿产”示范基地、国家级工业资源综合利用基地，是湖南省主要能源生产基地之一。

郴州又称为“林邑之城”，区内南岭山脉与罗霄山交错，地势复杂多样，河流发育，有湘江、珠江、赣江三大水系通过。区内得天独厚的自然生态环境，涵养了丰富的生物多样性，被确定为国家“南岭山地森林及生物多样性生态功能区”，也是“国家园林城市”“国家森林城市”“全国绿化模范城市”“全国低碳示范城市”“全国生态文明示范工程试点市”。郴州市是湖南省历史文化名城，是一个多民族地区，民俗资源丰富，地域特色独特，汝城香火龙、嘉禾民歌以及戏曲文化等被列入国家非物质文化遗产保护名录。郴州市是“湘南起义”策源地，“半条被子”故事发生地，中国女排“五连冠”的腾飞地。

尽管如此，郴州市也曾经历过一段野蛮式的矿业开发阶段，由于当时矿业开发粗放，郴州市一些优质资源被无序开采、粗放式利用，不仅资源优势未能最大效能地转化为经济优势、产业优势，生态环境问题也成为矿业开发中期面临的阵痛问题。在习近平生态文明思想指导下，为落实湖南“三高四新”“建设富饶美丽幸福新湖南”战略决策，贯彻执行湖南省人民政府办公厅《关于全面推动矿业绿色发展的若干意见》精神，在郴州市成为湖南省自贸区片区之一、国家绿色矿业发展示范区，在实施《郴州市矿业转型绿色发展改革试点工作实施方案》的基础上，亟需从自然资源、资源禀赋、产业发展、城市建设、生态环境保护与治理修复等方面综合出发，开展郴州市矿业绿色发展研究，破解矿业转型、绿色发展难题，合理开发利用矿产资源，协调城市空间布局和各项建设所作的综合部署，促进产业经济可持续发展、高质量发展，打造集资源、经济、绿色、生态于一体的绿色矿业城市，避免“因矿而兴，矿竭城衰”，为全省乃至全国矿业城市转型升级和高质量发展提供范例。因此，开展湖南省郴州市矿业绿色发展研究具有重大的战略意义和现实意义。

1.2 前人研究综述

1.2.1 国内矿业城市绿色发展研究现状

矿业（资源）城市简单来说就是围绕一个矿产资源丰富的地区形成以矿石开采、冶炼、加工为主要产业的城市。我国是矿产资源大国，从古至今就有较多的矿业城镇存在，最早可追索到殷商时代，以金、银、铜、锡和宝玉石的开采、加工为主，直至当代，中小型矿业城镇遍及全国各地，如大冶、铜绿山、铜陵、个旧、自贡、唐山、萍乡、大同、徐州、东川、黄石、鞍山、玉门、大庆、白银、金川、德兴等。根据城矿依存关系划分，目前我国对矿业产业有依存度的城市主要有 98 个（57 个为地级市，41 个为县级市）。郴州市虽然矿产资源较丰富，但不在这 98 个城市之列，属于对矿业产业有较弱依存度的城市，其矿山散布在所管辖的行政区内。

近年来，国内许多学者对矿业城市绿色发展进行了非常广泛的研究，大多聚焦于绿色矿业、矿业城市经济转型、低碳发展、生态建设、绿色城市建设以及矿业城市绿色发展等方面。一些学者（龚鹏等，2018；李国政，2018；李明阳，2020；陈静，2021；牛金辉，2022；Bui et al.，2022）对绿色矿业的内涵、实施路径、绿色矿业经济发展前景进行了较为全面的研究；一些学者（Cao et al.，2011；吴祥祥，2011；李虹等，2018；孙轩，2021；刘小玲等，2022；冯超等，2022）对矿业城市经济转型提出了措施及对策，对转型效率进行了对比分析评价；一些学者（戴兰，2022；高怀壁等，2022；关伟等，2022；朱敏等，2022；董成等，2022；Soomro et al.，2022）在“双碳”目标背景下提出了矿业城市低碳发展的路径及对策；一些学者（Chang.，2018；陈存根，2021；王硕等，2021；黄子洋，2022；项松林等，2022）提出了矿业城市生态建设，以及推进绿色城市建设；一些学者（Jenni et al.，2014；陈静，2021；龚慧敏，2022；窦容音等，2023）对矿业城市矿业经济绿色发展提出了发展路径和对策，特别是湖南大学公共管理学院深入分析了湖南省矿业经济绿色发展现状、问题和原因，从矿业经济绿色增长量、资源环境承载力和绿色发展支撑力 3 个方面构建了基于湖南省矿业经济绿色发展综合指标体系，并为“绿色湖南”提出了一系列保障措施。我国众多学者对矿业城市绿色发展研究大多从宏观经济某个方面出发，缺乏系统性、全面性的调查评价研究，并且对单一城市矿业经济绿色发展研究较少。

党的十八大以来，以习近平同志为核心的党中央大力推进生态文明建设，2014 年 3 月 16 日，中共中央、国务院发布《国家新型城镇化规划（2021—2025 年)》，提出绿色城市理念，将生态文明理念全面融入城市发展，构建绿色生产方式、生活方式和消费方式。2015 年 5 月 6 日，中共中央、国务院出台了《关于加快推进生态文明建设的意见》，明确了加快推进生态文明建设的基本原则。2015 年 10 月 29 日，习近平同志在党的十八届五中全会第二次全体会议上提出了创新、协调、绿色、开放、共享的新发展理念，指明了我国的发展思路、发展方向和发展着力点。党的十九大报告提出坚持人与自然和谐共生，必须树立和践行绿水青山就是金山银山的理念，坚持节约资源和保护环境的基本国策。2017 年 10 月，中国标准化研究院制订了《绿色城市评价指标（征求意见稿)》。2019 年 5 月 10 日，中共中央、国务院出台了《关于建立国土空间规划体系并监督实施的若干意见》，提出了建立国土空间规划体系的目标，分级分类建立国土空间规划。在党和国家政策的指引下，2016 年 11 月 15 日，中国共产党湖南省第十一次代表大会作出了“建设富饶美丽幸福新湖南”战略决策。2019 年 12 月 31 日，湖南省人民政府办公厅印发了《关于全面推动矿业绿色发展的若干意见》（湘政办发〔2019〕71 号)。郴州市是湖南省矿业转型绿色发展典型，2020 年初，湖南省郴州市人民政府出台了《郴州市矿业转型绿色发展改革试点工作方案（试行)》。2020 年 6 月，湖南省郴州市人民政府出台了《湖南省郴州市绿色矿业发展示范区建设方案（2020—2025 年)》。

1.2.2 国外矿业城市绿色发展研究现状

在全球 200 多个国家中，具有较好矿产禀赋的国家有数十个，其中，矿产资源丰富、开发能力强且矿业产业环境优美的国家有十多个。据有关资料评价，美国、澳大利亚、加拿大、日本等国为矿产资源强国，而中国、俄罗斯、南非、印度、巴西、英国等国为矿产资源大国。日本是矿产资源强国，占有资源及开发主要在国外，国内矿业开发占比小。澳大利亚虽是矿产资源强国，但人稀地广，其矿业以出口原矿为主，主要矿业城市以旅游、教育、服务业为主，其矿业城市建设不太符合中国实情。加拿大是矿产资源强国，其矿业以采矿业原矿出口为主，矿山建设为绿色矿山，人稀地广，其矿业城市建设亦不符合中国实情。南非虽然矿产资源丰富，国家加快实施《一体化发展计划》，由于其经济不景气，矿工及矿区的生存状况大多堪忧，无法与中国相比（陈其慎等，2017，2019)。

尽管如此，西方国家矿业城市转型及绿色发展成功的经验仍可以作为我国借鉴的范例（宋飏等，2011）。西方国家从18世纪初进入工业化阶段，逐步形成煤矿城市、钢铁工业城市和石油城市等。德国鲁尔区在20世纪50年代以前是德国最大的工业区，拥有煤炭、钢铁、机械、电力等各种工业，之后由于能源消费结构变化及技术的进步，其传统的煤炭、钢铁业出现危机，但是政府在结构调整和规划措施方面得力，成功实现矿业转型发展。具体做法如下：政府发挥主导作用，包括政策支持、财政扶持，职工转岗补贴培训等方面；产业结构调整，行业提质升级改造，发展第三产业，服务业蓬勃兴起；重视环境建设，改善交通网络等。美国休斯敦自发现石油之后城市快速发展，石油、石化、石油科研、石油资本均居世界前列，成为“世界油都”。20世纪70年代油价下跌，石化行业萧条，经济严重受挫，为摆脱困境，休斯敦市从调整产业结构入手，大力推进产业多元化，优先发展石化以外的高新产业，依托政府投资的港口、宇航中心、卫生医疗中心，孵化出一大批高科技公司，带动城市功能的转变，摆脱对石油经济的依赖，逐步发展为美国的高科技中心。其发展转型模式为：延伸传统产业（石油），新建主导产业（航天），带动相关产业（金属加工和食品加工），完善基础产业（交通通信）。主要措施有：政府政策支持、财政扶持，加强土地规划，改善交通堵塞和环境污染；经济转型和多元化发展；充分利用自然资源发展城市经济。从国外城市矿业转型总体来看，可行的具体做法有：政府发挥主导作用，政策支持、财政扶持；产业结构调整，行业提质升级改造，发展新兴产业带动其他产业；改善交通和环境污染，发展服务业。

综上所述，国内外矿业城市绿色发展没有一成不变的范例，只有因地制宜，从实际出发，研究城市的矿业产业结构和自然资源禀赋，发挥政府推动作用，做好产业转型，把握新技术应用和新产业引进，带动相关产业的发展，才能促进城市的可持续、高质量发展。

1.3 研究内容、研究方法、技术路线、完成的工作量及主要成果

1.3.1 研究内容

本次工作从4个方面进行研究，分别为：典型矿业城市绿色发展评价指标研究、郴州市资源开发利用及矿业产业发展研究、郴州市矿业绿色发展和生态修复治理研究、郴州市矿业绿色发展建议。各项研究内容如下：

（1）开展郴州市绿色矿业城市指标体系研究

分析郴州市城市发展特点、资源状况和矿业发展状况，从资源开发效益、质量、产业结构和生态环境现状等方面研究，构建郴州市绿色矿业城市评价指标体系，为郴州市

及国内矿业城市绿色发展提供参考依据。

（2）开展郴州市矿业发展现状及其产业链延伸方向研究

围绕国家、省、市经济产业发展和战略需求，依托郴州市优势矿产资源条件，分析郴州市矿业产业发展现状及面临的问题，提出郴州市矿产资源可持续开发利用和产业链延伸建议。

（3）开展郴州市矿业绿色发展与生态保护研究

分析矿业及其相关产业开发对当地生态环境造成的影响及恢复治理现状，分析郴州市矿业绿色发展面临的生态问题，研究提出“促进矿业绿色化、生态资源化、矿业开发与生态保护一体化发展”的绿色发展建议。

（4）综合提出郴州市绿色矿业城市建设建议

从矿产资源开发、产业发展、城市建设、生态环境保护与治理修复等方面出发，将郴州市与典型矿业城市绿色发展评价指标体系进行对比分析，提出郴州市绿色矿业城市建设建议，为国内矿业城市高质量发展提供范例。

1.3.2 研究方法及技术路线

为了实现研究目标，本次工作采取资料分析法、实地调研法、数据分析法、相似类比法等综合手段开展研究。

（1）采用相似类比法+实地调研法+数据分析法构建科学合理的郴州市绿色矿业城市评价指标体系

通过大量的国内外矿业城市绿色转型资料分析，筛选类似的典型绿色转型城市，分析研究其评价绿色转型质量的指标因素，架构郴州市绿色矿业城市评价指标体系。

在借鉴类似城市经验的基础上，从郴州市绿色转型实践出发，按照国家“生态优先、绿色发展”要求，科学性、系统性、综合性和动态性原则，从资源开发数量、质量、产业结构、生态环境等方面，研究完善郴州市矿业绿色发展涉及的资源开发利用指标、经济效益指标、生态效益指标等，构建绿色矿业城市评价指标体系。

（2）通过资料收集分析、产业调研等形式开展郴州市矿业产业链现状研究，构建郴州市经济-资源-矿业-下游产业-生态数据体系

矿业城市绿色发展研究涉及城市经济发展、矿产资源禀赋、矿业开发、下游相关产业发展以及生态保护等大量数据资料，通过室内资料收集、室外调研等多种手段，充分依托已有数据资料，对郴州市矿业产业链现状进行充分调查。根据矿业城市绿色发展方向，开展郴州市经济-资源-矿业-下游产业-生态数据体系规划座谈，为开展绿色矿业城市发展研究奠定了坚实基础。

（3）以资料分析及实地调查、采样分析，分析郴州市矿业发展的环境承载能力，开展郴州市矿业绿色发展与生态保护研究

充分收集郴州市“十四五”规划、矿产资源规划以及国家级绿色示范区建设方案等资料，充分了解郴州市矿业绿色发展的环境掣肘问题以及绿色规划设想、空间布局，对各规划区内涉及的重点企业、重点矿山、矿业产业园区、生态涵养区等开展野外实地踏勘工作，获取一手数据资料，摸清郴州市矿业绿色发展面临的环境问题以及绿色发展环境生态基础，从实际出发，研究保护开发的规划措施建议，以保证规划研究的实时性和可操作性。

（4）分区分类研究郴州市绿色矿业城市建设的方案

以构建的郴州市绿色矿业城市评价指标体系为指导，综合郴州市资源开发利用及矿业产业发展研究、郴州市矿业绿色发展与生态保护研究成果，以“促进矿业绿色化，生态资源化，矿业开发与生态保护一体化发展”为基本思路，从自然资源、产业发展、城市建设、生态环境保护与治理修复等方面出发，综合提出郴州市绿色矿业城市的建设方案。

从微观角度，先摸清郴州市自然资源、社会经济、城市文化、资源禀赋、产业链发展、生态环境、绿色发展等情况。从中观角度，以国内典型矿业城市绿色发展案例研究为基础，提取影响矿业城市绿色发展的主要因素，构建郴州市绿色矿业城市（RECG：资源-经济-产业-绿色）评价指标体系；运用 AHP-EM-TOPSIS 综合评价方法，从矿产资源可持续能力（Resource）、资源型产业经济贡献度（Economy）、产业竞争力（Competition）、城市绿色发展水平（Green）四个维度出发，对郴州市进行评价分析。从宏观角度，研究郴州市矿业各产业链优劣势、资源配置情况、生态环境状况等因素，依托国家战略、城市建设发展规划，以建设绿色矿业城市为目标，探索实施路径，指出建设的重点任务，提出郴州市矿业产业健康、可持续、高质量发展建议。本次研究开展的技术路线见图 1.1。

1.3.3 完成的工作量

1）收集了郴州市经济、资源、产业、环境、规划等方面文件、报告 500 余份，矿业绿色发展方面相关报告及文献 167 份。对相关资料及数据进行系统整理、分析和加工。

2）开展了郴州市矿业转型绿色发展专题调研。了解了郴州市在推进城市矿业绿色发展的进展情况；总结了郴州市三十六湾地区山水林田湖草生态修复、东江湖水资源地生态保护、莽山国家地质公园建设过程中的经验；对宝山、柿竹园、新田岭等矿山企业生产提质进行了实地调研。

3）进行了郴州市矿业产业链情况调研。了解郴州市各矿种产业链的布局及现状，

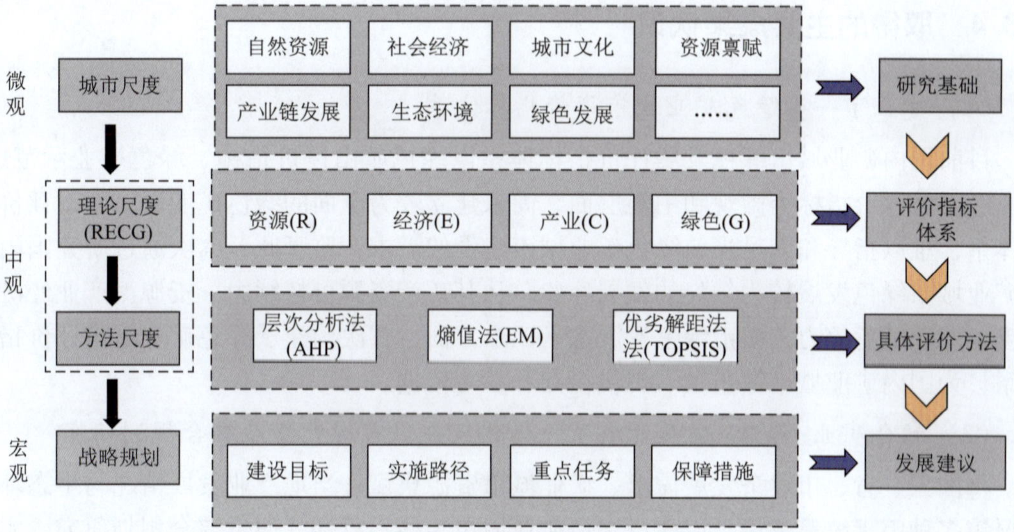

图 1.1　技术路线流程图

摸清了矿业产业链上、中、下游企业及产品发展情况。重点对桂阳银星、中化蓝天、旗滨玻璃等龙头企业产业链进行了实地调研。

4）完成了郴州市坪宝地区、鲁塘地区等多个矿集区的绿色发展建设情况调查。到郴州市坪宝地区、鲁塘地区等多个矿集区内多个典型矿山，调查了矿山绿色矿山建设、矿山地质环境问题及生态修复情况，总结了绿色矿山建设经验、转型发展思路、方向。

5）进行了矿山地质环境问题调查。系统调查了郴州市矿山开发所造成的地质环境生态问题，采集了水样 1976 件、土壤样 1173 件。对样品测试分析数据进行了统计、归纳，分析总结了各类矿山地质环境生态问题的具体特征及分布规律。

本次研究完成的主要工作量如表 1.1 所示。

表 1.1　完成工作量

项目内容	工作量	单位
采集水样	1976	件
采集土壤样	1173	件
调研企业	5	家
研究城市	5	个
政府文件	50	份
基础数据	500	项
企业年报	12	份
行业报告	5	份
文献（规范、专著）	167	份

1.3.4 取得的主要成果认识

（1）建立了一套绿色矿业城市评价指标体系

目前国内矿业城市绿色发展评价指标体系以绿色矿山评价指标、绿色矿业示范区、矿业经济区评价指标等微观和中观层面，尚未建立较为全面的绿色矿业城市建设评价指标体系，难以指导和满足当前绿色矿业城市建设的需求。鉴于此，本次通过研究国内典型矿业城市绿色发展较为领先的发展经验，从其矿产资源可持续力、资源型产业经济贡献度、产业链竞争力、城市绿色发展水平四个方面，首次构建了绿色矿业城市评价指标体系，为国内矿业城市绿色发展提供指导和参考依据。

（2）结合矿业-产业-生态开展了一体化矿业城市绿色发展综合规划研究

将国家、省、市经济发展需求、矿业城市资源禀赋、当地产业发展情况与生态环境状况等多种因素统筹考虑，以建设绿色矿业城市为核心目标，通过综合规划研究，实现资源效益、经济效益与生态效益的统筹最大化，为国内矿业城市绿色发展提供指导依据。

（3）以郴州市为例，系统梳理了建设发展绿色矿业城市的基础条件

郴州市水资源丰富，空气质量较好，森林植被发育，生态本底较好。郴州市成矿条件优越，矿产资源丰富，具有一定资源优势，特别是区内的钨、铋、隐晶质石墨等资源在全世界曾居首位。矿业是郴州市的支柱产业，郴州市是全国最大的白银、铋生产基地，湖南省最大的铅、锌、锡生产基地。2021 年，规模以上矿山企业总产值占工业生产总值的 47.1%。

（4）对郴州市绿色矿业城市的建设进行了综合评价

从矿产资源可持续能力、资源型产业经济贡献度、产业竞争力、城市绿色发展水平四个维度，选取政策友好性、矿业开发就业率、GDP 增速、全年空气质量优良率等 23 个相关影响因子，对郴州市绿色矿业城市综合评价指标体系进行了评价。采用归一化处理方式，对部分指标项数据进行了标准化处理，运用层次分析法-熵值法-优劣解距法进行定量化处理，指出了郴州市绿色矿业城市发展的优劣势。

（5）提出了郴州市矿产资源可持续发展利用和产业链延伸建议

郴州市现有各矿业产业大都处在产业链的低端，多以产品加工为主，而精深加工产品少，如郴州市铋保有资源量居全国首位，是全国最大的铋生产基地，但是在国内和国际市场上却没有话语权，原因在于产品技术含量低、附加值弱，锡、隐晶质石墨等矿产品也是如此。应发挥资源优势、矿业产业园的政策优势，发展循环经济，重点放在“强链、补链、延链”方向，避免产品单一、上下游产业脱节，将产业链上的产业融合发展，建立资源-能量-产品-废弃物-资源化-再利用的循环发展模式、链条。

(6) 提出了郴州市矿山生态环境治理修复方案，划设了生态涵养区

郴州市因矿山开发所造成了6类矿山地质环境生态问题，即地形地貌景观破坏、土地土壤资源破坏、矿山地质灾害、矿山水土及大气环境污染、矿山水资源破坏和矿山生物资源破坏。根据矿山生态环境等级，围绕坚持绿色矿山建设、坚持生态修复治理、坚持废矿综合利用三方面，有重点、分先后加快推进矿山环境综合治理，引导矿山企业自觉践行绿色发展理念。

结合郴州市生态环境承载力、自然资源、经济发展基础和潜力等因素，初步划定重点生态涵养区面积3918.16 km^2，占全市总面积的20.26%；一般生态涵养区面积10260.90 km^2，占全市总面积的53.05%。

(7) 对郴州市绿色矿业城市建设提出了建议

加大战略型矿产资源勘查，保障资源能源安全；推进绿色矿山和示范区建设，提高资源利用高效化；围绕“补链、延链、强链”，加快产业园差异化特色发展，培育龙头企业；加强矿山生态环境综合整治，持续推进土地复垦和生态修复；利用生态和文化环境，建设生态涵养区；统筹城市基础设施建设，促进矿地融合发展，着力打造特色小镇；加强对外交流合作平台建设，打造矿业城市绿色发展“名片”。

2 郴州市概况

2.1 区位条件

郴州市，别称“福城”，湖南省辖地级市，位于湖南省东南部。郴州市自古以来是中原通往华南沿海的咽喉，东界江西赣州，南连广东韶关，西接永州市，北临衡阳、株洲两市，是湖南省的“南大门”。郴州市处于“珠三角”“长株潭”经济区的交汇腹地，是华南经济圈与内陆经济带的重要通道和节点。在珠三角、长株潭经济区的辐射半径上，郴州市是地理上的中心；在区域经济发展的格局中，位于承南接北、呼东应西、双向开放、梯度推进的一个特殊的战略位置。近年来，随着沿海的产业向内地转移，处于由内陆地区向东南沿海地区的过渡地带和泛珠三角区域的中心位置的郴州市，靠近最具活力和发展潜力的粤港澳大湾区，区位优势越来越明显（图 2.1）。

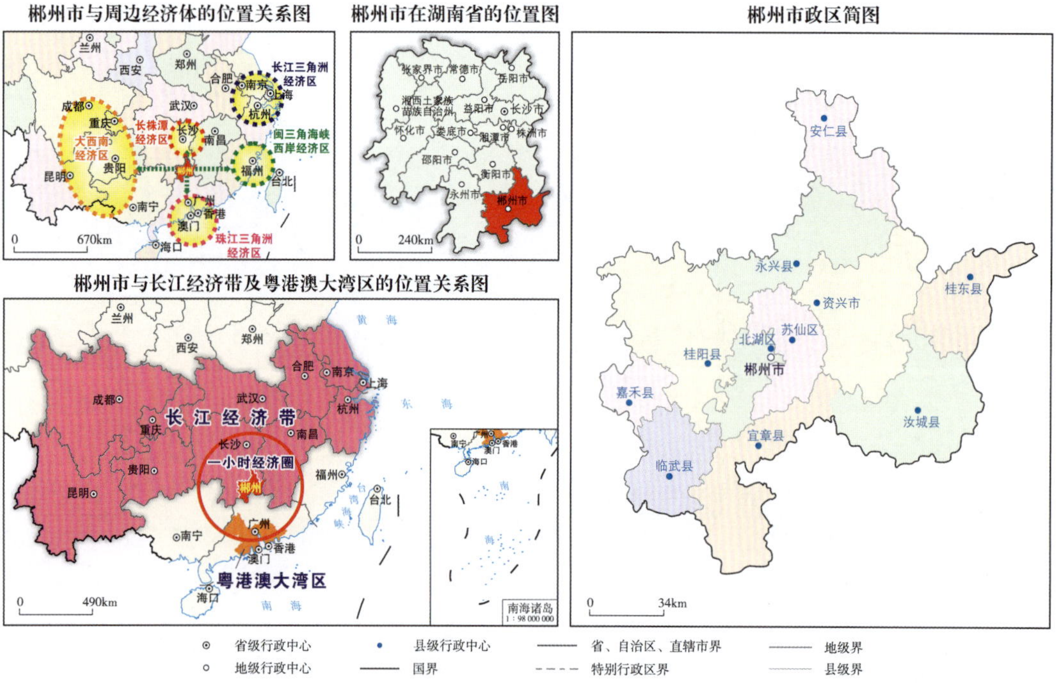

图 2.1 郴州市区位图

2.2 交通设施

郴州市交通便利，四通八达（图 2.2），北上长沙，南下广州，高铁可以朝发朝至，人流、物流畅通无阻。京广铁路、京广高速铁路、京珠高速公路、厦蓉高速公路、107 国道、106 国道、省道 1806 线、省道 1803 线和郴资桂高等级公路等交通线纵横境内。郴资桂和郴永宜“大十字”城镇群区域半小时交通经济圈和融入长株潭 1 小时经济圈

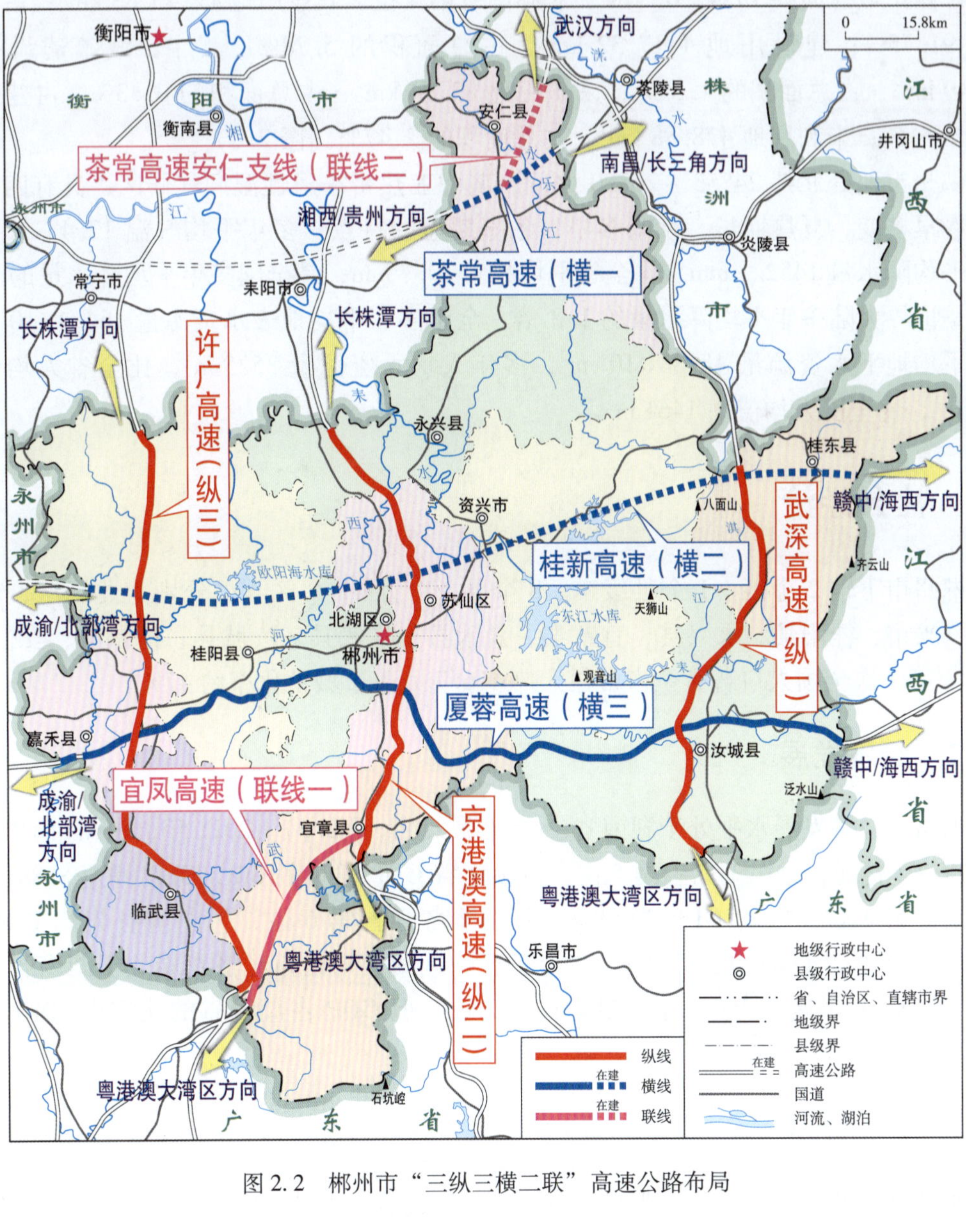

图 2.2 郴州市“三纵三横二联”高速公路布局

基本建成，交通网主骨架成型、微循环成网。2021 年，郴州市北湖机场构建起郴州市对外大联通的立体交通网络，进一步提升了郴州市区域交通枢纽地位。自“十四五”规划提出以来，郴州市计划在未来 5 年内，以打造国内国际双循环战略重要节点城市为目标，发挥承东启西、连南通北的区位优势，进一步完善交通网。

2.3 自然地理

郴州市域总面积 19342.03 km^2，居湖南省第 4 位。农业用地 17745.83 km^2，占总面积的 91.75%；建设用地 1117.32 km^2，占总面积的 5.78%。其中，城镇建设用地 257.49 km^2，占总面积的 1.33%；采矿用地 83.94 km^2，占总面积的 0.43%，占建设用地的 7.51%；未利用地 478.88 km^2，占总面积的 2.47%（图 2.3）。

郴州市地处北纬 24°53′～26°50′之间，属中亚热带季风性湿润气候区，具有四季分明，春早多变，夏热期长，秋晴多旱，冬寒期短的特点。多年平均气温 17.4℃。全市多年平均降水量 1452.1 mm，比全省平均数多 19.7 mm，是全国多年平均降水量的 2.22 倍，是世界大陆多年平均降水量的 1.3 倍。全市多年平均地表水资源量 164.4×10^8 m^3，多年平均地下水资源量 45.88×10^8 m^3，多年人均水资源量 3525 m^3，比全省人均值高 1054 m^3，比全国人均值高 1461 m^3。

2.4 社会经济

郴州市下辖 2 个区、1 个县级市、8 个县，合计 11 个区县，分别为北湖区、苏仙区、资兴市、桂阳县、永兴县、宜章县、嘉禾县、临武县、汝城县、桂东县、安仁县。2021 年第 7 次全国人口普查全市常住人口 466.7 万人，城镇化率约 47%。

2.4.1 经济发展

郴州市经济发展水平处于湖南省中游（图 2.4，图 2.5）。2021 年，郴州市 GDP 总量 2770.08 亿元，排名湖南省第 6 位，占湖南省 GDP 总量的 6%，GDP 增速 8.8%，排名湖南省第 1 位。人均 GDP 为 59342 元，排名全省第 6 位，为湖南省人均 GDP 的 85.5%、全国人均 GDP 的 73.3%。“十三五”期间，郴州市经济发展位于湖南省中上游，年均 GDP 增速 7.3%，排名湖南省第 3 位，但 GDP 占湖南省的比例由 2016 年的 6.5%下降到 2020 年的 6%。

2.4.2 产业结构

2021 年，郴州市第一产业增加值 291.58 亿元，增长 9.5%；第二产业增加值

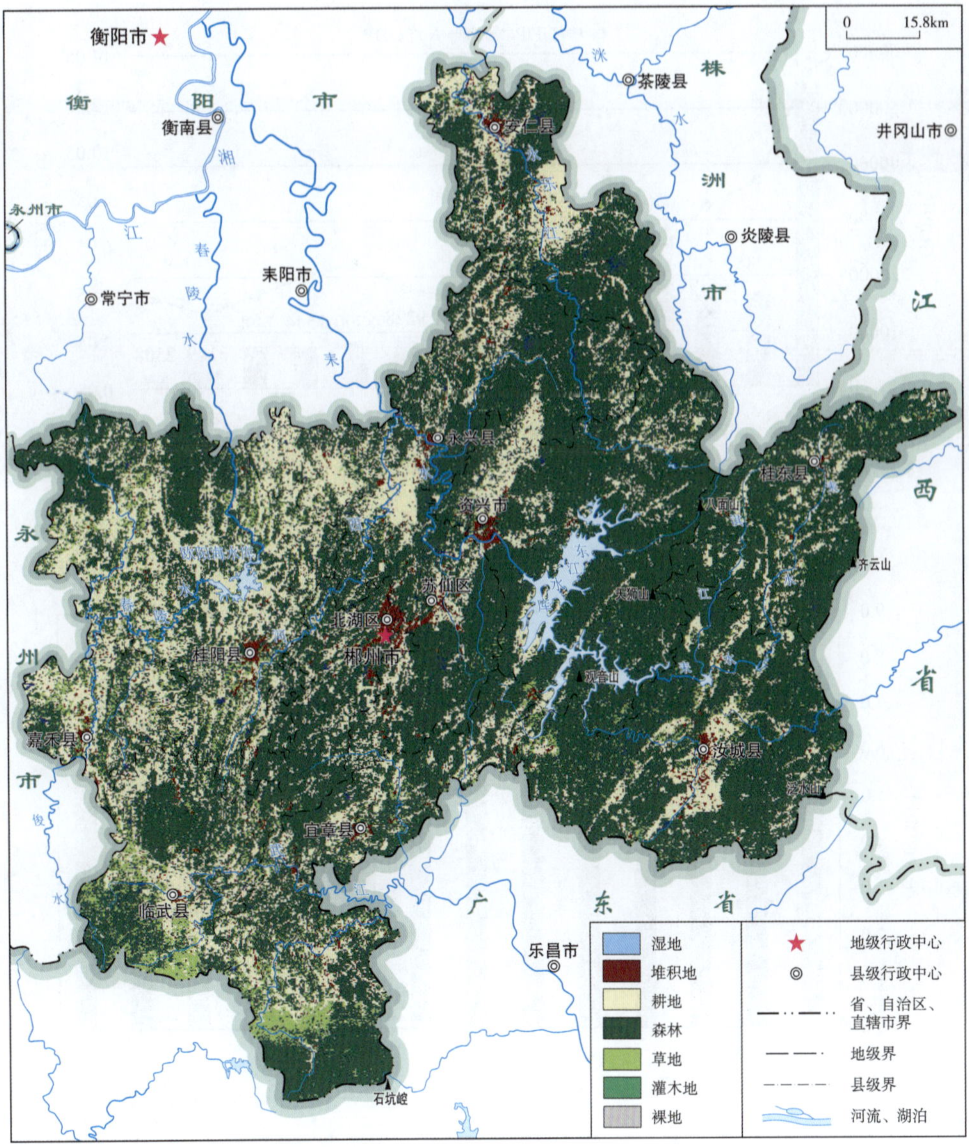

注：地表覆盖数据资料来源：https://map.tianditu.gov.cn/

图 2.3　郴州市地表覆盖分类图

1092.85 亿元，增长 8.9%；第三产业增加值 1385.65 亿元，增长 8.6%。第一产业增加值占地区生产总值比例的 10.5%，第二产业增加值比例为 39.5%，第三产业增加值比例为 50.0%（图 2.6，图 2.7）。

2.4.3　矿业发展

2021 年，郴州市工业增加值 939.0 亿元，较上年增长 9.6%。矿业是郴州市的支柱

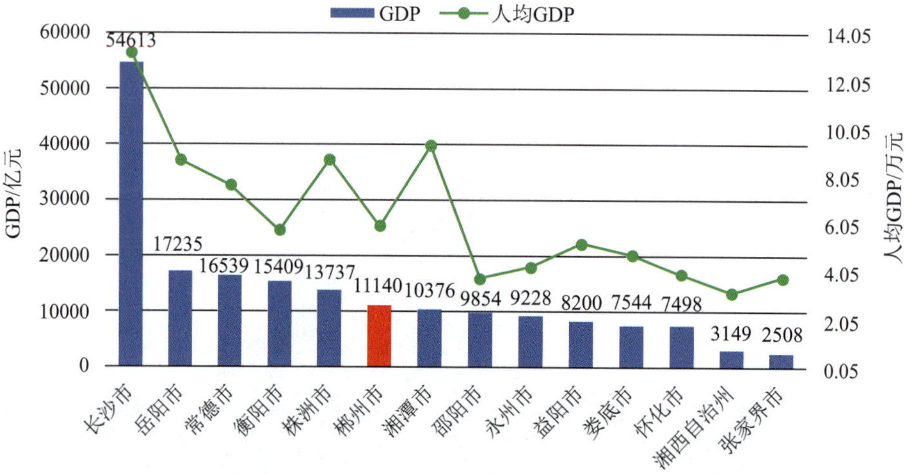

图 2.4 “十三五”期间湖南省各地市 GDP 及人均 GDP

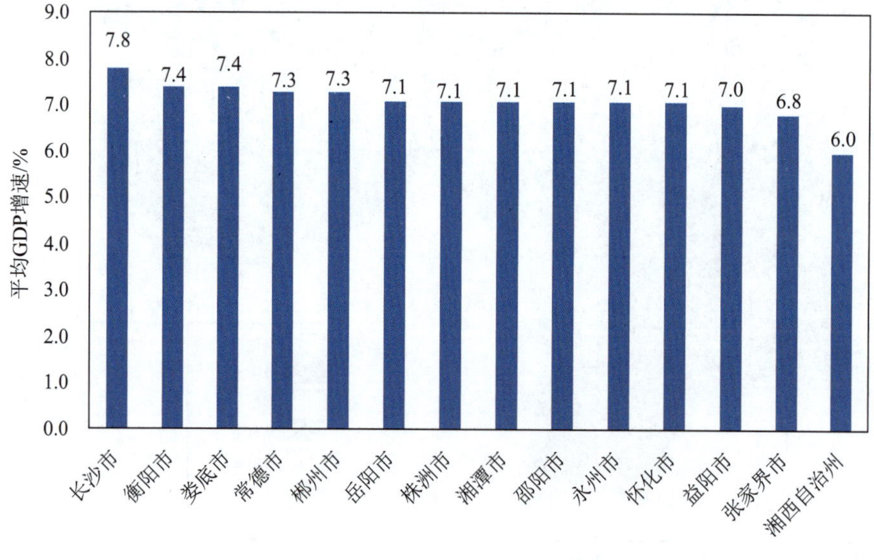

图 2.5 “十三五”期间湖南省各地市 GDP 年均增速

产业，在郴州市工业中占据主导地位。2021 年，郴州市生产总值为 2770.08 亿元，规模以上矿山企业矿业总产值 1306 亿元，占生产总值的 47.1%。其中，有色金属矿采选业、冶炼和压延加工业占全市生产总值的 29%；非金属矿采选业、矿物制品业占全市生产总值的 11%。2021 年，郴州市工业利润总额为 175 亿元，其中，有色金属矿采选业、冶炼和压延加工业占全市工业利润的 19%，非金属矿采选业、矿物制品业占全市工业利润的 17%。工业总产值排前十名的矿种分别是：煤炭、钨矿、铅矿、水泥用灰岩、铁矿、建筑石料用灰岩、砖瓦用页岩、石墨、锡矿、地热。

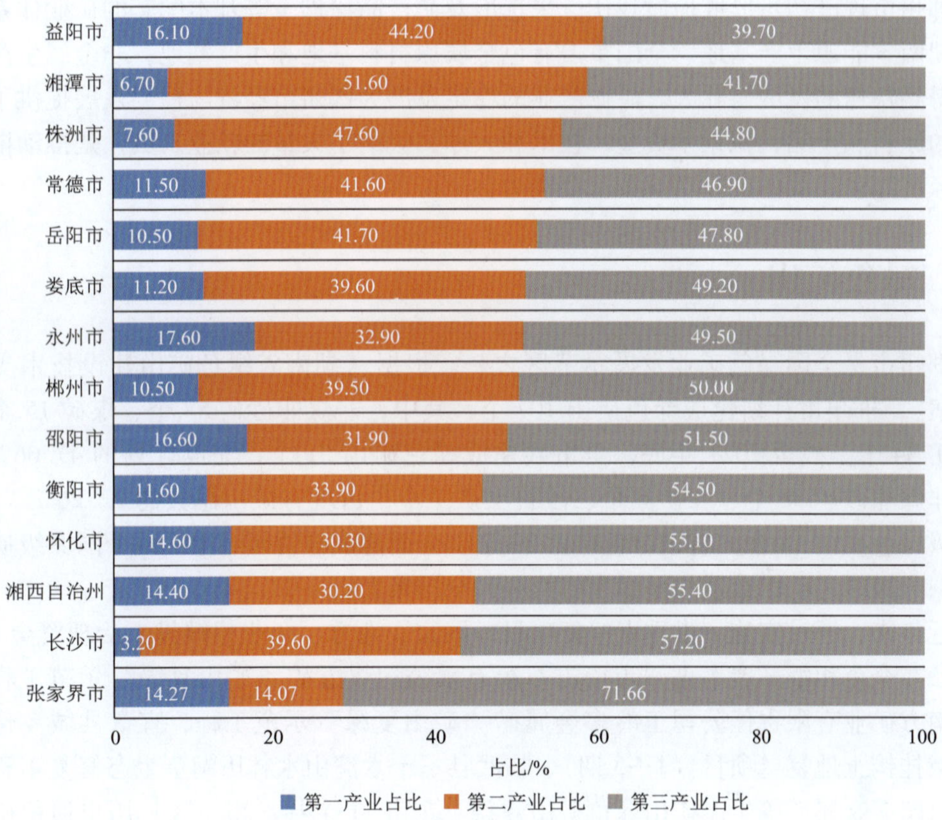

图 2.6　2021 年湖南省产业结构占比

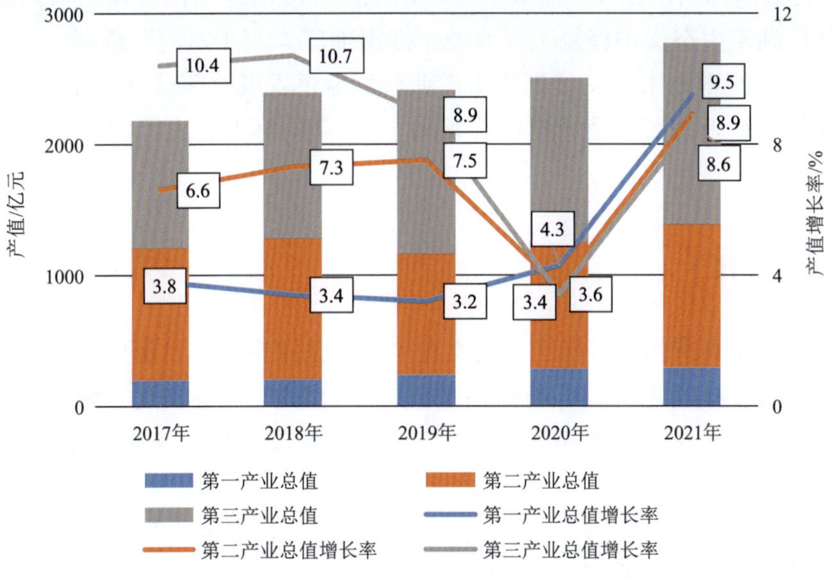

图 2.7　2017—2021 年郴州市产业生产总值及增长率

郴州市现已初步形成地质找矿、采选冶及矿产品深加工等基本配套的矿业体系，已成为湖南省能源生产基地、全国重要有色金属原材料基地和生产基地，非金属生产与加工也得到快速的发展与壮大。矿业产业的稳定发展为郴州市经济与社会发展提供了发展所需的原料和产品，积累了资金、技术和人才，吸纳了大量的就业人员，是推动郴州市地方经济蓬勃发展的支柱产业和重要动力。

2.5 绿色矿山

郴州市是全国绿色矿业发展示范区之一。根据《湖南省绿色矿山建设技术支撑服务方案》，郴州市计划建成绿色矿山 107 个，其中，非煤非砂矿 58 个、煤矿 15 个、砂石土矿 34 个。截至 2021 年底，全市共建成绿色矿山 51 个，完成计划的 47.66%，其中，非煤非砂矿 38 个、煤矿 6 个、砂石土矿 7 个，占现有矿山总数的 22.26%。其中，国家级绿色矿山 18 个，省级绿色矿山 33 个。全面建成柿竹园、宝山两个国家级矿山公园。国家级绿色矿山数量位居湖南省第一、全国第九。

近年来，通过实施一批重点修复项目，国家、地方、企业相继投入治理资金 32.24 亿元，在全市相继开展了郴州市南方石墨有限公司煤五矿“矿山复绿”示范工程、临武县南方矿业有限责任公司玉岭多金属矿“矿山复绿”示范工程、宜章县城乡建设用地增减挂钩土地复垦项目（1—5 期）、临武县三十六湾山水林田湖草生态修复工程、湖南柿竹园多金属矿等生产矿山绿色矿山建设、全市 11 个县（市、区）历史遗留矿山生态修复治理等重点项目，有效地改善了当地矿山生态环境面貌，实现矿区土地还绿率 44.6%。大力打造郴州市苏仙区金属矿区矿山地质环境治理示范工程、临武县三十六湾矿区山水林田湖草生态保护修复工程典型，推出推广“三十六湾”模式。

2020 年 4 月，郴州市下发《郴州市矿业转型绿色发展改革试点工作方案》，并编制了《郴州市绿色矿业发展示范区建设方案》，以更高的标准、更严的要求推动全市绿色矿业的转型发展。

2.6 城市文化

郴州市是一座具有两千多年历史的文化名城，是湖南省首批历史文化名城，是中华民族农耕文化的发祥地之一，具有丰富的工矿城市文化、红色文化、绿色文化，是一座红色与绿色相映成画的魅力城市。区内红色旅游资源富集，遍布全市 11 个县（市、区），是“半条被子”故事发生地、湘南起义策源地，《三大纪律　六项注意》颁布地，中央红军长征突破第二道、第三道封锁线和红军长征重要途经地，红军誓师西征首发地，中国女排“五连冠”腾飞地，“中国核工业第一功勋铀矿”711 矿所在地。全市共有革命文物保护单位 104 处，其中，全国重点文物保护单位 6 处、省级文物保护单位 28

处、市级文物保护单位22处（图2.8）。

图2.8 郴州市红色景点分布图

3 郴州市矿产资源禀赋及开发利用现状

3.1 郴州市成矿地质条件

郴州市区域成矿地质条件优越（毛景文等，2008；柏道远等，2016；徐先兵等，2021），地处南岭成矿带中段，位于华南板块中部茶陵-郴州市-临武-鹰扬关-梧州-岑溪-博白断裂带上，是中国南方有色金属、非金属等矿产的重要成矿地区（图3.1）。

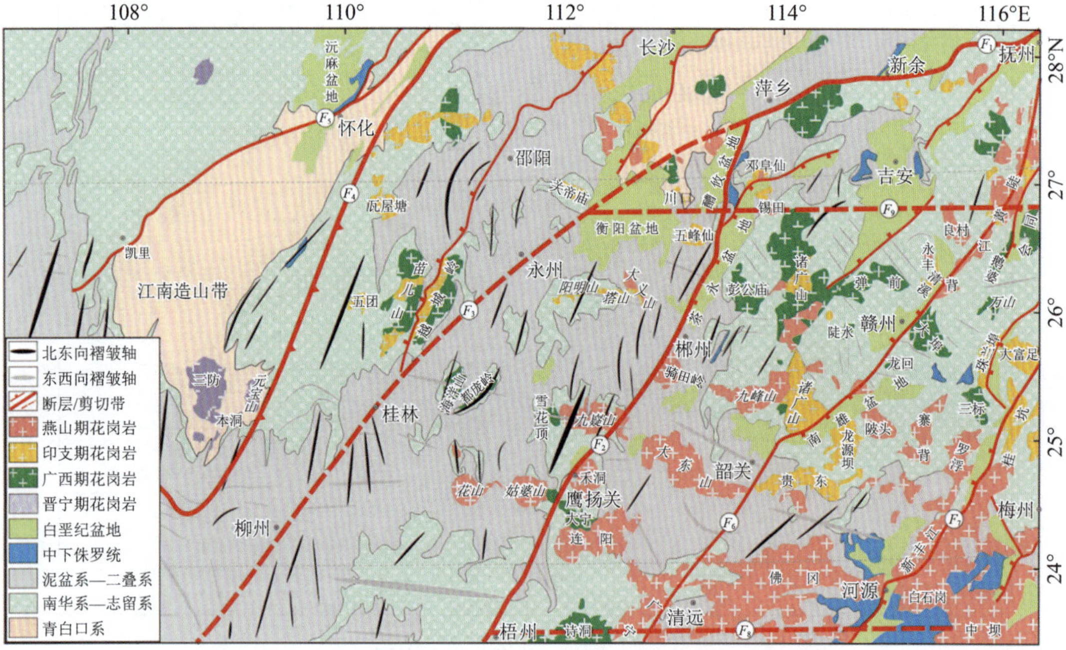

图3.1　南岭构造带大地构造位置示意图与地质简图

（据徐先兵等，2021）

区域地质运动强烈，主要经历了志留纪加里东运动、中三叠世晚期印支运动、中侏罗世早燕山运动、白垩纪晚燕山（伸展）运动、新生代喜马拉雅运动等变形事件。区内地层发育齐全，除志留系外，从新元古界震旦系至第四系均有出露，共有30余个岩石地层单位。区内存在2个主要变形构造层，上部上古生界—中三叠统为沉积盖层，下部前泥盆系为褶皱基底。其中，新元古界震旦系、寒武系、泥盆系、石炭系、二叠系是主要的赋矿地层。

区域构造发育。主干断裂自西而东主要有新宁-邵阳断裂、茶陵-郴州断裂、桂东-汝城断裂等。断裂常控制了燕山期陆相盆地的发育。以茶陵-临武深大断裂为界，西部为相对坳陷区，东部为相对隆起区，东、西部褶皱构造差异明显。断裂常被燕山早期的花岗岩体侵入，又被燕山晚期的花岗斑岩，石英斑岩所截切。空间上构成由断裂、褶皱、构造盆地等组成的较为复杂的变形格架。北东向茶陵-郴州构造断裂带为上、下古生界的相变带，该断裂控制着香花岭、黄沙坪、东坡等矿田，是本区重要的具控岩控矿作用明显的地壳断裂带。

郴州市所处区域岩浆活动强烈。区域内主要为印支期和燕山期岩浆活动，印支期时限为233~210 Ma，燕山期岩浆活动时限为174~135 Ma。岩浆活动以中酸性侵入岩为主。印支期发生以碰撞-挤压-推覆-隆升为主的造山运动，该期运动在造山期和造山后都有强烈的拉升构造发生，形成花岗岩。燕山中晚期，大规模岩浆活动使深部印支期花岗岩再次产生部分熔融，造成元素富集。区内有关贵金属、稀有金属、有色金属矿产都与岩体有密切成因联系（图3.2）。

3.2　郴州市矿产资源

3.2.1　郴州市主要矿产资源及储量

郴州市矿产资源以品种繁多、储量巨大而蜚声世界。现已发现的矿产达110余种，探明储量的有7类70余种，潜在价值达15000亿元。郴州市主要以有色金属矿产闻名于世界，被誉为“中国有色金属之乡”“世界有色金属博物馆”。

从全球层面看，2012年以前，郴州市钨、铋储量位居世界第一；从全国层面看，郴州市锡、锌储量分列全国第三位、第四位；从全省层面看，郴州市钨、锡、钼、铋、铅等20种矿产保有资源储量居全省首位，煤炭、锂、铷、锌等8种矿产保有资源储量居全省第二位，铁、镍等6种矿产居全省第三位（表3.1）。郴州市其他矿产也极为丰富，微晶石墨为世界稀有，储量达3600多万吨；萤石储量6800多万吨，占全国伴生萤石总储量的76%。郴州市永兴县被誉为“中国银都”，每年可提供加工白银达2000多吨，银产业发展空间巨大。

总体上看，郴州市的矿产资源具有以下几个特点：一是矿产资源种类多、资源储量大、优势矿产突出；二是共（伴）生矿产多，单一矿产少，有色、稀有金属矿产大多为共（伴）生产出，如柿竹园钨锡钼铋矿共（伴）生有利组分高达15种之多；三是矿产资源分布具有明显的区域集中性，储量相对集中；四是找矿潜力大，以钨、锡、铅、锌为代表的有色金属矿，以石灰岩为代表的非金属矿均有较大的找矿潜力。

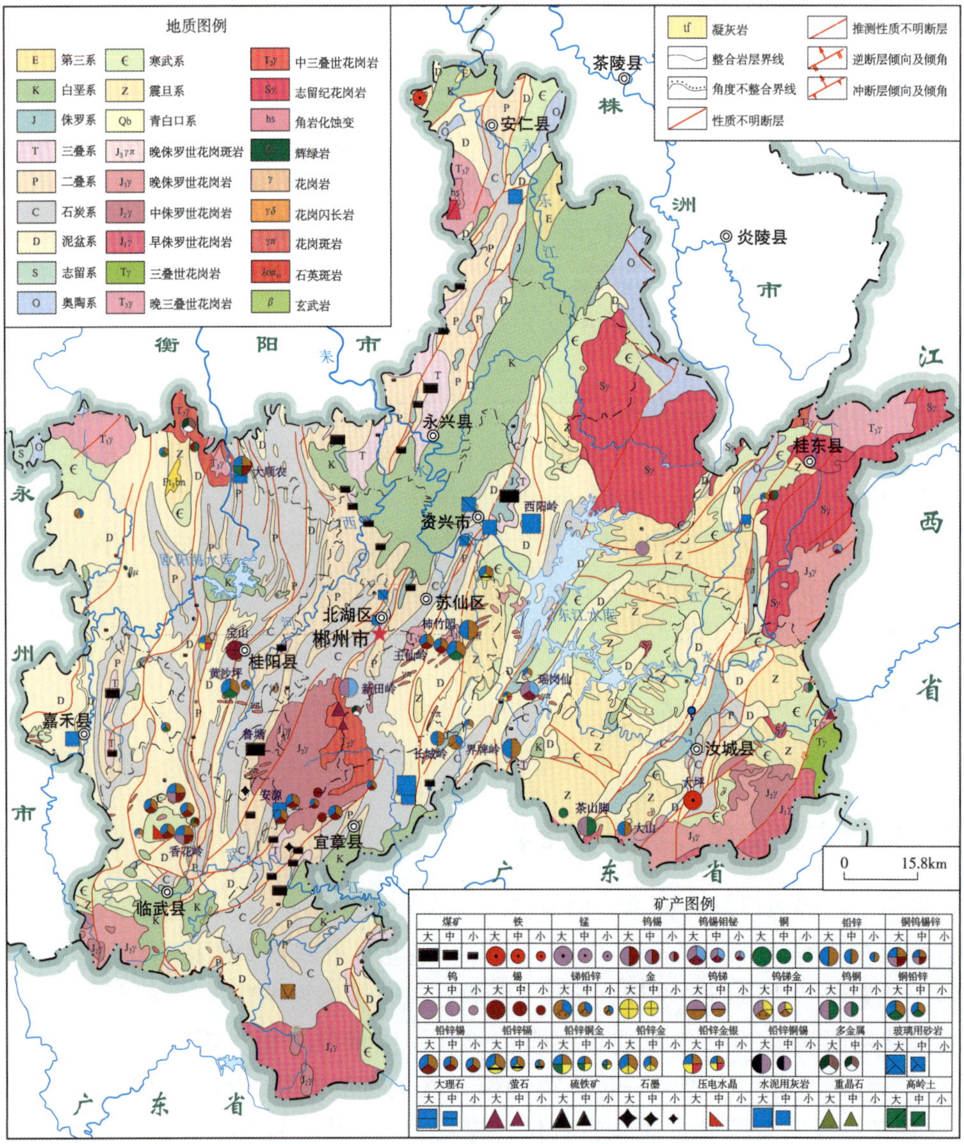

图 3.2 湖南省郴州市矿产地质图

表 3.1 截至 2020 年底郴州市主要矿产资源量统计表

序号	矿种名称	资源量	单位
1	煤炭	73307	10^4 t
2	铁矿	16304	矿石，10^4 t
3	锰矿	282	矿石，10^4 t
4	铜矿	350197	铜，t

续表

序号	矿种名称	资源量	单位
5	铅矿	1249091	铅，t
6	锌矿	1335852	锌，t
7	镍矿	187	镍，t
8	钴矿	37	钴，t
9	钨矿	1584400	WO_3，t
10	锡矿	613166	锡，t
11	铋矿	313531	铋，t
12	钼矿	222974	钼，t
13	锑矿	18789	锑，t
14	金矿	34535	金，kg
15	银矿	6805	银，t
16	铌矿	108229	褐钇铌，t
17	钽矿	9834	Ta_2O_5，t
18	铍矿	201877	绿柱石，t
19	锂矿	81704	Li_2O，t
20	铷矿	77546	Rb_2O，t
21	铯矿	2050	Cs_2O，t
22	轻稀土矿	1469	轻稀土氧化物，t
23	镓矿	1417	镓，t
24	铟矿	2060	铟，t
25	铊矿	16	铊，t
26	铼矿	6	铼，t
27	镉矿	1732	镉，t
28	碲矿	10	碲，t
29	红柱石	716317	红柱石，t
30	普通萤石	6365	萤石或 CaF_2，10^4 t
31	硫铁矿	20624	矿石，10^4 t
32	砷矿	120236	砷，t
33	石墨	808	隐晶质石墨，10^4 t

数据来源：资源量据郴州市矿产资源总体矿规。

3.2.2 郴州市典型矿区资源及储量

郴州市成矿区域较多，矿床分布广（图 3.3）。钨主要分布在郴州市东南和西南区域，伴生有钼、锡和铋等资源，东南区域有柿竹园和瑶岗仙矿区（黑钨矿、白钨矿），西南区域有黄沙坪和新田岭矿区（白钨矿）；铅、锌等资源主要分布在郴州市西部和西南区域，该地区伴生有铜、钼、铋、铼等资源，主要有宝山矿区和黄沙坪矿区；铌、钽主要分布在临武县，有尖峰岭矿区；石墨主要分布在北湖区，有鲁塘矿区；煤炭主要分

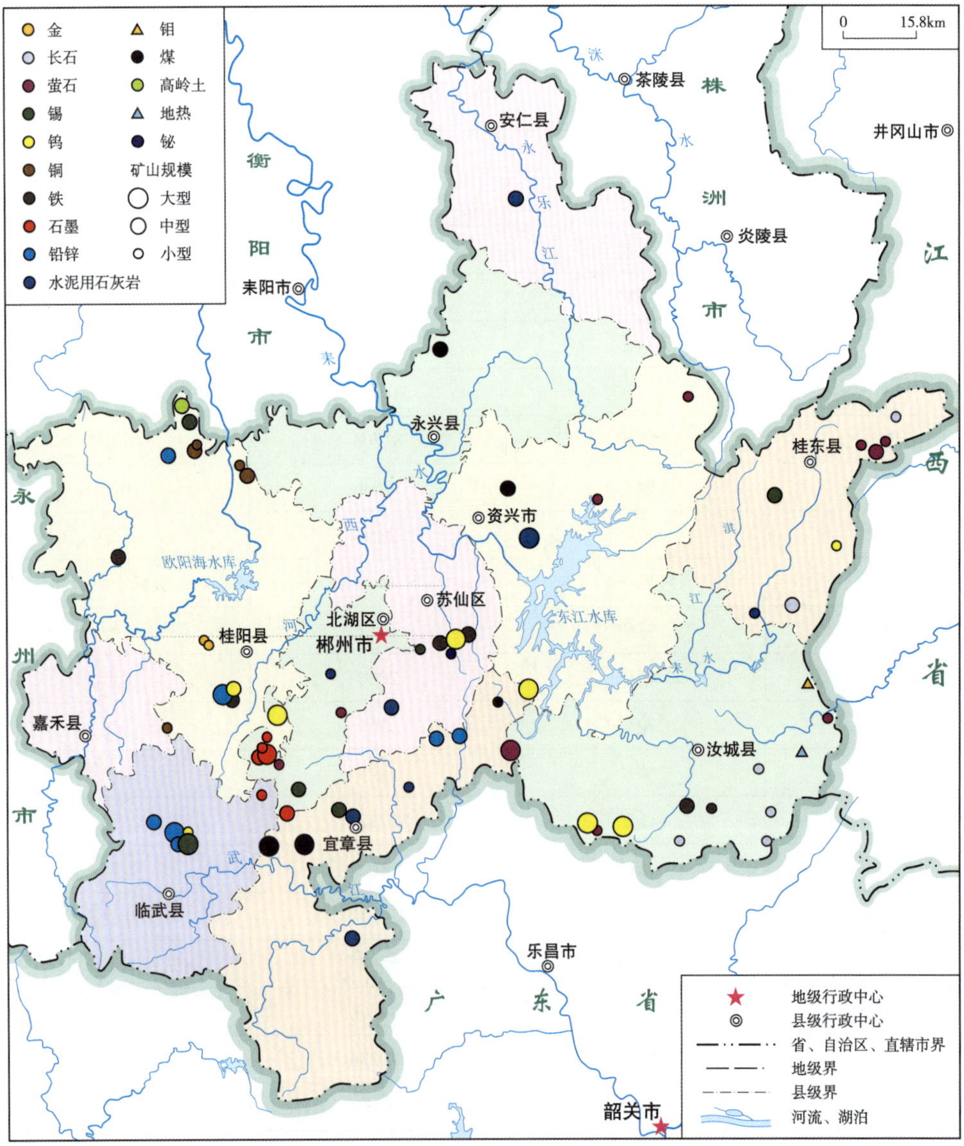

图 3.3 郴州市主要矿产资源分布示意图

布在资兴、嘉禾、永兴、桂阳等县、市，主要矿区有永兴-资兴矿区和嘉禾矿区；铁、锰、铅、锌、钨、锡等金属资源主要分布在苏仙区，有玛瑙山矿区。

柿竹园矿区：柿竹园钨多金属矿位于湖南省郴州市东南25 km处苏仙区，矿区面积30.67 km^2，是一世界级高温热液多金属矿床，矿体产于燕山期千里山二云母花岗岩体与上泥盆统佘田桥组泥质灰岩接触带内外带。以钨、锡、铋、钼为主，并伴生丰富的萤石、铜、铅、锌、硫、铁、金、银，以及铍、铌、钽等多种矿产。截至2020年底，保有矿产资源储量：钨（折 WO_3）390546 t、锡2616 t、铋134328 t、钼64888 t，以及银、金、铜、硫、铜等伴生储量。

瑶岗仙矿区：瑶岗仙矿区位于郴州市东南约35 km处，位于宜章县、资兴市和汝城县交界处，矿区面积23.3 km^2，是国内重要的黑钨精矿生产矿山。黑钨矿为石英脉型钨矿床，矿体发育于瑶岗仙背斜的核部和两翼地层中。截至2020年底，保有矿产资源储量：钨（折 WO_3）67314 t，铜326 t，伴生有锡、铋、钼和银等资源。

黄沙坪矿区：黄沙坪矿区位于桂阳县黄沙坪镇南9 km处，矿区面积6.89 km^2。是一个典型的矽卡岩型多金属矿床，存在矽卡岩型钨钼矿体和脉状铅锌矿体。截至2020年底，保有矿产资源储量：铅71085 t，锌248072 t，钨（折 WO_3）148986 t，锡100331 t，伴生有银、钼、铋等资源。

新田岭矿区：新田岭钨矿区位于湖南省郴州市南西18 km处北湖区，矿区面积21.74 km^2，为大型矽卡岩白钨矿床，位于骑田岭花岗岩体北端之东侧，矿体赋存于正接触带、花岗岩体内捕虏体以及构造岩性有利的外接触带中。截至2020年底，保有矿产资源储量：钨（折 WO_3）222997 t，并伴生储量可观的锡、钼、铋等矿产。1957年发现有白钨矿矿体，矿床规模巨大，白钨矿储量丰富，矿石可选性较好，并可综合回收钼、铋等矿产品，是一个具有重要经济价值的特大型钨矿床。

宝山矿区：宝山矿区位于湖南省郴州市桂阳县境内，矿区面积5.21 km^2。矿区中部为大型矽卡岩铜多金属矿床，东部、西部、北部为热液充填交代型铅锌矿床。其中，铜矿体位于花岗闪长斑岩与石磴子组灰岩交代形成的矽卡岩带中，铅锌矿体赋存于层间断裂破碎带和断裂破碎带中。截至2020年底，保有矿产资源储量：铜2844 t，铅266717 t，锌266714 t，银623 t，伴生有钼、铋、铼等资源。

3.3 郴州市矿产资源开发利用

郴州市矿产资源开发有着悠久的历史，矿业开发最早始于西汉，至今已有2000多年的历史。郴州市现已探明70多种的资源储量矿产，已开发利用有煤炭、地下热水、铁、锰、铜、铅、锌、钨、锡、铋、金、萤石、石墨、长石、水泥用石灰岩、方解石等38种矿产资源。

整体上看，“十三五”期间，郴州市主要有色、贵金属矿产资源产量呈下降趋势。

2021 年，郴州市原煤产量 235×10^4 t，铁矿石原矿产量 11.9×10^4 t，铅金属产量 10.5×10^4 t，锌金属产量 13.1×10^4 t，锡金属产量 1.1×10^4 t（占全国的 13.8%），钨精矿产量（折三氧化钨 65%）4.0×10^4 t（占全国的 6.8%），黄金产量 7506 kg（占全国的 1.1%），白银产量 5396.4 t，铋产量 5174 t（占全国的 25%以上），详情见表 3.2。

表 3.2　2018—2021 年郴州市主要矿产资源产量

矿产	单位	2018 年	2019 年	2020 年	2021 年
原煤	10^4 t	438	368	242	235
铁	矿石，10^4 t	51.0	55.7	35.3	11.9
铅	金属，10^4 t	10.6	12.0	8.9	10.5
锌	金属，10^4 t	7.5	10.9	10.5	13.1
锡	金属，10^4 t	1.7	1.6	1.3	1.1
钨	折 WO_3 65%，10^4 t	4.0	4.0	4.2	4.0
黄金	kg	5398.8	4562.0	3460.7	7506.0
白银	t	7853.3	6871.6	6239.1	5396.4
铋	t	5089.0	4997.4	4146.2	5174.0

数据来源：2019、2020、2021、2022 年郴州市统计年鉴。

3.4　郴州市矿产资源产业发展现状

郴州市依托有色资源优势，有色金属产业链形成了良好的发展基础，建立起了从矿产品、冶炼产品、再生金属产品、加工材料产品到应用产品品种较齐全的产品系列，产能产量在湖南和全国有色金属行业均具有一定的优势，并开始向高端深加工、高技术含量、高附加值产品领域延伸。

郴州市矿业产业优势主要表现在：一是郴州市具有清洁先进的白银回收冶炼技术，银锭产量占全国产量的 30%以上，居全国第一位；二是郴州市铋保有资源量居全国首位，是全国最大的铋生产基地；三是郴州市铅锌资源在全国优势不大，但其铅资源回收技术领先，回收体系完善；四是锡资源量（金属量）65×10^4 t，占全国资源量的 11.7%；五是郴州市隐晶质石墨资源量 980×10^4 t，是全国最大的隐晶质石墨基地；六是全国近一半的矿物晶体产自郴州市。此外，郴州市还是“中国温泉之城”，并且出产质地优美的“通天玉”等。

郴州市现有有色金属企业 1000 多家，其中，有色金属采选企业 86 家（规模以上 50 家），冶炼加工企业 165 家（规模以上 67 家），先进材料科技型企业 60 家（规模以上 28 家），生产性服务业企业 700 多家（规模以上服务业企业 60 家）。拥有柿竹园有色、驰承环保、桂阳银星、雄风环保、丰越环保等龙头企业，在国内外具有较高的知名度。柿竹园有色为全国五大矿产资源综合利用基地之一，年产钨精矿 5800 t、高纯铋

1200 t，是全国最大的钨精矿生产基地之一，也是全球最大的高纯铋供应商。驰承环保年产电铅 10×10^4 t、白银 500 t、铋 2000 t、冰铜 5000 t、次氧化锌 2×10^4 t、锑 5000 t，为全国知名有色金属企业。

能源矿产产业拥有永兴、资兴等煤炭开采基地，重点企业主要有湘煤集团。有色金属产业拥有北湖、苏仙、桂阳、临武、宜章等铅、锌、钨、锡、钼、铋有色金属开采基地，重点企业主要有中国五矿集团、湖南有色产业投资集团等；已建成全国最大的白银（永兴）、铋（柿竹园）加工基地，湖南最大的铅、锌、锡加工基地（苏仙、桂阳、资兴），主要企业有宇腾、金旺等。其中，永兴被称为“中国银都”。郴州市拥有高新技术产业园、桂阳工业园区、永兴经济开发区、资兴经开区 4 个工业园区。非金属产业拥有资兴、宜章等水泥生产基地，北湖、桂阳等隐晶质石墨开采基地，以资兴为中心的高端玻璃生产基地，以宜章为中心的氟化工基地。目前，郴州市依托矿产资源的国家高新区、经济开发区总共 9 家（图 3.4）。

3.5　郴州市矿业产业链情况

据《郴州市有色金属“十四五”规划》和《郴州市特色非金属矿产资源开发利用研究》，郴州市矿业产业链主要有 14 条，分别为：钨钼产业链、铅锌产业链、锡产业链、白银产业链、铋产业链、石墨及石墨烯产业链、萤石氟化工产业链、铜产业链、铍产业链、煤-气-煤化工产业链、新型建材产业链、方解石产业链、宝玉石产业链、地热产业链。将产业链划分为上游采矿选矿、中游冶炼、下游产品深加工进行分析，其中，白银产业链发展最好，上游资源支撑有力，中游冶炼发达，下游产品占比约 33%，民生应用强、工业应用弱；矿产资源相当丰富的钨、铋、锡、钼、萤石等矿业产业链上游采选矿支撑有力，中游冶炼能力不足，下游产品基本空白；传统优势矿产铅锌、铜、石墨、煤、铍（稀有金属）等矿业产业链上游采选矿支撑有力，中游冶炼产能较强，下游产品占比很少或没有；新型建材（水泥、玻璃、陶瓷、建材）产业链上游采选矿支撑有力，中游冶炼发达，下游产品占比低。据统计资料分析，郴州市矿产采选业、冶炼及初级加工产品占比约 90%，而精深加工产品占比仅 10%左右。从郴州市钨钼、铅锌产业链全景及现状对比图就可以得到证明。

3.5.1　郴州市钨钼产业

郴州市钨钼资源多为伴共生产出，资源丰富。截至 2020 年底，钨矿储量 16369.5×10^4 t，折成 WO_3 48.18×10^4 t，主要集中分布在苏仙区、北湖区、汝城县、桂阳县和临武县等地，平均品位 0.3%，品位较高；钼矿储量 12979×10^4 t，平均品位 0.1%，品位中等。

截至 2020 年底，郴州市设有钨矿探矿权（不包括多金属矿）5 个，钼矿探矿权（不包括多金属矿）1 个。郴州市钨矿矿山（包含多金属矿）共计 34 个，其中，大型矿

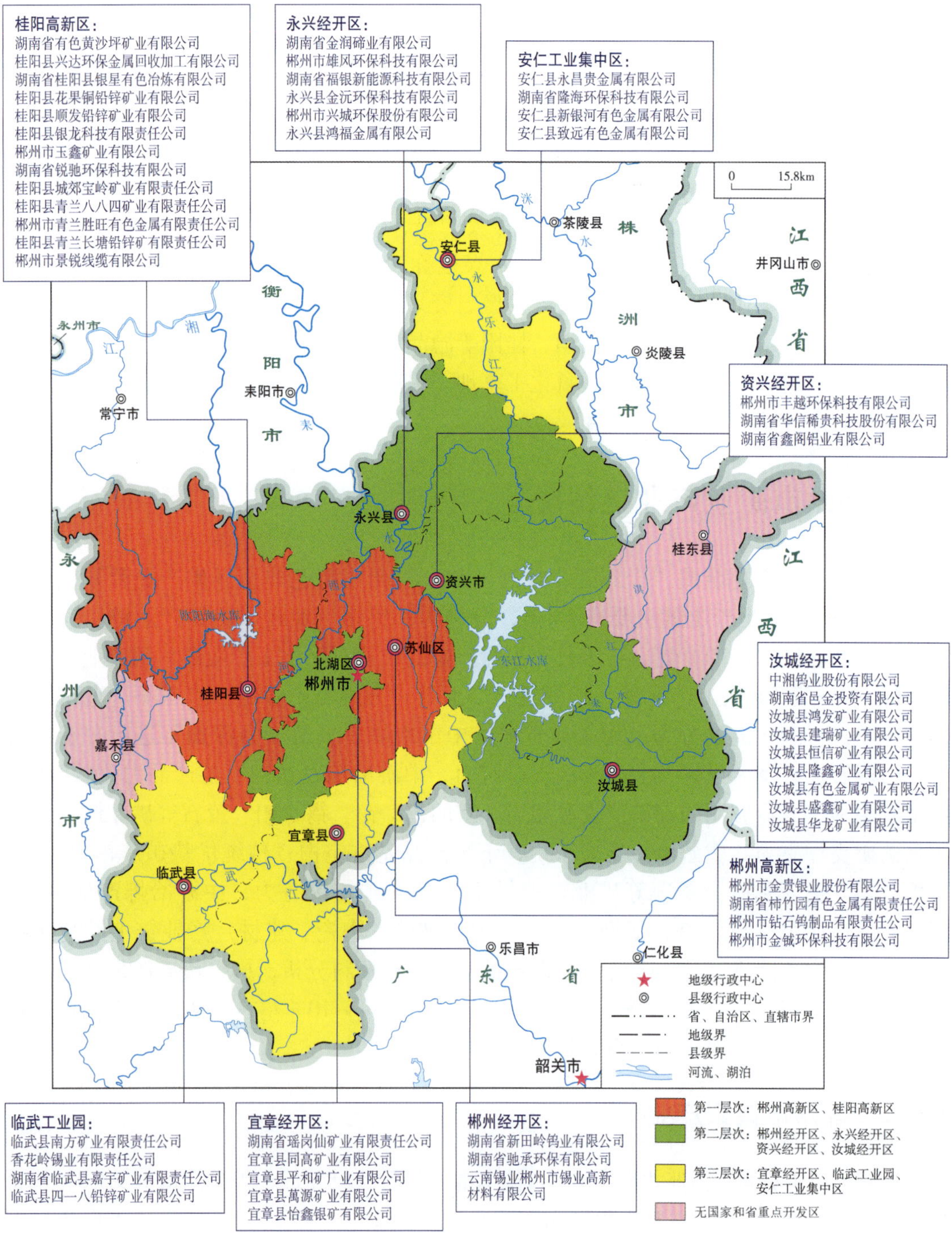

图 3.4　郴州市有色金属产业布局情况

（资料来源：《郴州市有色金属“十四五”规划》）

山5个、中型矿山8个、小型矿山21个。其中，在采大型矿山3个、中型矿山1个，从业人员4819人，钨矿产量363.67×10^4 t，工业产值18.5亿元，占全市矿业产值的27%，利润总额2.10亿元。钼矿矿山（包含多金属矿）共计10个，其中，大型矿山4个、中型矿山2个、小型矿山4个，钼矿产量50×10^4 t，产值2.5亿元，占全市矿业产值的4%。

郴州市是国内主要的钨矿生产基地，钨产业链上游原矿开采丰富，中游冶炼产品少，下游精深加工基本空白（图3.5）。主要生产公司有：中国五矿集团中钨高新旗下新田岭钨业、湖南柿竹园有色金属有限责任公司、湖南瑶岗仙矿业有限公司、湖南有色金属股份有限公司、湖南有色新田岭钨业有限公司，各公司产品主要以中上游为主，高科技、高附加值的产品稀少。其中，中国五矿集团中钨高新旗下新田岭钨业生产的钨矿85%销往株洲中钨高新材料股份有限公司，5%销往江西修水赣北钨业有限公司，只有10%销往柿竹园郴州市钨制品分公司进行粗加工。加工产品主要为仲钨酸铵、偏钨酸铵等。

3.5.2　郴州市铅锌产业

铅锌为伴生矿产，郴州市铅锌资源多与铋、锡、银等多种资源共生。截至2020年底，郴州市铅、锌储量分别为17.02×10^4 t、19.93×10^4 t，主要集中分布在苏仙区、桂阳县，铅矿品位为0.13%~7.04%，平均2.19%，品位中等；锌矿品位为0.26%~6.68%，平均2.20%，品位中等。

截至2020年底，郴州市设有铅矿探矿权（不包括多金属矿）23个，锌矿探矿权（不包括多金属矿）1个。郴州市铅矿矿山（包含多金属矿）共计61个，大型矿山51个、中型矿山7个、小型矿山3个；郴州市锌矿矿山（包含多金属矿）共计67个，大型矿山57个、中型矿山7个、小型矿山3个。其中，铅锌矿在采大型矿山2个、中型矿山3个、小型矿山40个，从业人员5855人。铅锌矿产量149.8×10^4 t，产值11.0亿元，占全市矿业产值的16%，其中，铅占全市矿业产值的12%。

郴州市铅锌产业链上游资源在全国优势不大，但其铅资源回收技术领先，回收体系相对完善，中游冶炼产能强大，下游产品占比约为11%（图3.6）。中国五矿集团、中信集团控制了80%的铅锌资源，其他生产公司有湖南省桂阳银星有色冶炼有限公司等，铅锌在本地冶炼加工的比重较大，主要生产铅锌合金等粗加工产品，下游精深产品种类稀少。

3.5.3　郴州市锡产业

郴州市锡资源丰富，品位高。截至2020年底，锡储量（金属量）3.97×10^4 t，主要分布在苏仙区、桂阳县和桂东县等地。原生锡矿的一般工业品位为0.2%，郴州市临武

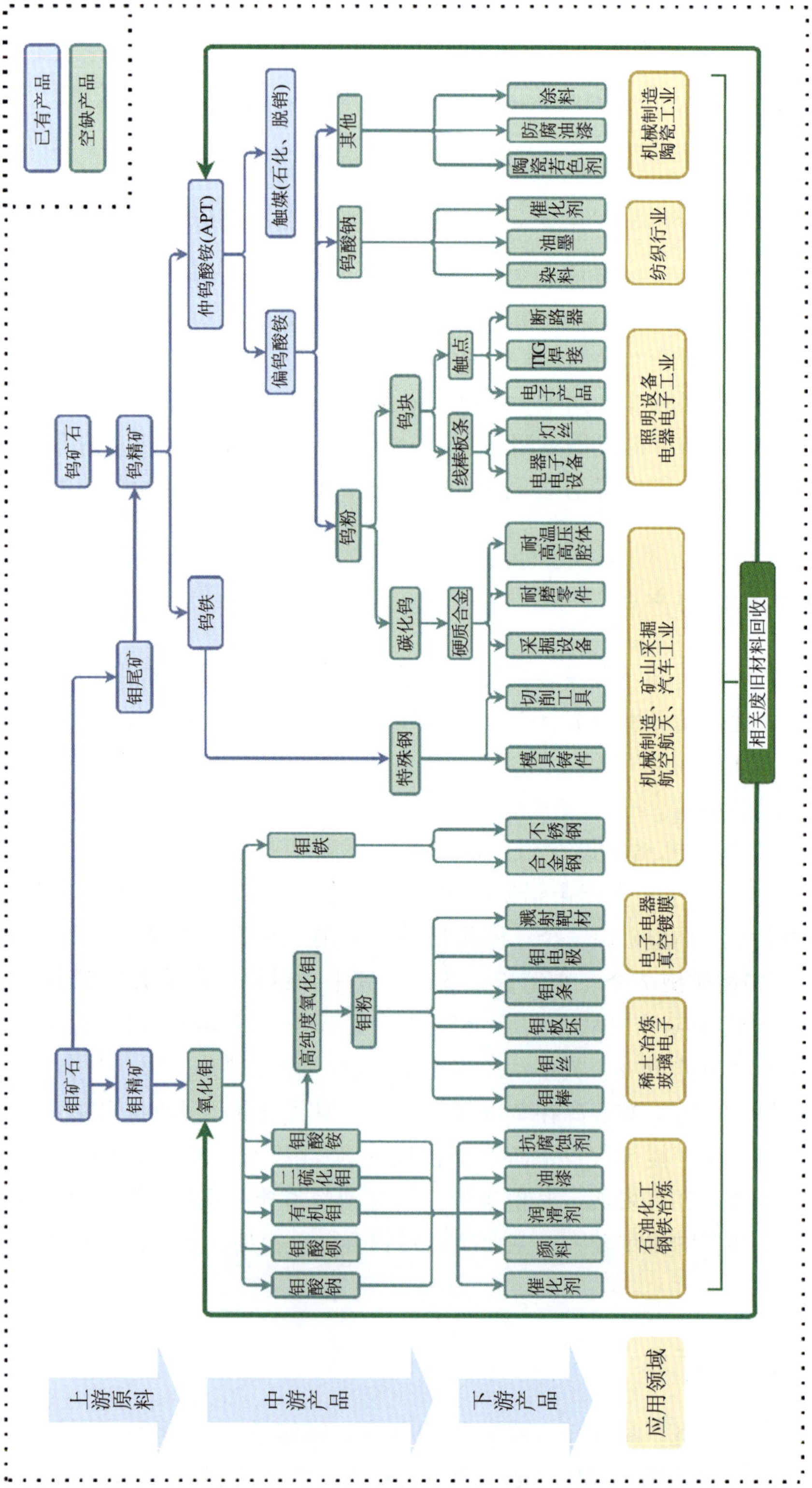

图 3.5 郴州市钨钼产业链结构图

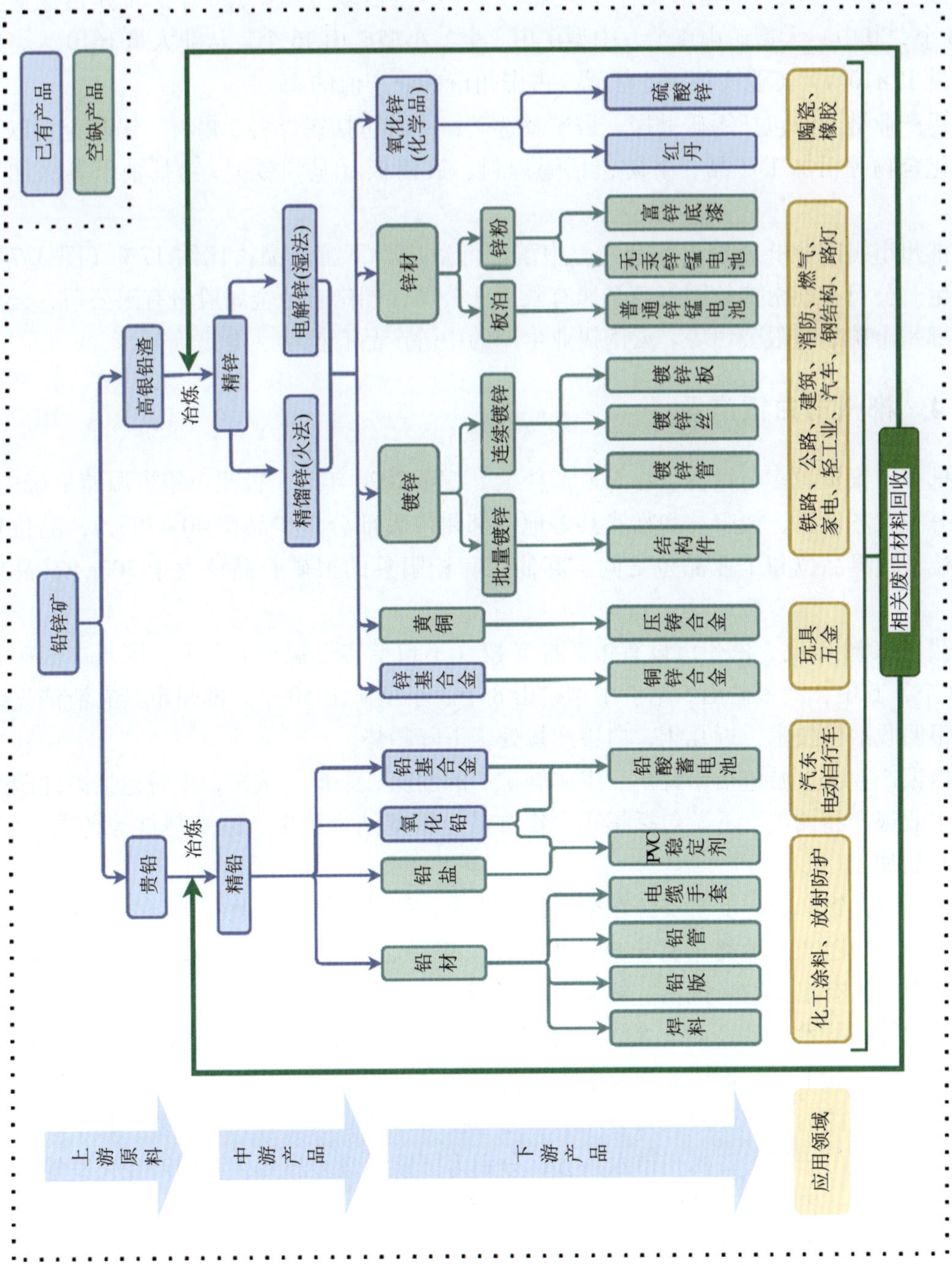

图 3.6 郴州市铅锌产业链结构图

县泡金山矿区的锡矿品位相对优秀，其矿床品位高达9.96%，其他矿区矿床平均矿床品位为0.34%。

截至2020年底，郴州市设有锡矿探矿权（不包括多金属矿）8个。郴州市锡矿共计58个，其中，大型矿山4个、中型矿山8个、小型矿山46个，从业人员1610人，锡矿产量 19×10^4 t，工业产值1.5亿元，占郴州市矿业产值的2%。

锡产业链上游包括锡矿勘探、采矿及选矿；中游包括锡焊料、锡材、锡基合金以及锡的化合物等粗加工产品；下游包括锡焊料、镀锡板（马口铁）、锡基轴承等深加工产品。

郴州市锡产业链上游支撑有力，中游冶炼适应，下游产品占比约17%（图3.7）。主要生产公司有湖南柿竹园有色金属有限责任公司、湖南有色金属股份有限公司、云南锡业郴州市矿冶有限公司等。云南锡业生产的中游产品有粗锡、焊锡等。

3.5.4 郴州市白银产业

郴州市银资源多与铅锌、铋等矿产伴生。截至2020年底，郴州市银资源储量639 t，主要分布在苏仙区、桂阳县和临武县等地。郴州市大部分银矿品位40~70 g/t，品位较低，位于边界品位和工业品位之间。苏仙区和桂阳县的银矿石品位大于300g/t，品位较高。

截至2020年底，郴州市设有银矿探矿权（不包括多金属矿）2个。郴州市银矿共计63个，其中，大型矿山5个、中型矿山8个、小型矿山50个。郴州市具有清洁先进的白银回收冶炼技术，近几年，白银产量处于下降趋势。

白银产业链上游包括铅锌矿、银矿等矿产的勘探、采矿、选矿，中游包括高纯硝酸银等工业银产品加工，下游包括银币、银饰品、银基纳米抗菌、银基靶材等高端材料、终端产品加工。

郴州市白银产业链上游资源在全国优势不大，但其银资源回收技术领先，回收体系相对完善；中游产品种类丰富，包括银饰品、银币、一号银锭、纳米银粉、高纯硝酸银；下游产品有银基纳米抗菌、银基触头材料、电子镀银、银工艺品，没有航空镀银、银基靶材等高技术产品（图3.8）。主要生产公司有金贵银业、湖南省桂阳银星有色冶炼有限公司，其中，金贵银业涉及上中下游多个环节及细分产品，但下游产品种类少。我国规模以上的白银产业园区共有4个，分布在浙江省、山西省和湖南省。其中，两个白银产业园区位于湖南省郴州市永兴县，分别为国家稀贵金属再生利用产业化基地、中国银都文化产业银城，全县园区可生产白银2530 t。

郴州市近5年银锭产量呈下降趋势，历年最高产量为8825 t，新型冠状病毒感染暴发前能维持每年8000 t左右的产量（图3.9）。可能是存在原料供应不足问题，或者是企业升级改造导致的产量降低。

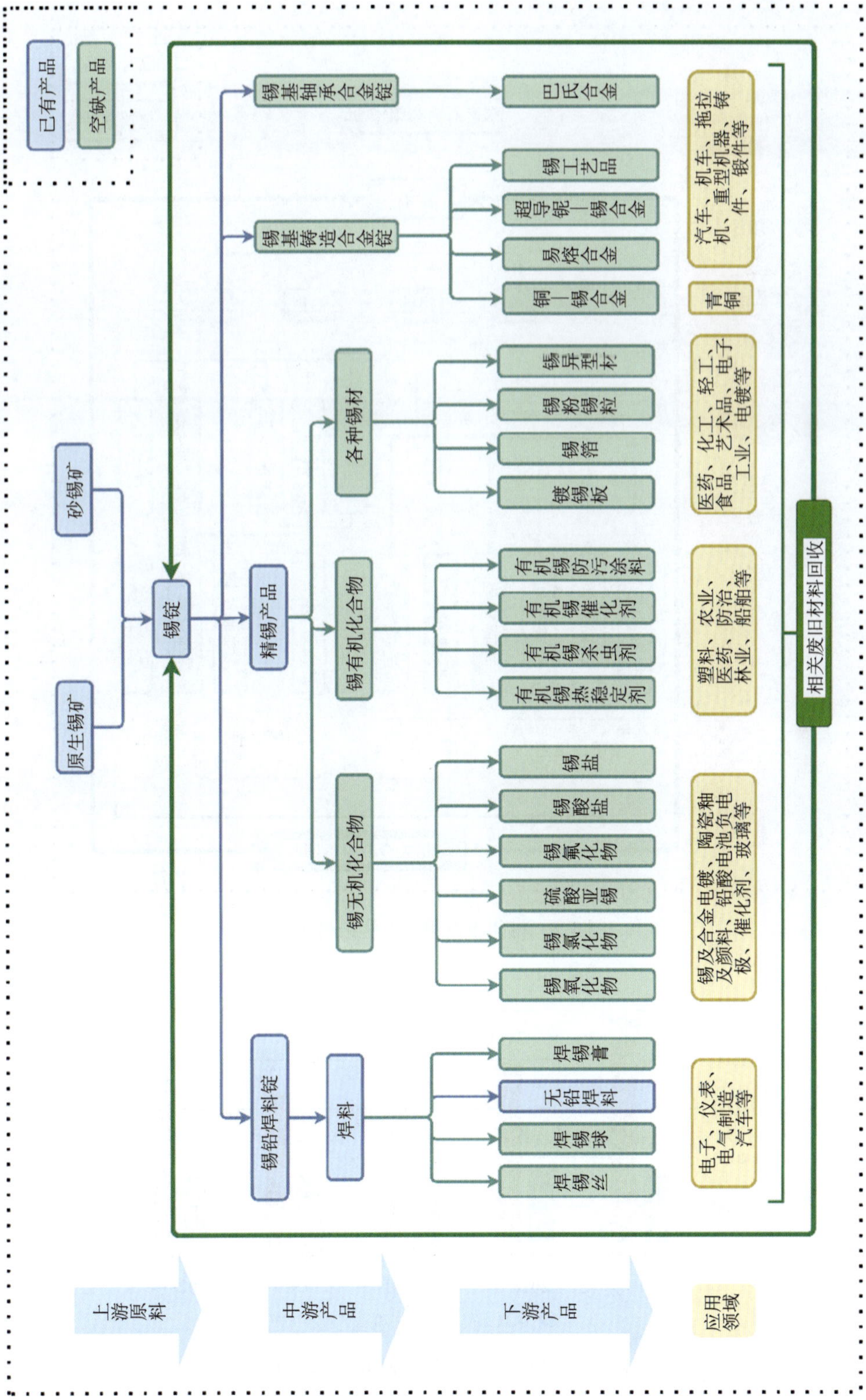

图 3.7 郴州市锡产业链结构图

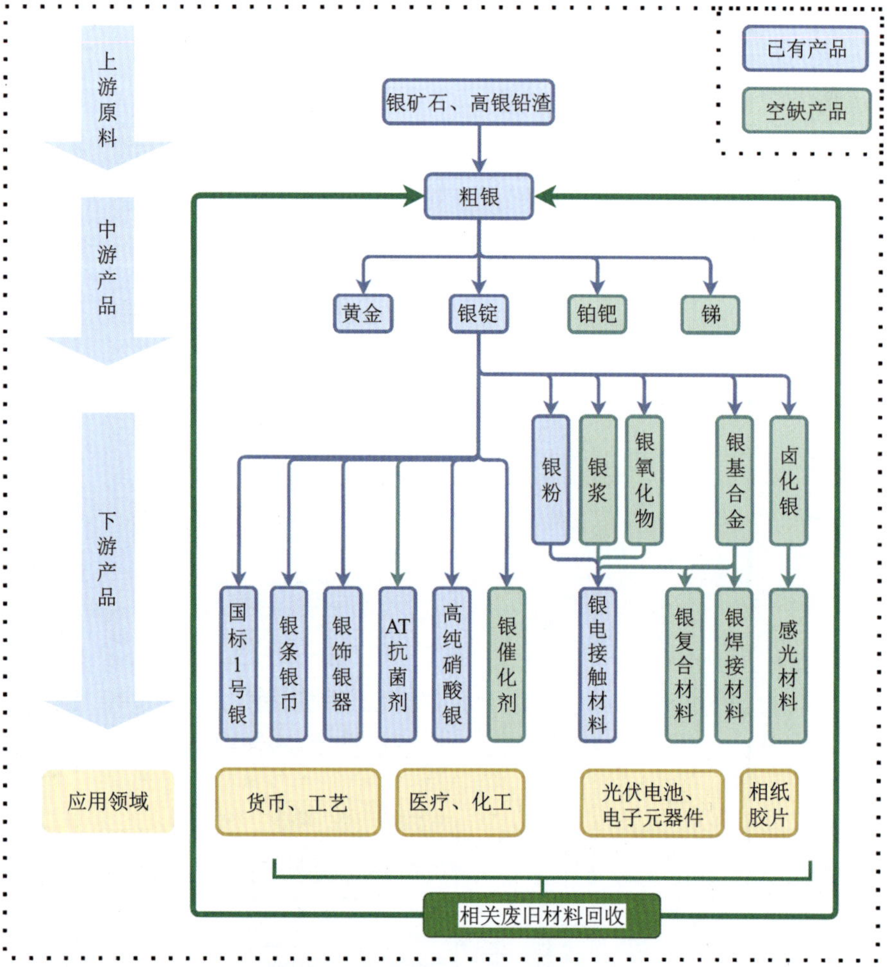

图 3.8　郴州市白银产业链结构图

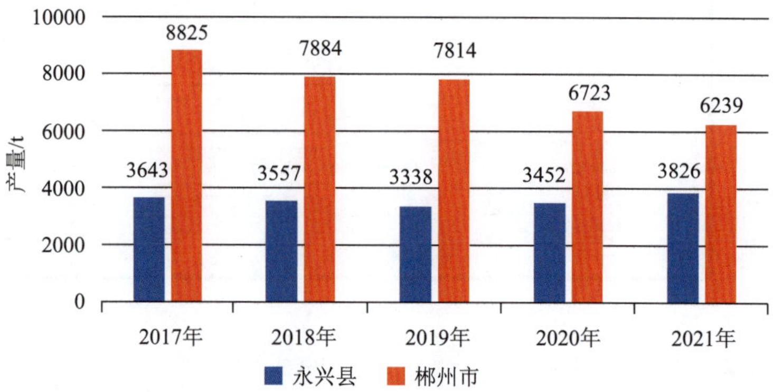

图 3.9　2017—2021 年郴州市银锭产量

3.5.5　郴州市铋产业

郴州市铋资源储量大，品位高。截至2020年底，郴州市铋储量（金属量）13.80×10^4 t，郴州市铋保有资源储量居全国首位，主要分布在苏仙区柿竹园矿区、桂阳县宝山矿区和桂阳县黄沙坪矿区等大中型矿区中。铋主要赋存于热液金属硫化物矿床中，工业矿物主要为辉铋矿、自然铋，极少形成独立矿床。大约80%的铋是在加工其他金属矿石时作为副产品回收。伴生铋平均品位要求一般为0.05%~0.1%，郴州市伴生铋平均品位为0.05%~0.18%。

截至2020年底，郴州市含铋矿矿山24个，其中，大型含铋矿山4个，分别为湖南有色新田岭钨业有限公司新田岭钨矿、湖南柿竹园有色金属有限责任公司、湖南有色金属股份有限公司黄沙坪铅锌矿、湖南瑶岗仙矿业有限责任公司瑶岗仙钨矿；中型含铋矿山4个，小型含铋矿山16个。其中，在采矿山15个，停采矿山9个。

铋产业链上游包括辉铋矿、铋渣等含铋原料的勘探、采选，中游包括粗铋、精铋、次碳酸铋、次硝酸铋等产品冶炼加工，下游包括胃药、铅酸蓄电池、永磁材料等精深产品加工。

郴州市是我国最大的铋生产基地，铋产业链上游原矿开采丰富，中游碲化铋等铋合金、次水杨酸铋等铋盐产品种类多样，下游基本空白，没有含铋医药、铋催化剂等高科技、高附加值的铋产品（图3.10）。

2020年、2021年，郴州市铋产量明显下滑，主要原因是产量最大的企业湖南金旺铋业因资金链断裂而申请破产重整，从而导致铋停产。2021年，在全国精铋产能前十的企业中，有5家企业位于郴州市，分别为湖南金旺铋业股份、湖南众德企业集团、湖南宇腾有色金属股份有限公司、郴州市金贵银业股份有限公司、郴州市雄风稀贵金属材料股份有限公司。这5家企业中有4家已停产，仅有湖南众德企业集团在正常生产，其他4家企业可能是疫情等原因造成资金链断裂，导致企业破产重组。

3.5.6　郴州市石墨产业

郴州市隐晶质石墨资源丰富。截至2020年底，石墨（隐晶质石墨）储量182.1×10^4 t，品位高，石墨矿固定碳含量平均达60%~80%，其中，鲁荷太清矿区微晶石墨资源储量大、品位高，石墨矿固定碳含量平均达80%，最高达92%。主要分布在北湖区、桂阳县、临武县等地。

截至2020年底，郴州市石墨矿现设有探矿权（不包括多金属矿）5个，矿山（包含多金属矿）共计12个，其中，大型矿山9个、中型矿山1个、小型矿山2个；其中，在采大型矿山9个，从业人员444人，石墨产量4.9×10^4 t，工业产值5359万元，占全

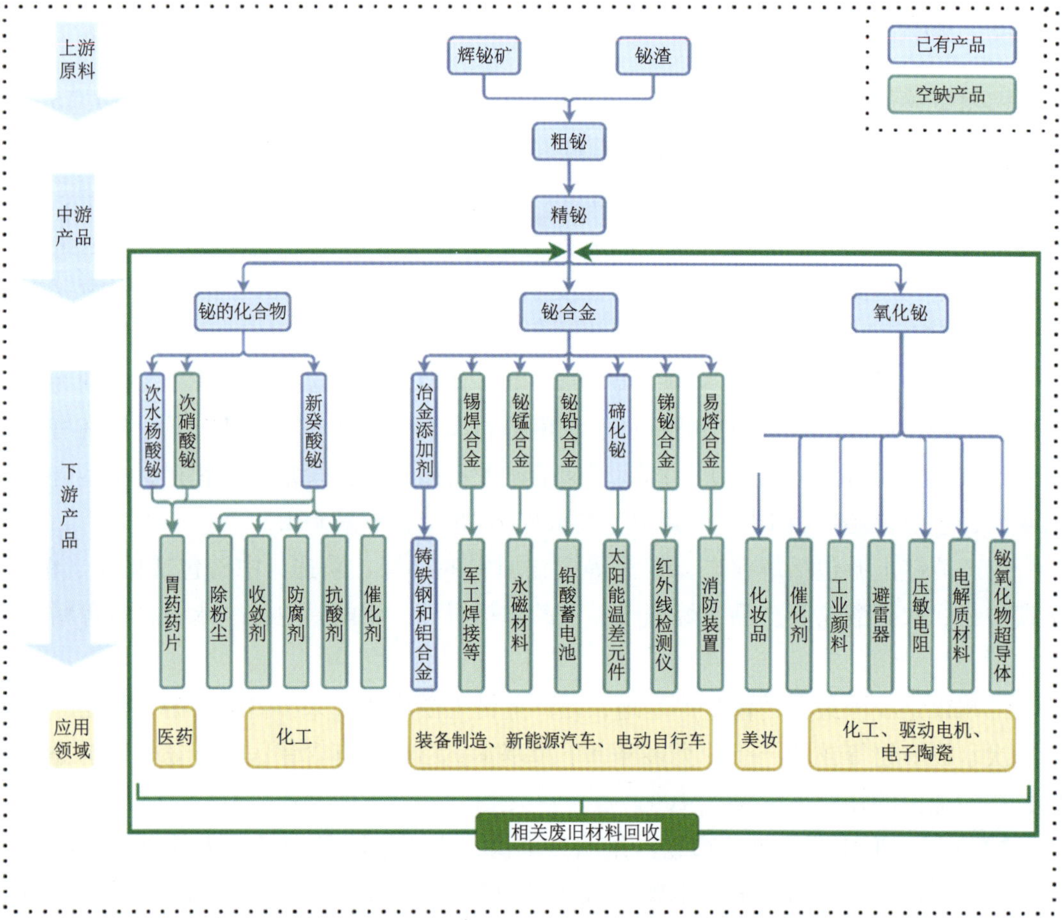

图 3.10　郴州市铋产业链结构图

市矿业产值的 0.71%。

石墨及石墨烯产业链上游包括石墨矿的勘探、采选等，中游主要有石墨球、石墨粉、石墨粒等产品加工，下游包括石墨电极、石墨橡胶、耐火砖、铸造模具等高附加值高技术产品制造。

郴州市石墨产业链正在稳步建设延伸中（图 3.11）。郴州市石墨产业上游隐晶质石墨资源充足，中游冶炼发达，下游产品持续丰富扩展。郴州市石墨资源主要为隐晶质石墨，是我国最大的微晶石墨生产地。郴州市有石墨矿山企业 10 家，主要生产公司为南方石墨有限公司等，年采选能力 51×10^4 t。规模以上石墨及碳素制品加工企业 66 家，石墨科技创新型企业 10 余家，包括南方石墨新材料、明大炭素、昊盈石墨、三晶科贸等，多年来研发石墨应用技术与产品累计 30 多项，年加工能力 100×10^4 t，主要生产石墨初级产品、高含碳量提纯原料产品如石墨球等、石墨橡胶、石墨电极等新材料产品。

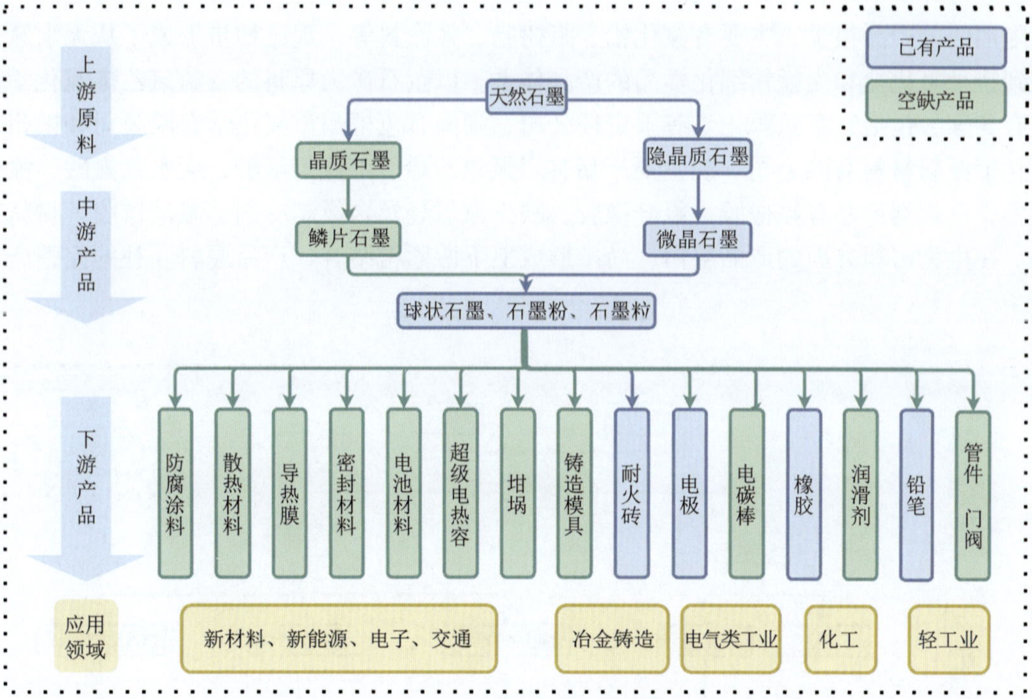

图 3.11 郴州市石墨产业链结构图

3.5.7 郴州市萤石产业

郴州市萤石矿贫矿多、富矿少。截至 2020 年底，萤石储量（金属量）668×10^4 t，主要分布在苏仙区柿竹园矿区和宜章县界牌岭。单一矿产的平均品位在 50%左右，品质相对较好；但是绝大部分萤石与有色金属、稀有金属、重晶石共生或伴生，规模大、品位低（10%~40%）。

截至 2020 年底，郴州市共有已设采矿权 7 处。萤石矿山共计 18 个，大型矿床 1 个、中型矿床 4 个、小型矿床 13 个。其中，在采矿山 9 个，在采大型矿山 1 个、中型矿山 2 个、小型矿山 6 个，从业人员 765 人，年产量 48.96×10^4 t，工业产值 1.7 亿元，占全市矿业产值的 3%，利润总额为 70.17 万元。

氟化工产业链上游包括对萤石、磷矿石原材料的勘探、采选以及氢氟酸的制备等；中游包括氟化盐、含氟聚合物、ODS 及其替代品等产品加工，主要分为无机氟化工和有机氟化工两大类；下游包括氟硅橡胶、氟涂料、氟橡胶、氟树脂、制冷剂、发泡剂等终端产品制造。

郴州市氟化工产业链正在规划建设中（图 3.12）。上游萤石资源丰富，支撑有力，有序进行原矿采选和资源回收。中游产品主要有氢氟酸、氟化盐、含氟聚化物等。下游高附加值的产品很少，主要有氟化铝、氟树脂、氟涂料等。现已初步形成了从无水氟化氢到特种氟化盐和含氟精细化学品的产品体系。以萤石矿为原料的三氟氯乙烯氟化学企业有 3 家，包括宜章弘源化工有限责任公司、湖南有色郴州市氟化学有限公司和郴州市中化氟源新材料有限公司。现主要产品有三氟氯乙烯、工业氢氟酸、无水氢氟酸、氟化铝等，已规划产品有氟橡胶、氟硅橡胶，缺少氟氯烃及含氟制冷剂、氟硅橡胶等材料产品。在生物医药方面的产品空白，尚未形成上下游紧密结合、产品原料互补的完整产业链条。

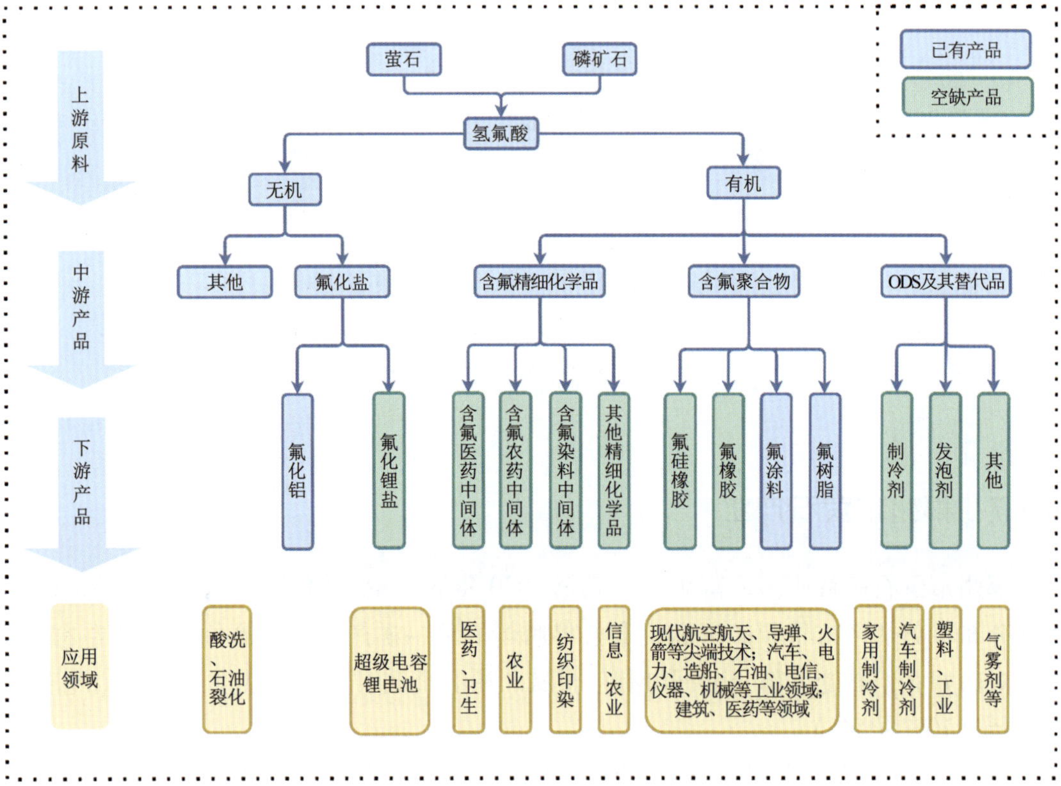

图 3.12　郴州市萤石氟化工产业链结构图

3.5.8　郴州市硅石产业

郴州市硅石资源丰富。截至 2020 年底，玻璃用石英岩资源量 100.7×10^4 t，冶金用石英岩资源量 12.4×10^4 t，玻璃用脉石英资源量 597.4×10^4 t，冶金用脉石英资源量 61×10^4 t，主要分布在资兴市、宜章县、桂东县。

郴州市现设有硅石类矿产（包括石英砂岩、石英岩、石英砂、脉石英）采矿权7个，石英岩中型矿山1个、小型矿山1个，脉石英大型矿山1个、小型矿山3个。其中，在采石英岩小型矿山1个，脉石英小型矿山3个，玻璃用脉石英矿业产值6043万元，占全市矿业产值的1%。

硅石产业链上游包括脉石英、石英砂、石英岩和石英砂岩的勘探、采选，中游包括工业硅等粗产品加工，下游包括光伏玻璃、中性硼硅玻璃、太阳能晶硅电池等精深材料产品生产（图3.13）。

郴州市硅石产业发展势头良好。产业链上游支撑有力，中下游产品已投产硼硅玻璃、光伏玻璃、中性硼硅玻璃等。截至2020年底，已建有以硅石为原料的各类玻璃厂15家，产业园区1个，为资兴市硅石产业园。2020年，郴州市规模以上企业生产主要产品有平板玻璃7317316.4重量箱，中空玻璃410756.8 m^2。资兴市硅石产业园成功引进“中国建材产业500强”“中国十大玻璃企业”旗滨集团入驻园区，形成从矿产开采、科技研发、玻璃原片生产、玻璃深加工生产到销售的全链条硅产业链，尤其是中性硼硅药用玻璃管生产线的成功投产，打破了高端药用玻璃被国外产品长期垄断的局面，填补了国内一项重要的技术空白。

3.5.9 郴州市锂产业

郴州市因丰富的锂矿资源，正成为全国锂资源产业布局的热点区域。截至2020年底，郴州市锂矿资源量折 Li_2O 81704 t。郴州市在产锂矿山1个，为中型矿山。

郴州市锂产业发展刚刚起步，正通过资源换产业，招商引进国内外电池龙头企业，带动全市锂电池全产业链发展。上海安能、鞍重股份、中联重科等数家上市企业，对郴州市境内的宜章界牌岭地区萤石钨锡锂铷多金属矿尾砂库、临武县癞子岭锂矿资源、香花岭矿区钾长石（锂）矿、泡金山锂资源、尖峰岭锂矿资源、桂阳县锂矿资源进行了布局。

郴州市依托临武、宜章等地丰富的锂矿资源，正加快全市锂矿资源的勘探工作，增强锂先进材料资源保障能力，推动锂资源聚焦流向郴州市锂电产业链。同时，依托永兴循环产业园优势，加强锂渣处理和锂电池回收。加快推广碳酸锂循环经济模式，对锂矿资源实现充分利用。把握动力电池“退役潮”发展机遇，引入国内外动力高端电池回收企业，优化锂离子电池回收政策环境，尽早建成标准化、无污染的锂离子电池回收产业（图3.14）。

3.5.10 郴州市铜产业

截至2020年底，郴州市现设有铜矿探矿权9个，郴州市铜矿矿山（包含多金属矿）共计27个，其中，大型矿山3个、中型矿山7个、小型矿山17个，铜金属量 35×10^4 t，

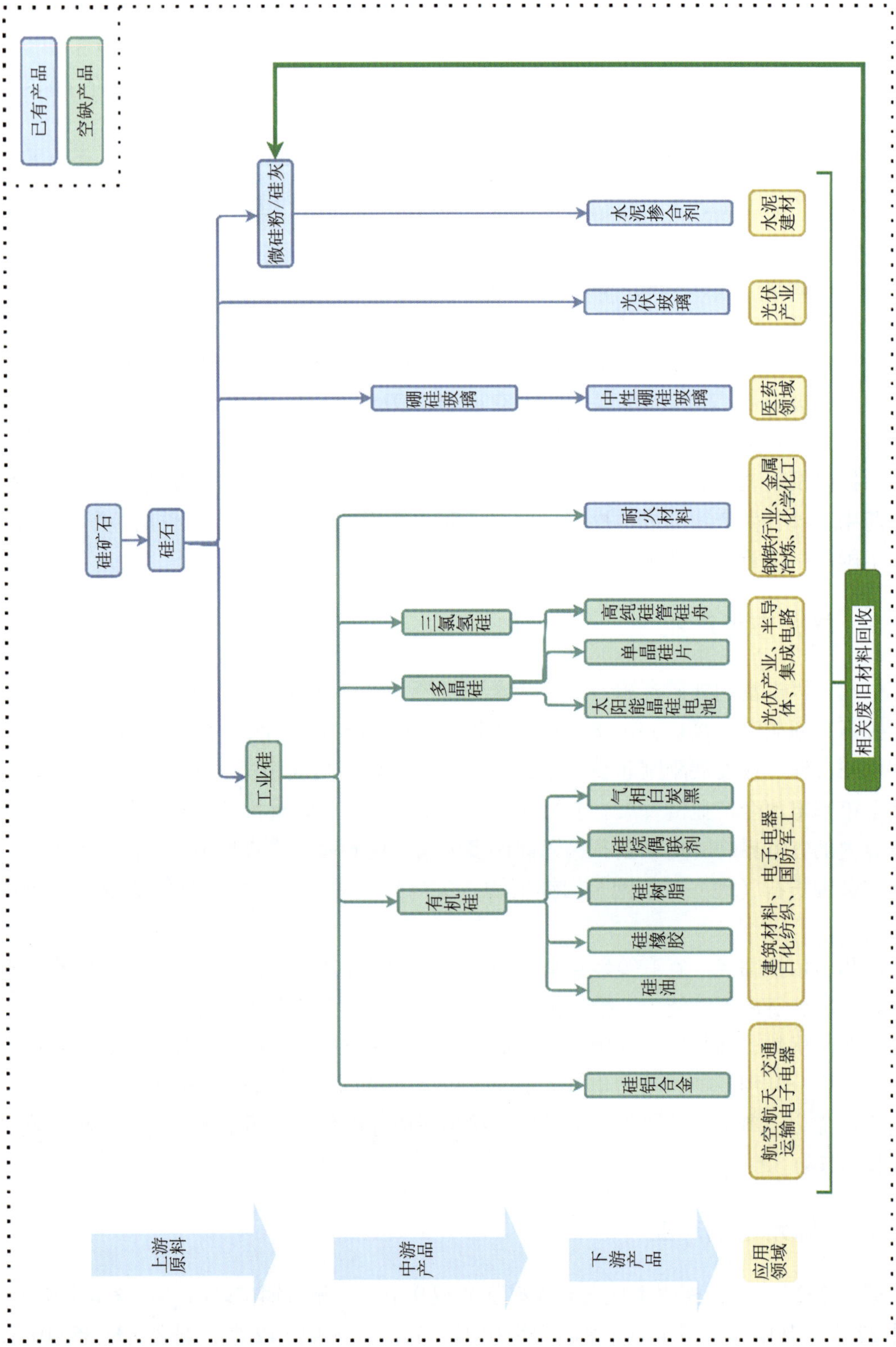

图 3.13 郴州市硅石产业链结构图

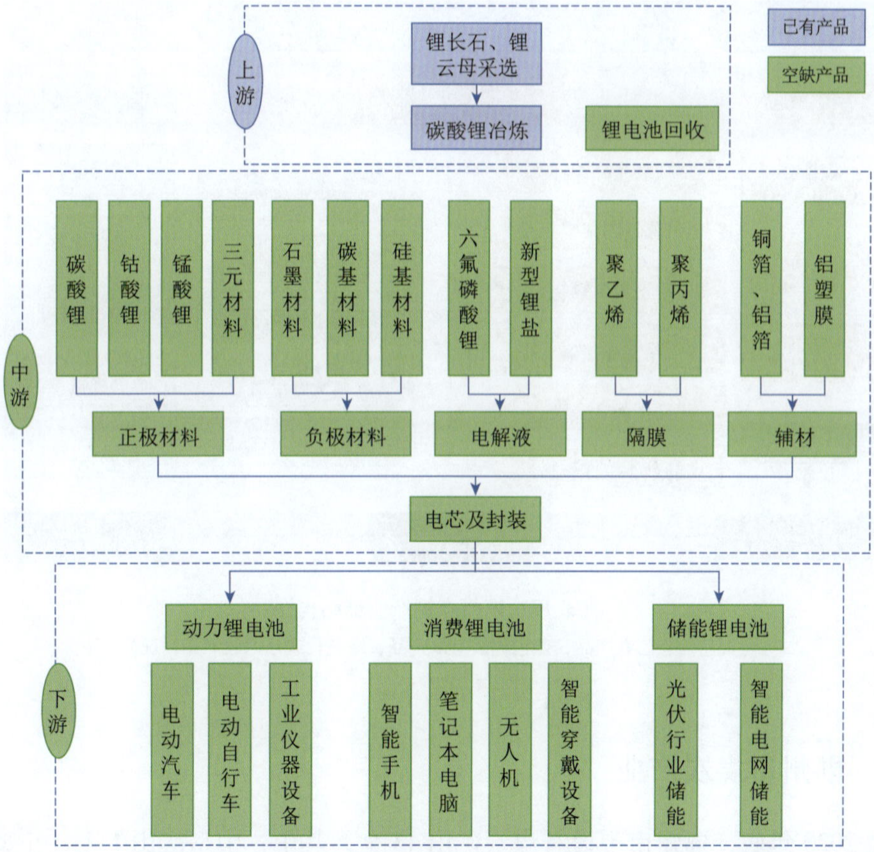

图 3.14 郴州市锂产业链结构图

铜矿产产值 39222 万元，占全市矿业产值的 6%。

郴州市铜产业链上游、中游支撑有力，下游半导体元器件、电极材料等高精产品空白（图 3.15）。上游主要企业有宝山铅锌矿进行铜的采选，宝山有色完成铜精矿加工；中游建设有了郴州市正威新材料科技城铜基新材料项目，年产 10×10^4 t 精密铜杆。再生铜有宝山有色回收铜尾矿，长隆环保回收含铜废渣，众兴环保回收含铜固废。

3.5.11 郴州市铍产业

截至 2020 年底，郴州市已设铍矿山 2 个，其中，大型矿山 1 个、中型矿山 1 个。

郴州市铍矿资源十分丰富，主要赋存于临武县香花岭矿区、香花铺矿区，宜章县界牌岭矿区等地。现已查明的铍矿远景储量近 5000×10^4 t（矿石量），与钨、锡、铅、锌、金、银等金属相伴生，是全国重要的铍多金属矿资源集中区，主要在冶炼过程中综合回收。

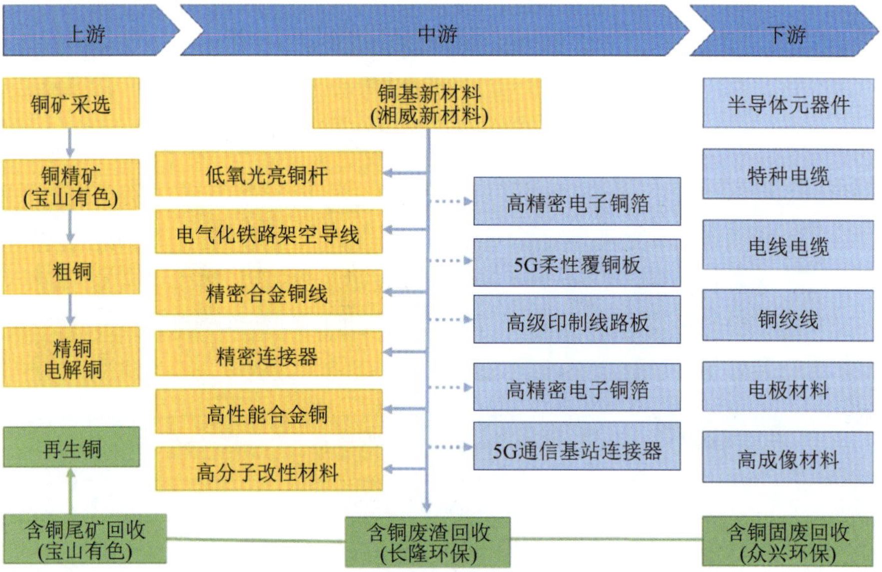

图 3.15　郴州市铜产业链结构图

（黄色代表已有产品，蓝色代表空缺产品，绿色代表已回收利用情况）

3.5.12　郴州市煤炭产业

截至 2020 年底，郴州市现设有煤炭矿山 43 个，其中，中型矿山 1 个、小型矿山 42 个，煤炭产值 131622 万元。

郴州市已形成永兴、资兴、嘉禾等煤炭开采基地，重点企业主要有湘煤集团。煤炭，除火电形成规模外，煤化工仍处于初级阶段，煤层气产业尚属空白。

3.5.13　郴州市水泥用石灰岩产业

截至 2020 年底，郴州市已设水泥用石灰岩矿山 8 个，其中，大型矿山 3 个、中型矿山 2 个、小型矿山 3 个，产值 103263 万元。

郴州市水泥用石灰岩资源主要分布于宜章、安仁、资兴等地，由于其含有较高的碳酸钙，石灰岩是水泥制造的重要原料之一。

3.5.14　郴州市方解石产业

截至 2020 年底，郴州市现设有方解石矿山 3 个，其中，中型矿山 1 个、小型矿山 2 个，产值 544 万元。

目前仅有少数矿山建设有精矿产品加工厂，大多数矿山均没有形成完整的精矿产品加工业。矿山开采出来的方解石原矿，大部分仅加工至粗粉进行销售。

3.5.15　郴州市宝玉石产业

郴州市宝玉石分布十分广泛，矿物晶体分布于8个县市区，观赏石分布于11个县市区。其中，通天玉分布于临武县通天山、西山，经初步调查评价资源量在200×10^4 t左右，矿藏价值最低估价750亿元；七彩石主要分布在汝城县、资兴市，预测资源量97.9×10^4 t；七彩石分布范围广、预测资源量大，主要集中在资兴；黄蜡石主要分布在汝城、桂东等地，预测资源量200×10^4 t左右；芙蓉石主要分布在永兴县，预测资源量10×10^4 t左右；墨石盛产于桂阳、宜章、汝城等县，其中，桂阳北部春陵江产量较大，宜章预测资源量在600×10^4 t以上；青花石主要分布在桂东县，预测资源量上百万吨。

临武县已建成占地118亩（约78666.67 m^2）、集科普、展示、生产、创意、销售、鉴定、物流于一体的宝玉石文化产业园，注册宝玉石公司54家，其中，规模以上7家，玉石加工及配套企业36家，销售店及个体户120余家。

目前尚未专门为矿物宝玉石资源开发设立相应采矿权，但郴州市已建成世界有色金属博物馆、郴州市石博园、柿竹园矿晶博物馆，规划建设国际珠宝文化创意产业园。中国（湖南）国际矿物宝石博览会经湖南省政府决定固定在郴州市举办，郴州市矿物晶体蜚声中外。

3.5.16　郴州市地热产业

郴州市的地热资源主要以地下热水的形式出露地表，地下热水分布点多、面广、水量大、水温高、水质好，曾被国土资源部命名为“中国温泉之城”。郴州市已发现的温泉地下热水点100多处，其中，发现具有潜在开发利用价值的热温泉点达69处，探明地下热水资源储量达13.96×10^4 m^3/d，主要分布在汝城、临武、桂阳、苏仙、北湖等地。地热温泉数量和质量领先于湖南省其他地级市区。目前，全市地热温泉资源主要作为旅游资源开发利用，地热温泉开发不具明显的竞争优势。

3.6　郴州市资源型产业发展面临的主要问题

3.6.1　勘查投入不足，资源保障能力急需加强

郴州市矿产资源勘查投入不足（表3.3），2016—2020年，累计勘查投入仅1.89亿元，且主要来自于社会资金，地方政府财政投入资金较少。目前，有色金属矿产资源中，铜、铅、锌、锡、钨、钼、铋、金、银等金属保有储量均呈减少趋势，其中锡、

铅、锌耗竭率已超过50%。同时，郴州市现有矿山不少也已进入中晚期，资源逐渐枯竭，开采难度越来越大。随着找矿难度的增加、进入中晚期矿山增多、地勘资金和力量投入的不足以解决新发现矿产地和新查明的资源储量少等问题，将导致郴州市后备资源日益紧缺，资源对经济社会发展的保障能力减弱。

表 3.3 2016—2020 年郴州市矿产资源勘查投入情况 单位：万元

	2016 年	2017 年	2018 年	2019 年	2020 年	合计
中央财政	0	0	0	0	0	0
地方财政	754.73	0	0	598.24	0	1352.97
社会资金	2138.24	915.51	782.17	6709.18	7001.84	17546.94

数据来源：《郴州市第三轮矿产资源总体规划实施评估》。

3.6.2 产业链延伸不长，转型升级有待提速

郴州市有色金属产业企业关联度不高、互补性不强、互用性不够、信息沟通不畅，有色金属产业链不够完善，产业链向高附加值方向延伸力度不够。据《郴州市矿产资源总体规划（2021—2025 年）》和《郴州市有色金属十四五规划》，矿业初级产品占比高达90%，而精深加工产品占比10%左右。其中，锡产业高端及下游产品产值占比17%，铅锌高端及下游产品产值占比11%，钨钼高端及下游产品基本空白。郴州市矿业产品以中低端为主，未能充分将资源优势转化为经济优势，2021 年有色金属采选业利润额为4.64亿元，利润率仅为3%（表3.4），距全国、湖南省平均水平存在较大差距，新兴产业处于起步期，传统产业主体地位尚未根本改变，急需转型升级。

表 3.4 2021 年矿业各细分部门利润率

部门	全国	湖南省	郴州市
工业	7%	6%	6%
煤炭开采和洗选业	21%	6%	5%
黑色金属矿采选业	13%	7%	-1%
有色金属矿采选业	17%	5%	3%
非金属矿采选业	11%	9%	6%

数据来源：国家统计局，湖南省 2021 年统计年鉴，郴州市 2021 年统计年鉴。

3.6.3 行业集中度低，企业主体规模有待壮大

郴州市共有规模以上工业企业1178家，相较湖南省其他地区存在一定差距。其中，大中型企业104家，企业数量和经济发展总量偏少，缺乏年产值过百亿的领航型企业；

小微型企业 1074 家，大部分处于产业链上游，企业盈利水平较弱、经济总量偏小。据统计，2021 年产值前 5 名的有色金属企业实现主营业务收入占全市有色金属产业的 22.5%，平均每家企业 38.9 亿元；另外 306 家有色金属生产企业年产值占 77.5%，平均每家企业 2.2 亿元。郴州市规模以上工业企业产值占比如图 3.16 所示。企业规模小，平均每个矿山的精矿产量仅 36×10^4 t，每个冶炼企业产值不足 3 亿元。产业结构不合理，同质化企业多，恶性竞争严重，企业之间对市场、原材料、人才、技术等生产要素的竞争不断加剧，缺乏信息沟通，难以形成合作、共享的良好发展模式。郴州市资源产业行业集中度低，产能过于分散，企业主体有待壮大。

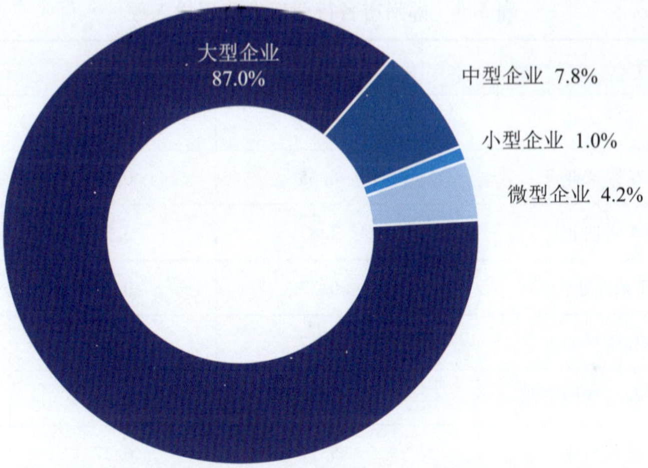

图 3.16 郴州市 2020 年规模以上工业企业分类统计图（产值占比）
（数据来源：郴州市加速推进新兴工业化工作领导小组）

3.6.4 研发投入不足，创新能力有待提高

郴州市研发投入有待加大（表 3.5），全市规模以上工业企业有研发活动的单位占比不足四分之一，单位数量在全省处于相对落后的位次；全市工业企业研发经费内部支出远低于省内的长沙、株洲、岳阳等城市。此外，郴州市矿业研发投入占社会研发投入的近二分之一，虽然研发投入金额在逐年增加，但主要集中在上游资源开采和中游矿石冶炼，下游精深产品制造的研发投入仅为 18%。行业部分关键原材料、核心工艺技术、装备、关键零部件等受制于人，自动化和智能化技术装备水平与先进地区相比存在较大差距。

3.6.5 环境历史遗留问题突出，绿色发展水平有待进一步提升

郴州市矿山地质环境历史遗留问题较为突出。据《郴州市矿产资源总体规划

(2021—2025 年)》，截至 2020 年底，郴州市矿山废石累计占用、破坏土地面积 4101 hm^2，矿区土地还绿率为 44.6%。“十三五”期间，郴州市矿山地质环境治理资金 84%来源于企业自筹，资金来源单一，环境治理动力不足。2020 年，郴州市共有 52 个绿色矿山试点单位，绿色矿山比例仅为 22.4%，仍有很大进步空间。郴州市年工业废水排放量达 $13086.8\times10^4\ m^3$，年治理量 $7841.7\times10^4\ m^3$，达标排放率仅为 59.9%，与国家、湖南省平均水平相差较大。随着供给侧结构性改革深入推进，碳达峰、碳中和目标的逐步落实，郴州市有色金属、煤矿等高耗能、高污染产业将面临巨大环保压力，绿色发展水平有待进一步提升。

表 3.5 郴州市各行业研发费用投入额 单位：亿元

部门	2019 年	2020 年	2021 年
煤炭开采和洗选业	0.83	0.17	0.61
黑色金属矿采选业	0.05	0.03	0.02
有色金属矿采选业	2.87	3.26	3.99
非金属矿采选业	0.37	0.27	0.20
黑色金属冶炼和压延加工业	0.67	0.26	0.03
有色金属冶炼和压延加工业	14.44	15.42	17.22
非金属矿物制品业	5.17	6.37	7.70
金属制品业	3.35	4.88	5.88
郴州市研发费用总额	61.32	65.39	76.09

数据来源：2020、2021、2022 年郴州市统计年鉴。

3.6.6 人口持续流出，人才队伍有待扩充

郴州市资源产业高质量发展人才保障不足，户籍人口长期大于常住人口，人口一直处于流出状态（图 3.17），且 2019 年以来，常住人口同样出现下降趋势。郴州市普通高校仅有 3 所，本地培养高层次人才能力有限，因市场机制、工资收入和配套设施等方面的原因，企业难以吸引高层次的系统性人才和科研能力强的软硬件综合人才，研发技术型人才缺口较大（图 3.18）。

3.6.7 产业布局分散，园区支撑能力有待加强

全市园区产业布局较为分散（表 3.6），2020 年主导产业的聚集度仅 60.9%。园区

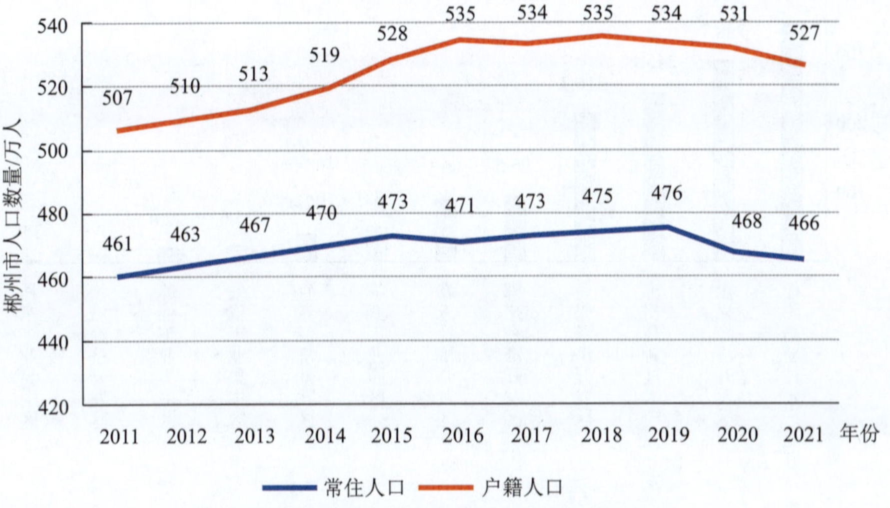

图 3.17　2011—2021 年郴州市常住人口变化情况
（数据来源：2011—2021 年郴州市统计年鉴）

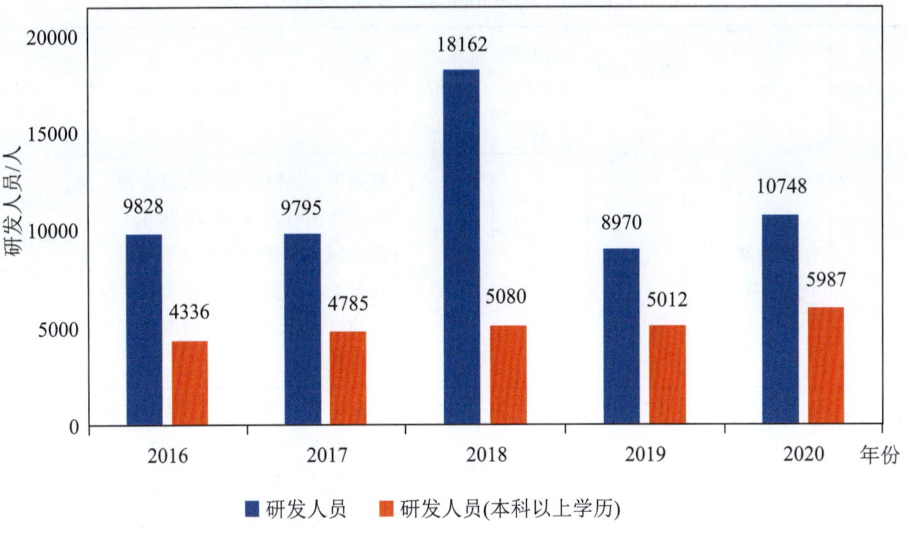

图 3.18　“十三五”期间全市研发人员数量情况

间协同发展水平较低，同质化程度高，缺乏跨园区产业链协作，专业板块融合发展程度明显不足。全市国家级园区仅 1 家，经济总量不大。2020 年，郴州市高新区高新技术产业主营业务收入排在全市园区的第 3 位，未充分发挥国家级高新区在高新技术产业领域的示范引领作用（图 3. 19）。

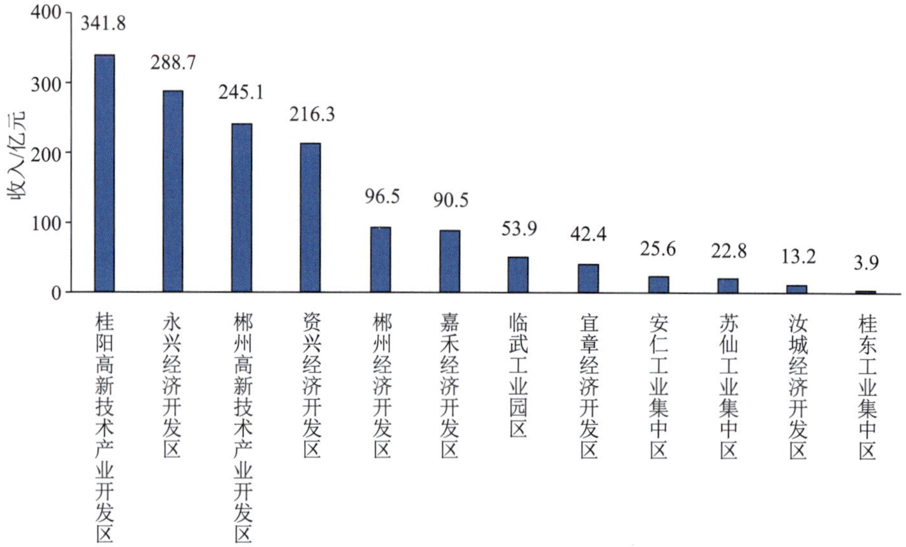

图 3.19　2020 年全市园区高新技术产业主营业务收入情况
（数据来源：郴州市加速推进新兴工业化工作领导小组）

表 3.6　郴州市主要产业园区概况

序号	园区名称	主导产业	累计入园企业/家	累计规模以上工业企业/家	规模工业增加值/亿元	主要企业	概况
1	郴州市高新技术产业开发区	有色金属、电子信息等	288	70	70.92	郴州市金贵银业股份有限公司、湖南柿竹园有色金属有限责任公司、湖南湘威新材料科技有限公司、台达电子（郴州市）有限公司、湖南炬神电子有限公司、湖南格兰博智能科技有限责任公司	面积 4.8 km^2，规模工业增加值占全县（区）规模工业增加值比重仅为 9%
2	郴州市经济开发区	电子信息、新材料、装备制造、食品医药	1162	72	96.5	华润三九（郴州市）制药有限公司、湖南驰承环保有限公司、湖南裕湘食品有限公司、郴州市长信住工科技有限公司、湖南优珀斯新材料科技有限公司、中交郴州市筑路机械有限公司、郴州市九鼎饲料有限公司、湖南阿秒光学科技有限公司、湖南省凯纳方科技有限公司、云南锡业郴州市锡材高新材料有限公司、湖南新田岭钨业有限公司、湖南海德威科技有限公司、湖南湘工环保科技开发有限公司	面积 4.1 km^2，规模工业增加值占全县（区）规模工业增加值比重达 80%

续表

序号	园区名称	主导产业	累计入园企业/家	累计规模以上工业企业/家	规模工业增加值/亿元	主要企业	概况
3	资兴经济开发区	有色金属新材料、电子信息大数据	595	101	136	郴州市旗滨光伏光电玻璃有限公司、湖南旗滨医药材料科技有限公司/郴州市耐普电源有限公司、郴州市丰越环保科技有限公司、郴州市高鑫材料有限公司、青岛啤酒（郴州市）有限公司、郴州市久隆旺高科电子有限公司、郴州市辉鸿电子科技有限公司、郴州市福瑞康电子有限公司	面积 12.3 km^2，规模工业增加值占全县（区）规模工业增加值比重达 78%
4	永兴经济开发区	稀贵金属产业、精细化工产业、电子信息产业	644	418	126.8	全区拥有高新技术企业 44 家，产值过亿元的企业 56 家，重点企业有：雄风环保、众德环保、晶讯光电、贵研资源、阳光贵金属、金润碲业、金叶环保、招金贵金属、建勋环保、正和通银业、鹏琨环保、腾驰环保、叶林环保等	面积 10.9 km^2，规模工业增加值占全县（区）规模工业增加值比重达 88%
5	桂阳高新技术产业开发区	食品制造业，有色金属冶炼和压延加工业，计算机、通信和其他电子设备制造业	210	97	136.8	湖南省桂阳银星有色冶炼有限公司、桂阳县皓钰新材料有限公司、郴州市安培龙传感科技有限公司、湖南鼎新电子科技有限公司、湖南景湘源食品饮料有限公司	面积 6.4 km^2，规模工业增加值占全县（区）规模工业增加值比重达 86%
6	宜章经济开发区	非金属矿物制品；计算机、通信及其他电子设备制造；造纸及纸制品业	316	71	40	郴州市恒维电子有限公司（湖南日光显示技术有限公司）、湖南立敏达电子科技有限公司、湖南百捷利包装印刷有限公司、湖南雅图仕印刷有限公司、宜章鑫晨光电子有限公司、阳普医疗（湖南）有限公司、宜章骏涛实业有限公司、伯朗电梯（郴州市）有限公司	面积 5.4 km^2，规模工业增加值占全县（区）规模工业增加值比重达 65%
7	宜章氟化学循环产业开发区	化学原料及化学制品制造	13	6	4.7	宜章弘源化工有限公司、郴州市中化氟源新材料有限公司、湖南中蓝新材料科技有限公司、郴州市德宇高新材料有限公司、湖南路菲特新材料科技有限公司	面积 2.6 km^2，规模工业增加值占全县（区）规模工业增加值比重为 6%

续表

序号	园区名称	主导产业	累计入园企业/家	累计规模以上工业企业/家	规模工业增加值/亿元	主要企业	概况
8	临武产业开发区	新能源装备制造业、电子信息产业、特色农副产品加工业、宝玉石产业、碳酸钙产业	232	38	23	舜华鸭业、东佳电子、久森新能源、湘能重工、声海电子、舜通宝玉石	面积 3.7 km^2，规模工业增加值占全县（区）规模工业增加值比重达 70%
9	嘉禾经济开发区	锻铸造、机械装备制造产业	113	82	49.08	嘉禾县中毅达铸造有限公司、湖南巨人集团机床有限公司、郴州市鼎新机械铸造有限公司、郴州市雄健机床铸造有限公司、嘉禾县南宏铸造有限公司、嘉禾县众合铸业有限公司、湖南鑫泉铸造有限公司、嘉禾县飞恒合金铸造有限公司、湖南成鑫通用汽车有限公司、嘉禾县宏盛制造有限公司	面积 4.7 km^2，规模工业增加值占全县（区）规模工业增加值比重达 72%
10	苏仙产业开发区	专用设备制造业、农副食品加工业	75	28	17.3	郴州市东塘电气设备有限公司、湖南农夫机电有限公司、湖南协成管业科技有限公司、郴州市蓝光环保节能门窗有限公司、湖南省东江清水食品有限公司、湖南田野现代智能装备有限公司、郴州市新希望农业科技有限公司、郴州市华兴新能源科技有限公司、湖南省海展智能装备有限公司	面积 1.4 km^2，规模工业增加值占全县（区）规模工业增加值比重为 32%
11	安仁产业开发区	计算机、通信和其他电子设备制造业、农副产品加工及食品制造	76	27	19.6	安仁县生平米业有限公司、安仁县鑫亮粮油发展有限公司、万华板业、湖南华夏湘众药业饮片有限公司、湖南安仁三-筑工科技有限公司、郴州市中仁机械制造有限公司、郴州市衡元晟科技有限公司、湖南勋兴电子科技有限公司、安仁段氏新能源有限公司、湖南超誉科技有限公司、湖南聚石科技有限公司、郴州市荣景鞋业有限公司	面积 3.6 km^2，规模工业增加值占全县（区）规模工业增加值比重达 78%

续表

序号	园区名称	主导产业	累计入园企业/家	累计规模以上工业企业/家	规模工业增加值/亿元	主要企业	概况
12	汝城经济开发区	黑色金属冶炼和压延加工；文教、工美、体育和娱乐用品制造	153	41	8.02	湖南省邑金投资有限公司、汝城县鸿发矿业有限公司、中湘股份有限公司、汝城县隆鑫矿业有限公司、汝城县建瑞矿业有限公司、郴州市阳光户外用品有限公司、汝城县群力复合材料加工厂、郴州市富鸿体育用品有限公司	面积 3 km^2，规模工业增加值占全县（区）规模工业增加值比重达 82%
13	桂东产业开发区	农林产品精深加工、中药材产品精深加工	64	16	4.2	湖南广玉农业综合开发有限公司、湖南中合林木有限公司、桂东众意竹木开发有限公司、桂东县蓝老爹茶业开发有限公司、桂东县玲珑王茶叶开发有限公司	面积 186.9 hm^2，规模工业增加值占全县（区）规模工业增加值比重达 65%
14	湘南国际物流园	电子商务、电子信息、物流商贸、临港经济	226	3	21.28	兴义物流、金煌物流、湖南长信建设集团、湖南紫瑜市场开发有限公司、君鑫物流、云南锡业郴州市高新材料有限公司、郴州市中合农产品有限公司、义捷物流、南方新材料郴州市有限公司、新骏纸品包装有限公司、郴州市托普电器有限公司、郴州市汇能房地产开发有限公司等企业。	面积 6 km^2，规模工业增加值占全县（区）规模工业增加值比重为 11%

资料来源：据《郴州市矿产资源总体规划（2021—2025 年）》和《郴州市有色金属“十四五”规划》等资料整理。

4 郴州市矿业绿色发展与生态保护

4.1 郴州市生态环境本底特征分析

4.1.1 地形复杂多样，土地资源可利用程度西高东低

郴州市域地貌复杂多样，以山丘为主，岗地与平地面积相当，水域较少。山地、丘陵、岗地、平地及附属水域分别占全市总面积的 54.4%、20.5%、10.6%、12.2% 和 2.3%，山地和丘陵面积约占总面积的近四分之三。市域内岩溶地貌分布较广，丹霞地貌发育典型。市域内地形地貌总体呈地势东南高西北低，东南部以山地为主体；西北部以丘陵、岗地、平原为主。东南部山系重叠，群山环抱；西部山势低矮，向北开口，中部为丘、平、岗交错。地势自东南向西北倾斜，东部是南北延伸的罗霄山脉，最高峰海拔 2061.3 m；南部是东西走向的南岭山脉，最高峰海拔 1913.8 m；西部是郴道盆地横跨，北部有醴攸盆地和茶永盆地深入，形成低平的地势，一般海拔 200~400 m，最低处海拔 70 m。整体上，市域内土地可利用程度受坡度和地形起伏度影响较大（图 4.1），东部地区，如汝城县、桂东县和资兴市东部的农业耕作条件和城镇建设条件总体较差，西北部地区总体较好。

4.1.2 水资源总量丰富，时空分布不均

郴州市水资源丰富，水量丰沛、水质优良，但时空分布不均。全市有湘江（占总面积的 77.36%）、赣江（占总面积的 3.56%）和北江（占总面积的 19.08%）三大水系，分属长江（占总面积的 80.9%）和珠江（占总面积的 19.1%）两大流域，市域内长江流域面积为 15647.70 km^2，珠江流域面积为 3694.33 km^2。湘江水系：流域面积 14962.99 km^2，有 10 km^2 以上河流 319 条，主要河流有舂陵水、耒水、永乐江；赣江水系：流域面积 688.58 km^2，有 10 km^2 以上河流 20 条，主要河流有集龙江（上犹水）、泉江；北江水系：流域面积 3674.5 km^2，有 10 km^2 以上河流 84 条，主要河流有武水、城口水（浈水）。

区域内有 4 个水资源三级区，有 10 个水资源四级区。全市共 11 个饮用水水源，分别为：小东江、山河水库、方元水库、城关松山村、龙虎洞水库、肖家山水库、盘江水

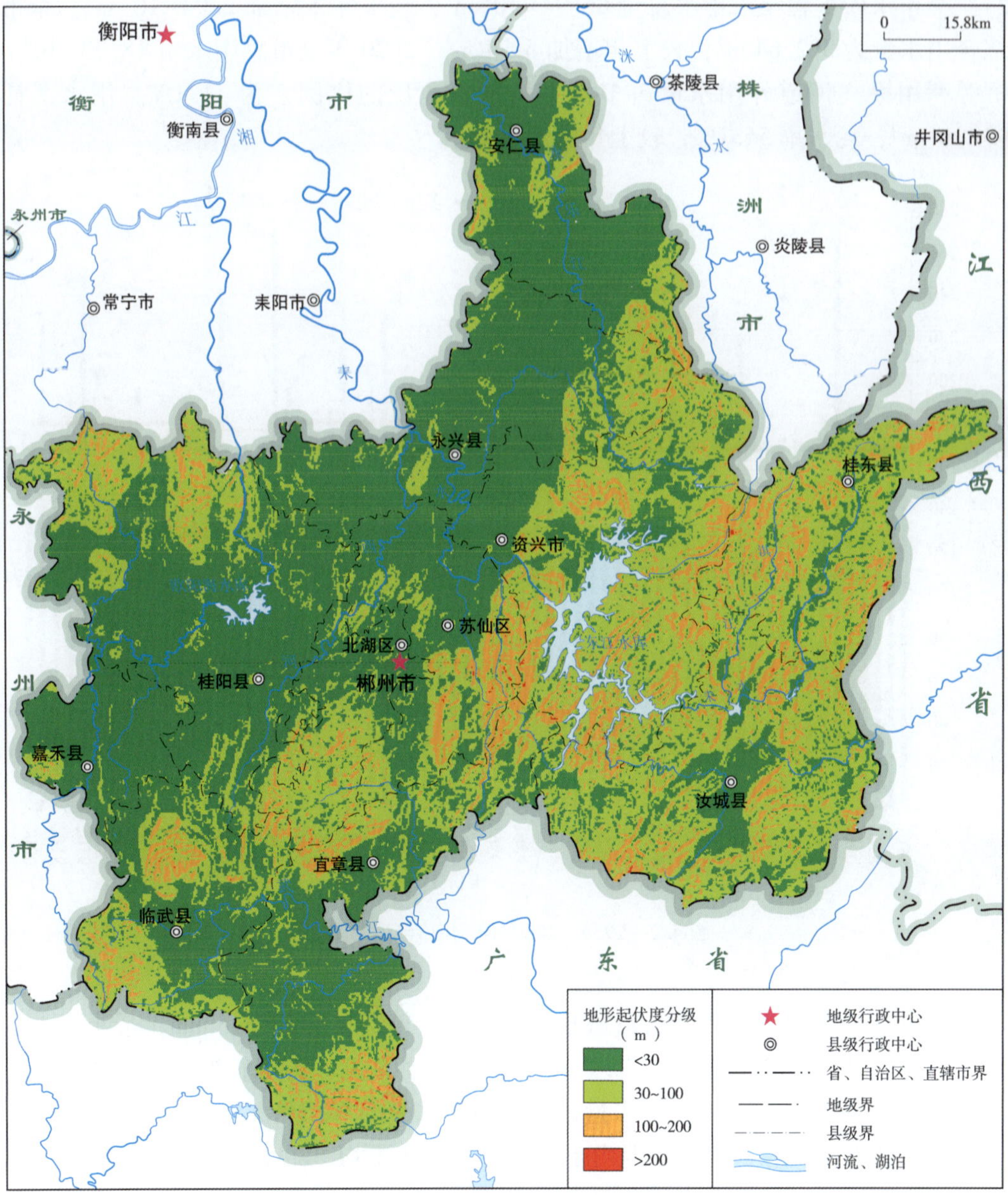

图 4.1　郴州市地形起伏度分析图

库、长河水库、黄岑岭水库、大源水库、龙潭水库。

据 2020 年湖南省郴州市水资源公报，2020 年全市年平均降水量 1510.1 mm，折合水量 $291.7\times10^{8}\ m^{3}$，较多年平均偏少 0.9%；地表水资源量 $148.4\times10^{8}\ m^{3}$，折合年径流深 768.4 mm，较多年平均偏少 9.7%；地下水资源量 $53.89\times10^{8}\ m^{3}$，扣除重复量 $53.89\times10^{8}\ m^{3}$，全市水资源总量 $148.4\times10^{8}\ m^{3}$，较多年平均偏少 9.7%，属平偏枯水年份（图

4.2）。全市水库工程年末蓄水总量 66.94×10^8 m^3，较上年末增加 2.94×10^8 m^3。全市人均综合用水量为 392.64 m^3，较上年增加 5.71 m^3。2020 年全市总用水量 18.33×10^8 m^3，水资源利用率（河道外用水量占多年平均水资源量的比例）为 11.1%。用水消耗量 9.92×10^8 m^3，耗水率 54.1%，较上年有所升高。

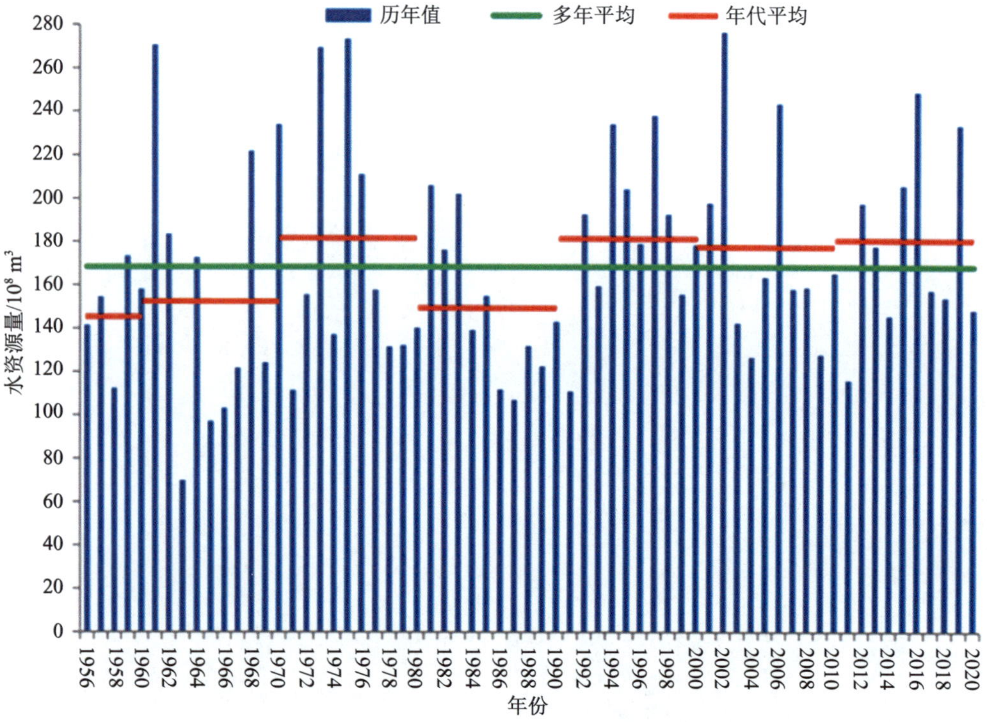

图 4.2　1956—2020 年郴州市年水资源图

2020 年，全市最大降水量为汝城县的兰洞站，年降水量 2358.5 mm，最小降水量为嘉禾县的嘉禾站，年降水量为 1174.7 mm，极值比为 2.0。整体东部降水量高，西部降水量低。全市 4~9 月为汛期，降水量占全年总降水量的 62.1%。

郴州市地处水资源富水区，但由于降水时空分布不均、城市和工业发展较快，全市仍然存在季节性、区域性、水质性缺水。

4.1.3　环境质量优良，局部轻度污染

2021 年，郴州市城区空气质量优良天数达到 357 天，优良天数比例为 97.8%，与上年同期相比优良天数比例上升 2.4%，优良率全省排名第二，市城区连续四年实现空气质量达标。市城区空气质量综合指数为 4.28，在全省排名第四。11 个县市区主要污染物浓度年均值全部达到国家二级标准（2021 年 1—12 月郴州市地表水环境质量监测

情况)。2021 年，全市水环境质量总体为优，53 个考核评价断面达标率为 96.2%，其中，Ⅰ类水质断面 14 个，占 26.4%；Ⅱ类水质断面 34 个，占 64.2%；Ⅲ类水质断面 3 个，占 5.7%；Ⅳ类（轻度污染）水质断面 1 个，占 1.9%；劣Ⅴ类（重度污染）水质断面 1 个，占 1.9%。耒水、春陵水、洣水、上犹江、浈水、东江湖等流域水质总体为优。13 个（山河水库为备用水源）集中式饮用水水源地水源达标率均为 100%（2021 年 1—12 月郴州市环境空气质量监测情况）。

4.1.4 生态本底优良，生物多样性丰富

郴州市古称“林邑”，意为林中之城，全市森林覆盖率达 70%，是湖南省四大重点林区之一。大面积的连绵山地、宽阔无边的原始森林、神秘莫测的地貌景观是“林邑文化”的重要支撑。全市林业用地面积 12412.02 km^2，其中，林地面积 10570.17 km^2，疏林地面积 67.72 km^2，灌木林地面积 1353.44 km^2，未成林造林地面积 347.55 km^2，苗圃地面积 1.84 km^2，无林地面积 71.30 km^2。丰富的林业资源被誉为“华南绿色天然宝库”，形成了莽山国家级森林公园、东江湖等颇有影响的风景名胜。

郴州市野生动植物资源十分丰富，有陆生野生动物 182 种，其中，鸟类 111 种、兽类 35 种、两栖爬行类 36 种。有国家一级重点保护野生动物云豹、黄腹角雉、白颈长尾雉、蟒蛇 5 种以及列入国际上一级优先保护物种的莽山烙铁头蛇，国家二级重点保护野生动物水鹿、短尾猴、穿山甲、大灵猫、小灵猫等 39 种。郴州市有国家一级重点保护野生植物银杏、银杉、红豆杉属（红豆杉、南方红豆杉）、水松、伯乐树（钟萼木）等 6 种，国家二级重点保护野生植物篦子三尖杉、福建柏、柔毛油杉、华南五针松等 30 种，省地方重点保护野生植物黄枝油杉、江南油杉、铁坚油杉（铁坚杉）、黄山松等 80 多种。

全市有嘉禾、临武、宜章、汝城、桂东、资兴 6 个县（市）被列入国家级重点生态功能区；桂阳县被列入省级重点生态功能区；资兴市被列入国家级生态示范区。有莽山、八面山两个国家级自然保护区，桂阳南方红豆杉柔毛油杉、郴州市狮子口两个省级自然保护区；有宜章莽山、资兴天鹅山、汝城九龙江、临武西瑶绿谷、安仁熊峰山、桂东齐云峰、永兴丹霞、湖南嘉禾 8 个国家森林公园，郴州市苏仙区五盖山 1 个省级森林公园；有东江湖、桂阳春陵、郴州市西河、安仁永乐江、嘉禾钟水河 5 个国家湿地公园，天鹅山、九龙江两处省级森林康养试点示范基地，其中，天鹅山列入国家森林康养试点示范基地，形成了“青山环绕、蓝脉绿网、十字绿轴、多园均布”的城乡绿化新格局。

4.1.5 自然灾害分布广，局部灾害危险性高

郴州市地处南岭山脉北麓，是湖南省地质灾害多发易发区。郴州市地质灾害类型以滑坡为主，崩塌、滑坡、泥石流、地面塌陷、地裂缝等地质灾害在八县一市两个区均有分布。地形地貌、地层岩性、降雨、人为及综合因素 5 种因素是引发崩塌、滑坡、泥石流的最主要因素，自然灾害分布广，局部灾害危险性高。

据湖南省郴州市地质灾害防治规划（2021—2025 年）调查统计，截至 2020 年底，全市有地质灾害隐患点共 1512 处，按灾害类型划分崩塌 42 处、滑坡 892 处、泥石流 114 处、地面塌陷 120 处、不稳定斜坡 344 处，共威胁人口 8.92 万人，潜在经济损失 34.89 亿元。其中，全市矿山地质灾害 161 处，按灾害类型划分崩塌 6 处，占比 14.3%；滑坡 18 处，占比 2.0%；泥石流 20 处，占比 17.5%；地面塌陷 60 处，地面沉陷 57 处，占比 97.5%。共威胁人口 1.73 万人，占比 19.4%；潜在经济损失 7.92 亿元，占比 22.7%。详情见表 4.1。

表 4.1　全市地质灾害与矿区矿山地质灾害类型（数量）对比表　　单位：处

灾害类型	全市范围	矿区矿山范围	占比/%
崩塌	42	6	14.3
滑坡	892	18	2.0
泥石流	114	20	17.5
地面塌陷（地面沉陷）	120	60（57）	97.5
不稳定斜坡	344	/	/
小计	1512	161	10.6
共威胁人口	8.92 万人	1.73 万人	19.4
潜在经济损失	34.89 亿元	7.92 亿元	22.7

全市内地质灾害的主要成因是持续降雨、强降雨、暴雨、台风等灾害性天气，还包括对地质环境影响剧烈的生产活动，主要包括道路修筑、大型工程切坡、建房切坡、矿业生产活动等。矿业生产活动是引发地面塌陷和地面沉陷主要因素，除此之外，由矿业生产活动引发地质灾害数量占全市的 10.6%，整体上占比较低。

4.2　矿山生态环境问题分析及修复

自 20 世纪 90 年代以来，各类矿产资源需求旺盛，郴州市掀起一股找矿采矿的热潮，矿山企业数量与规模达到了极值。同时，矿产资源开发带来的负效应日益显现，由于矿产资源类型、开采方式、生产设施及布局、选冶方式、废渣和废水中污染物及排放方式等因素的不同，矿山生态环境破坏方式与程度千差万别（方星等，2019）。

根据影响矿山生态环境破坏类型的主导因素，郴州市矿山生态环境破坏分为 6 个大类，即地形地貌景观破坏、土地土壤资源破坏、矿山地质灾害、矿山水土及大气环境污染、矿山水资源破坏和矿山生物资源破坏（2020 年湖南省郴州市北湖区、苏仙区、桂东县、永兴县、嘉禾县、临武县、汝城县、资兴市、安仁县、桂阳县和宜章县等 11 县市区矿山地质环境调查评价报告）。

4.2.1 矿山地形地貌景观破坏

无论是露天开采，还是地下开采，矿山的开采活动均会对地表景观造成不同程度破坏。露天开采以剥离挖损土地为主，矿山开采前一般多为森林、草地等自然植被覆盖的山体，开采后山体植被毁坏，山体正地形转为负地形，形成凹陷，废石或尾库堆置，严重破坏了地表自然景观。地下开采则将地下矿体或夹石挖出，地表容易形成塌陷、产生地裂缝等，造成区域地形地貌景观破坏。

郴州市矿山开采形成露天采场 872 处，形成废石（土、渣）堆场 749 处，尾矿库 134 处，煤矸石堆 959 处，地面沉陷 58 处，地面塌陷 41 处，统计达 6733 处。主要破坏山脚、斜坡、冲沟、河谷等地形地貌景观，影响自然保护区、城市周边、主要交通干线等自然与人文景观（照片 4.1 至照片 4.8）。

照片 4.1 废渣破坏斜坡地形地貌

照片 4.2 煤矸石及工业广场破坏沟谷

照片 4.3 废渣破坏河沟地形地貌

照片 4.4 煤矸石堆放破坏耕地

照片 4.5　露天采场破坏斜坡

照片 4.6　煤矸石影响交通干线

照片 4.7　露天采场破坏斜坡地形地貌

照片 4.8　尾矿废渣破坏山脚及沟谷

4.2.2　矿山土地土壤资源破坏

1. 土地资源破坏

露天开采剥离的表土、地下开采后的塌陷，以及选矿后的尾矿都将对周边土地资源的造成较大破坏。露天开采剥离表土直接破坏土地资源；工业广场及废石（土、渣）、尾矿等占用大量土地资源，导致土地丧失原有性能；地下开采后可能引起地面塌陷，造成大量土地损毁，煤矿开采造成的地面塌陷规模及危害最为突出。

据调查统计，全市露天采场挖损土地 1874.24 hm^2，废石（土、渣）堆压占土地 668.62 hm^2，尾矿库压占土地 673.90 hm^2，煤矸石堆压占土地 891.74 hm^2，地面沉陷损毁土地 414.36 hm^2，地面塌陷损毁土地 265.10 hm^2，占矿山用地面积 69.6%。工业广场、办公生活压占土地 1892.51 hm^2，矿山公路压占土地 201.71 hm^2，占矿山用地面积 30.4%。

土地资源占用破坏面积大，方式多样，占用破坏土地类型除了工矿仓储用地外，更有林地、草地、园地、水田、其他耕地、水域等。

2. 土壤资源破坏

土壤是自然界和生物活动最重要的媒介，矿山开采对土壤的破坏主要表现在土壤层破坏、土壤侵蚀，以及矿区生态环境条件改变引起的土壤退化。

土壤层破坏主要是露采矿山剥离表层土壤，生态环境完全遭到破坏。采矿活动大面积的剥离，搬运土、石、矿渣堆积物等，加速或扩大土壤破坏和土体物质的移动、流失。矿山开采改变了矿区周边的地质、地貌、植被环境条件及自然风貌，如地表植被遭到破坏，松散的泥土和岩石暴露地表，则加剧了土壤的侵蚀和风化进程。

矿山废石（土、渣）在开采之后就近堆积，会影响土壤的各种特性，造成土壤结构及微生物的损害、土壤板结、有机质含量下降等，导致土壤肥力退化，影响农作物生长（照片 4.9 至照片 4.16）。

照片 4.9 尾矿库，堆占沟谷

照片 4.10 露天采场，挖损斜坡，植被

照片 4.11 煤矸石堆，堆占沟谷、斜坡

照片 4.12 废石堆

照片 4.13　工业广场

照片 4.14　废石堆，堆占沟谷，斜坡

照片 4.15　尾矿库，堆占沟谷

照片 4.16　露天采场，挖损斜坡，植被

4.2.3　矿山地质灾害

矿山开采和相关工程的建设使矿区地形地貌发生较大变化，进而引发滑坡、崩塌、泥石流、地面塌陷等地质灾害。岩溶发育地区，采矿疏干地下水容易引起地表岩溶塌陷（盛玉环，1990）。矿山开采诱发的地质灾害造成过一些人员伤亡和经济损失。

据调查统计，截至2020年底，全市矿山地质灾害数量161处，造成道路开裂、房屋开裂或倒塌，危害周边居民生命安全，造成直接经济损失48746万元。开山炸石、开山修路、建房形成了高陡边坡，诱发崩塌6处；采空、开挖、不合理堆渣诱发滑坡18处；因地下开采引发地面塌陷60处、地面沉陷57处；废渣堆放处置不当引发泥石流20处（照片4.17至照片4.22）。

照片 4.17　矿山土质滑坡

照片 4.18　矿山泥石流淤积沟谷

照片 4.19　采矿引发岩溶塌陷导致路基损坏

照片 4.20　采矿引发地面塌陷导致水田失水

照片 4.21　梅田煤矿采煤沉陷导致房屋开裂

照片 4.22　顺达煤矿采煤沉陷导致路基开裂

4.2.4 矿山水土环境污染

1. 土壤污染

矿山土壤污染类型主要有水体污染型和固体废弃物污染型。水体污染型主要污染源为矿坑水和尾矿水，通过灌溉的形式直接进入土壤或经地下、地表水渗入土壤。固体废弃物污染型主要污染源为固体废物，在土壤表面堆放或处理矿岩和尾矿时，通过大气扩散或降水淋溶，致使周边土壤受到污染。

根据矿山污染物总量和对环境污染的“贡献率”分析，矿山土壤污染的主要污染源是重金属和酸性废水，重金属尤为突出。重金属不能被土壤微生物所分解，且容易被微生物所富集进入食物链，对生物链顶端高等级生物或人类潜在威胁很大。土壤中重金属污染，不仅取决其含量，而且取决于其状态。

据调查统计，尾砂库是最明显的污染源，其次是金属矿山废渣（照片4.23至照片4.28）。全市矿山周边生态环境土壤分析采集土壤样品1173组，壤中的铅、锌、铜、镉、镍、汞、砷、硫化物等含量超标，呈现pH值不达标、重金属超标等综合污染特征（据建设用地土壤污染风险管控标准（试行），2018；农用地土壤污染风险管控标准（试行），2018；表4.2）。

照片4.23　煤矸石堆及淋滤水，破坏土壤环境

照片4.24　矿坑水、淋滤水污染周边耕地

矿山土壤被重金属污染后，降低了土壤的生态功能，影响了土壤的理化性质，进而降低了土壤微生物量和活性细菌量，减少了土壤系统中的生物多样性，影响了土壤生态结构和功能的稳定。

2. 水污染

矿山水污染可以分为地表水和地下水污染。最为突出的问题为地表水资源污染，主要是选矿水和选矿废水排入地表水体所造成的污染。在采矿生产过程中，露天开采或地下开采疏干排水和废石淋溶水都具有较高含量的悬浮物及重金属等，排入水体后造成地

照片 4.25 废渣及淋滤水，严重影响破坏土壤环境

照片 4.26 煤矸石影响破坏前缘耕地

照片 4.27 尾矿库废渣污染土壤环境

照片 4.28 尾矿废渣污染土壤环境

表水体的有机污染和重金属污染，并增加水体的浑浊度，影响水体的纳污能力。金属矿山矿产中含有铜、铅、锌、汞、锰、镉、砷等重金属元素，选矿时采用的药剂会随着地表水流入河道，污染地表水；矿山酸性废水直接排入河流、山塘、水库或渗入地下，导致水质恶化，对周边动植物以及人类生存环境构成威胁。另外，煤矸石及露天堆煤场遇到降雨时所排放的废水也容易使周边河流、农田变成黑色。相对地表水资源污染，地下水资源污染更具隐蔽性，且影响时间长，发现困难，恢复困难。造成的直接污染主要是废石、尾矿以及选矿过程中排放的污水对地下水环境的污染和矿坑水对地下水资源污染。

据调查统计，全市矿山废水废液年产出量达到 $13786\times10^4\ m^3$，年循环利用量 $2724\times10^4\ m^3$，年治理量 $7611\times10^4\ m^3$，年排放量达 $9640\times10^4\ m^3$，循环利用率仅 19.8%。废水废液来源主要包括矿坑水、选矿废水、淋滤水、生活废水等。矿坑水与大气降水、老窖积水、地质构造复杂程度以及地下含水层厚度、分布面积、富水程度等因素密切相关，

表 4.2　郴州市矿山周边生态环境土壤样品分析结果表

统一编号	土壤类型	土壤质地	pH	$w_B/10^{-6}$								综合污染指数	污染等级
				Pb	Zn	Ni	Cr	Cu	Cd	Hg	As		
CZ-T001	水田	壤土	5. 77	98. 78	193. 99	102. 68	107. 40	49. 72	1. 51	0. 19	56. 85	1. 41	轻污染
CZ-T002	水田	砂土	6. 02	86. 65	211. 79	112. 77	89. 00	51. 05	2. 23	0. 19	100. 00	2. 44	中污染
CZ-T003	水田	黏土	5. 36	154. 64	201. 68	70. 35	122. 66	44. 66	1. 06	0. 18	95. 97	2. 32	中污染
CZ-T004	水田	壤土	5. 98	101. 54	149. 61	51. 03	95. 20	43. 72	0. 65	0. 12	55. 23	1. 34	轻污染
CZ-T008	水田	壤土	5. 67	589. 11	1900. 02	30. 55	61. 27	53. 79	5. 08	0. 19	91. 65	3. 79	重污染
CZ-T009	水田	壤土	5. 94	1689. 60	3705. 38	35. 67	66. 03	105. 98	6. 93	0. 18	265. 99	6. 72	重污染
CZ-T010	水田	壤土	6. 22	439. 16	2358. 13	30. 14	55. 90	44. 64	4. 04	0. 10	85. 18	3. 53	重污染
CZ-T011	水田	壤土	6. 22	1421. 86	2482. 37	38. 26	71. 52	133. 96	6. 38	0. 25	231. 93	5. 83	重污染
CZ-T012	水田	壤土	6. 05	293. 87	999. 50	36. 87	65. 16	37. 91	3. 18	0. 12	51. 28	2. 36	中污染
CZ-T013	水田	壤土	6. 04	412. 59	2151. 69	50. 70	106. 57	59. 09	5. 55	0. 24	148. 67	4. 19	重污染
CZ-T014	水田	壤土	6. 04	121. 87	197. 07	41. 20	74. 16	35. 47	1. 31	0. 20	47. 86	1. 19	轻污染
CZ-T015	水田	壤土	5. 99	140. 32	160. 33	31. 30	63. 60	28. 83	1. 74	0. 18	49. 94	1. 29	轻污染
CZ-T016	水田	壤土	6. 00	204. 17	286. 23	38. 67	64. 19	30. 10	2. 00	0. 19	119. 85	2. 91	中污染
CZ-T019	水田	壤土	6. 12	189. 73	262. 74	55. 83	83. 76	44. 92	1. 49	0. 23	52. 46	1. 31	轻污染
CZ-T020	水田	壤土	6. 35	155. 42	331. 86	54. 25	86. 69	42. 52	1. 35	0. 51	74. 70	1. 83	轻污染
CZ-T021	水田	壤土	6. 20	160. 44	214. 90	50. 48	82. 79	34. 53	1. 83	0. 33	73. 40	1. 81	轻污染
CZ-T022	水田	壤土	6. 33	113. 83	283. 32	31. 73	62. 83	56. 82	2. 03	0. 12	18. 87	1. 48	轻污染
CZ-T024	水田	壤土	6. 01	50. 21	125. 88	41. 84	56. 25	55. 86	1. 41	0. 16	28. 08	1. 04	轻污染
CZ-T025	水田	黏土	6. 02	152. 81	200. 20	56. 71	94. 43	117. 03	2. 52	0. 31	68. 44	1. 87	轻污染
CZ-T026	水田	壤土	6. 24	257. 34	302. 82	116. 55	100. 48	154. 54	2. 48	0. 42	153. 80	3. 74	重污染
CZ-T027	水田	黏土	6. 32	521. 37	808. 78	172. 48	74. 73	148. 37	25. 79	0. 72	287. 82	18. 58	重污染
CZ-T028	水田	黏土	6. 46	142. 08	180. 05	46. 38	88. 67	404. 36	1. 38	0. 21	101. 28	2. 47	中污染

续表

统一编号	土壤类型	土壤质地	pH	$w_B/10^{-6}$								综合污染指数	污染等级
				Pb	Zn	Ni	Cr	Cu	Cd	Hg	As		
CZ-T030	水田	黏土	6. 08	1269. 31	631. 95	37. 60	83. 78	59. 67	12. 44	0. 19	83. 27	8. 97	重污染
CZ-T031	水田	壤土	6. 15	204. 46	171. 73	35. 61	69. 61	32. 18	2. 32	0. 17	56. 89	1. 71	轻污染
CZ-T032	水田	黏土	6. 08	3710. 08	2263. 64	43. 34	88. 25	440. 11	17. 58	0. 52	369. 36	13. 02	重污染
CZ-T033	水田	黏土	6. 24	4484. 61	3122. 39	53. 10	78. 49	563. 65	24. 29	0. 58	328. 32	17. 80	重污染
CZ-T034	水田	黏土	6. 15	801. 63	583. 97	31. 73	88. 43	206. 12	8. 58	0. 33	107. 35	6. 23	重污染
CZ-T035	水田	黏土	6. 16	852. 69	625. 90	33. 08	86. 90	228. 27	7. 66	0. 32	115. 81	5. 59	重污染
CZ-T036	水田	黏土	6. 46	837. 78	601. 43	32. 94	86. 14	219. 16	7. 96	0. 16	58. 27	5. 76	重污染
CZ-T037	水田	黏土	6. 37	181. 48	254. 88	29. 21	55. 46	50. 69	2. 16	0. 16	205. 00	4. 92	重污染
CZ-T038	水田	黏土	6. 42	175. 96	277. 43	36. 79	58. 30	38. 57	1. 07	0. 13	187. 53	4. 49	重污染
CZ-T039	水田	砂土	6. 43	1692. 02	1148. 01	81. 07	69. 83	402. 61	12. 28	0. 29	1579. 11	37. 77	重污染
CZ-T040	水田	黏土	6. 24	127. 56	470. 26	60. 16	83. 16	115. 24	4. 04	0. 42	460. 28	11. 02	重污染
CZ-T041	水田	黏土	6. 27	450. 69	639. 72	73. 86	99. 59	120. 48	8. 23	0. 13	449. 56	10. 85	重污染
CZ-T042	水田	黏土	5. 92	392. 58	487. 05	175. 02	202. 96	90. 61	2. 05	0. 26	238. 64	5. 75	重污染
CZ-T043	水田	黏土	5. 81	260. 85	458. 19	62. 07	113. 12	99. 53	3. 28	0. 17	304. 05	7. 30	重污染
CZ-T044	水田	壤土	5. 68	145. 48	193. 81	57. 94	78. 42	65. 29	0. 91	0. 32	43. 38	1. 08	轻污染
CZ-T046	水田	壤土	6. 10	196. 49	182. 19	28. 68	67. 69	25. 43	1. 85	0. 17	52. 37	1. 38	轻污染
CZ-T047	水田	壤土	6. 24	512. 22	3559. 29	50. 68	81. 04	53. 42	5. 64	0. 29	81. 77	5. 26	重污染
CZ-T048	水田	壤土	6. 30	985. 33	1943. 07	39. 17	60. 10	73. 66	4. 60	0. 48	241. 55	5. 94	重污染
CZ-T049	水田	壤土	6. 46	333. 66	282. 69	27. 96	62. 96	37. 96	1. 61	0. 15	51. 71	1. 30	轻污染
CZ-T050	水田	壤土	6. 52	312. 18	241. 08	32. 39	60. 40	30. 14	1. 70	0. 16	42. 37	1. 27	轻污染
CZ-T051	水田	壤土	6. 59	171. 36	161. 58	55. 44	58. 81	28. 74	1. 36	0. 15	26. 03	1. 01	轻污染
CZ-T052	水田	壤土	6. 62	153. 18	147. 82	54. 79	57. 00	17. 73	1. 40	0. 12	22. 53	1. 03	轻污染

续表

统一编号	土壤类型	土壤质地	pH	$w_B/10^{-6}$								综合污染指数	污染等级
				Pb	Zn	Ni	Cr	Cu	Cd	Hg	As		
CZ-T053	水田	壤土	6.54	967.45	1019.64	31.84	80.01	42.33	3.27	0.35	100.19	2.56	中污染
CZ-T054	水田	壤土	6.38	419.57	518.50	26.75	78.42	37.68	3.17	0.17	62.55	2.34	中污染
CZ-T055	水田	砂土	6.32	547.22	461.77	80.69	138.11	337.85	19.88	0.43	989.69	23.86	重污染
CZ-T056	水田	黏土	6.43	293.19	408.53	21.16	54.40	121.35	12.90	0.11	432.60	10.52	重污染
CZ-T057	水田	砂土	6.00	186.35	243.45	21.67	52.82	56.52	2.08	0.10	68.54	1.69	轻污染
CZ-T058	水田	砂土	5.81	252.38	318.74	24.64	47.91	714.09	11.12	0.18	531.65	12.85	重污染
CZ-T059	水田	砂土	5.78	183.60	238.31	22.35	50.66	54.35	2.07	0.14	73.09	1.80	轻污染
CZ-T064	水田	壤土	5.96	284.88	248.10	48.91	116.61	70.85	6.25	0.24	173.93	4.59	重污染
CZ-T060	水田	壤土	6.22	106.92	282.81	86.88	121.74	77.51	0.55	0.58	50.62	1.26	轻污染
CZ-T061	水田	壤土	6.23	136.46	319.97	120.84	108.50	101.83	1.00	0.69	47.54	1.20	轻污染
CZ-T062	水田	壤土	6.16	300.85	314.55	63.84	95.66	56.90	1.01	0.44	57.76	1.44	轻污染
CZ-T065	水田	壤土	6.12	116.27	246.86	27.44	65.24	239.72	12.29	0.31	534.70	12.91	重污染
CZ-T066	水田	壤土	6.25	82.75	225.03	19.24	44.43	607.55	13.34	0.31	470.42	11.43	重污染
CZ-T067	水田	壤土	6.32	87.01	267.87	12.95	29.43	425.09	9.84	0.18	772.54	18.51	重污染
CZ-T068	水田	壤土	6.20	145.56	337.92	16.17	37.42	158.25	4.51	0.22	459.36	10.99	重污染
CZ-T069	水田	砂土	6.11	117.30	175.09	14.05	40.21	100.40	2.41	0.11	301.15	7.20	重污染
CZ-T070	水田	壤土	6.00	77.52	336.61	22.79	58.37	101.11	2.41	0.10	341.69	8.17	重污染
CZ-T071	水田	壤土	5.77	148.32	803.77	54.99	63.07	489.37	4.75	0.51	868.91	20.75	重污染
CZ-T073	旱地	壤土	5.88	105.44	210.40	84.83	100.58	60.24	1.26	0.55	83.36	1.54	轻污染
CZ-T074	旱地	壤土	6.16	134.50	199.46	99.46	103.21	54.01	1.73	0.57	47.86	1.30	轻污染
CZ-T075	水田	壤土	6.25	184.66	421.02	208.71	137.44	66.78	5.02	2.62	258.15	6.29	重污染
CZ-T076	水田	壤土	6.29	132.69	200.04	66.55	77.77	41.55	1.66	0.46	63.01	1.56	轻污染

续表

统一编号	土壤类型	土壤质地	pH	$w_B/10^{-6}$								综合污染指数	污染等级
				Pb	Zn	Ni	Cr	Cu	Cd	Hg	As		
CZ-T077	旱地	壤土	6.29	107.51	227.04	94.32	127.20	58.72	1.15	0.69	101.81	1.88	轻污染
CZ-T078	旱地	壤土	6.19	109.97	229.91	97.78	126.03	61.34	1.15	0.70	101.41	1.87	轻污染
CZ-T079	水田	壤土	6.04	203.66	299.14	10.69	36.98	32.41	1.94	0.10	22.77	1.42	轻污染
CZ-T080	水田	壤土	6.39	465.25	681.35	42.29	73.02	65.81	3.78	0.19	71.73	2.79	中污染
CZ-T081	水田	壤土	6.32	277.44	301.74	18.53	48.66	39.91	1.60	0.13	33.40	1.19	轻污染
CZ-T084	水田	壤土	6.36	104.35	216.75	86.69	111.79	48.42	2.90	0.27	41.62	2.12	中污染
CZ-T085	水田	壤土	6.57	153.28	210.57	87.92	90.30	41.06	2.55	0.28	37.16	1.87	轻污染
CZ-T086	旱地	壤土	6.25	88.18	402.06	24.52	76.47	47.04	2.50	0.12	33.38	1.82	轻污染
CZ-T087	水田	壤土	6.29	1175.64	3014.47	24.55	61.25	187.96	20.29	0.13	85.80	14.63	重污染
CZ-T090	水田	壤土	5.77	143.27	177.10	15.37	56.43	35.54	1.37	0.09	23.26	1.01	轻污染
CZ-T091	水田	壤土	5.69	352.91	428.33	21.12	55.74	72.38	1.41	0.18	42.98	1.10	轻污染
CZ-T092	水田	壤土	6.00	149.64	228.41	15.93	50.88	44.75	1.44	0.08	23.61	1.06	轻污染
CZ-T093	水田	壤土	6.01	149.51	240.67	15.04	45.65	48.17	1.40	0.10	23.95	1.03	轻污染
CZ-T094	水田	壤土	6.00	151.39	202.98	16.74	50.88	36.46	1.75	0.12	21.95	1.28	轻污染
CZ-T112	水田	壤土	5.50	384.51	228.48	43.56	69.07	31.15	0.93	0.46	68.85	1.68	轻污染
CZ-T116	水田	壤土	7.27	404.96	614.80	29.97	94.23	59.20	1.44	0.30	233.14	5.60	重污染
CZ-T117	水田	壤土	7.22	408.02	447.56	27.35	79.42	39.54	1.50	0.29	64.04	1.60	轻污染
CZ-T118	水田	壤土	7.34	308.73	396.70	22.10	71.17	31.08	1.46	0.22	63.84	1.58	轻污染
CZ-T119	水田	壤土	7.06	194.32	260.19	32.24	94.38	41.90	1.15	0.67	64.61	1.59	轻污染
CZ-T120	水田	壤土	7.66	149.83	315.49	41.54	106.50	47.24	1.41	0.31	65.32	1.61	轻污染
CZ-T121	水田	壤土	5.02	131.70	167.83	39.16	118.49	35.95	0.74	0.33	67.00	1.62	轻污染

续表

统一编号	土壤类型	土壤质地	pH	$w_B/10^{-6}$								综合污染指数	污染等级
				Pb	Zn	Ni	Cr	Cu	Cd	Hg	As		
CZ-T122	水田	壤土	4.80	31.76	73.81	36.06	130.40	20.49	0.30	0.45	61.16	1.47	轻污染
CZ-T123	水田	壤土	7.30	217.52	406.02	58.04	210.70	43.87	1.04	0.31	90.95	2.22	中污染
CZ-T124	水田	壤土	7.42	379.36	485.53	37.92	117.16	52.09	2.61	0.21	55.89	1.95	轻污染
CZ-T125	水田	壤土	7.28	315.72	401.68	36.75	116.47	39.49	2.09	0.24	48.83	1.57	轻污染
CZ-T126	水田	壤土	7.29	336.56	406.19	37.38	131.35	41.88	1.87	0.27	49.05	1.42	轻污染
CZ-T127	水田	壤土	7.18	284.00	361.12	46.57	128.85	47.06	1.68	0.34	47.33	1.28	轻污染
CZ-T128	水田	壤土	7.38	253.89	299.15	38.92	105.71	40.39	1.66	0.39	54.26	1.37	轻污染
CZ-T129	水田	壤土	7.44	278.38	295.20	43.45	118.69	44.14	1.52	0.35	55.19	1.39	轻污染
CZ-T130	水田	壤土	7.53	321.41	304.28	48.68	134.08	49.12	1.52	0.37	54.05	1.36	轻污染
CZ-T131	水田	壤土	7.27	241.46	153.93	31.93	92.63	26.27	1.12	0.25	51.57	1.27	轻污染
CZ-T132	水田	壤土	7.28	252.49	272.05	58.05	141.40	47.42	0.74	0.36	62.09	1.53	轻污染
CZ-T133	水田	壤土	7.60	265.69	302.40	57.81	180.45	55.09	2.00	0.40	58.05	1.52	轻污染
CZ-T134	水田	壤土	7.25	245.04	274.73	54.48	158.64	53.52	1.04	0.42	71.06	1.75	轻污染
CZ-T135	水田	壤土	7.13	561.76	379.60	54.34	143.64	49.46	1.15	0.34	84.83	2.09	中污染
CZ-T136	水田	壤土	6.90	286.18	438.72	58.55	149.78	56.04	1.30	0.33	74.20	1.83	轻污染
CZ-T137	水田	壤土	6.82	289.24	441.75	62.93	146.88	56.90	1.39	0.33	73.41	1.82	轻污染
CZ-T138	水田	壤土	7.16	299.02	455.47	66.25	150.27	60.22	1.62	0.35	73.17	1.82	轻污染
CZ-T139	水田	壤土	6.61	328.20	295.24	46.38	134.47	51.78	1.36	0.41	66.95	1.66	轻污染
CZ-T140	水田	壤土	6.40	319.42	278.99	47.61	124.97	56.60	1.13	0.39	58.67	1.46	轻污染

注：1）数据来源于郴州市矿山地质环境调查评价（部分县市区数据）。2）土壤环境质量标准参照《土壤环境质量·农用地土壤污染风险管控标准（试行）》（GB 15168—2018）。3）综合污染指数（Pz）参照 NY/T 395—2000 计算执行，土壤污染等级划分标准①$Pz \leq 0.7$，安全；②$0.7<Pz \leq 1.0$，警戒线；③$1.0<Pz \leq 2.0$，轻污染；④$2.0<Pz \leq 3.0$，中污染；⑤$3.0<Pz$，重污染。

多为顶底板含水层充水或地质构造充水。分析全市矿山周边生态环境采集地表水样1834组，采集地下水样142组。矿山废水废液主要有铅、锌、镉、铬、镍、锰、汞、砷、酸性水、硫化物、氟化物等超标，呈现pH值不达标、重金属超标等综合污染特征（据地表水环境质量标准（GB 3838—2002），地下水污染地质调查评价规范（DD 2008—01），地下水质量标准（GB/T 14848—2017）；表4.3）。

矿山水污染后，降低了水体的自净能力，水质受到损害，导致水资源的实用价值和使用功能下降，影响了生态环境及生物安全（照片4.29至照片4.34）。

照片4.29 选矿废水排放，污染溪沟

照片4.30 矿坑水、淋滤水排放，污染水库

照片4.31 矿坑水排放，污染溪沟

照片4.32 矿坑水淋滤水，污染溪沟

4.2.5 矿山水资源破坏

据调查统计，全市矿山影响及破坏地下水资源点多面广，矿山开采对水资源的破坏包括地表水资源和地下水资源。地表水资源破坏表现为地表水漏失、地表径流方向改变。

表 4.3　郴州市矿山周边生态环境水样样品分析结果表

统一编号	取样位置	水源类型	pH	$\rho_B/(mg \cdot L^{-1})$													综合污染指数	污染等级
				Pb	Zn	Cu	Cd	Cr	Ni	Cr^{6+}	As	Hg	F	Sb	SO_4^{2-}	硫化物		
CZ-S001	尾砂库排水沟	废水	7.46	0.009	0.030	0.298	0.0017	0.072	0.003	0.004	0.143	0.00020				0.007	2.05	中污染
CZ-S002	净化池排水沟	废水	7.41	0.008	0.025	0.445	0.0001	0.076	0.002	0.004	0.520	0.00030				0.001	7.39	重污染
CZ-S003	长坪溪	地表水体	6.93	0.008	0.513	0.593	0.0029	0.095	0.151	0.007	0.004	0.00010				0.001	2.16	中污染
CZ-S004	长策选矿水排水口	废水	4.39	0.016	1.557	0.055	0.0046	0.090	0.585	0.004	0.006	0.00007				0.001	8.32	重污染
CZ-S005	长坪溪	地表水体	6.78	0.014	0.510	0.068	0.0026	0.076	0.168	0.006	0.005	0.00004				0.001	2.39	中污染
CZ-S006	长坪溪	地表水体	7.98	0.021	0.043		0.0002	0.083		0.009	0.166	0.00006	0.96		3.23	0.001	2.40	中污染
CZ-S007	欧华仁排水口	废水	7.12	0.008	0.786		0.0038	0.090		0.006	0.005	0.00010	0.39		194.21	0.001	8.01	重污染
CZ-S008	长坪溪	地表水体	7.86	0.031	0.182		0.0029	0.077		0.004	0.028	0.00004	0.44		117.41	0.001	4.27	重污染
CZ-S009	23 中段平硐口	废水	5.95	0.051	7.210	0.899	0.1743	0.075	0.119	0.004	0.847	0.00004				0.004	24.85	重污染
CZ-S010	垅下坝公路边泉水	地下水	7.55	0.020	0.007	0.018	0.0008	0.077	0.001	0.004	0.003	0.00006				0.001	1.09	轻污染
CZ-S011	沉淀净化池	废水	5.65	0.027	5.687	0.947	0.1332	0.082	0.085	0.004	0.123	0.00010				0.001	18.94	重污染
CZ-S012	滁水河支沟	地表水体	6.48	0.011	0.490	0.019	0.0138	0.076	0.004	0.004	0.030	0.00005				0.001	1.97	轻污染
CZ-S013	沉淀净化池	废水	7.46	0.053	0.377	0.508	0.0107	0.084	0.004	0.009	0.108	0.00008				0.001	1.59	轻污染
CZ-S014	沉淀净化池	废水	7.98	0.017	0.112	0.000	0.0048	0.075	0.003	0.004	0.063	0.00004				0.001	1.08	轻污染
CZ-S015	尾砂库	废水	7.97	0.018	0.189	0.029	0.0083	0.069	0.010	0.004	0.027	0.00005				0.001	1.19	轻污染
CZ-S016	污水处理厂	废水	7.89	0.012	0.339	0.052	0.0124	0.064	0.014	0.004	0.040	0.00010				0.001	1.77	轻污染
CZ-S189	水沟	地表水体	5.2	0.003	1.328	0.588	0.0403	0.001	0.080	0.004	0.020	0.00013			80.95	0.020	5.73	重污染
CZ-S191	水沟	废水	7.27	0.002	0.724	0.001	0.0122	0.001	0.036	0.004	1.309	0.00014			297.90	0.020	18.57	重污染
CZ-S193	水沟	地表水体	7.34	0.001	0.001	0.001	0.0005	0.002	0.006	0.004	0.199	0.00013			50.25	0.020	2.83	中污染
CZ-S194	水沟	废水	7.06	0.009	0.727	0.016	0.0190	0.001	0.008	0.004	0.019	0.00015			54.14	0.020	2.72	中污染
CZ-S195	水沟	废水	7.18	0.017	0.369	0.005	0.0097	0.001	0.007	0.004	0.020	0.00012			24.18	0.020	1.40	轻污染

续表

统一编号	取样位置	水源类型	pH	ρ_B/(mg·L^{-1})													综合污染指数	污染等级
				Pb	Zn	Cu	Cd	Cr	Ni	Cr^{6+}	As	Hg	F	Sb	SO_4^{2-}	硫化物		
CZ-S267	小溪	废水	7. 45	0. 005	1. 425		0. 0562	0. 001		0. 004	0. 004	0. 00005	15. 36		323. 91	0. 020	31. 71	重污染
CZ-S268	河流	废水	7. 02	0. 023	7. 322		0. 1714	0. 001		0. 004	0. 149	0. 00005	36. 94		563. 47	0. 020	122. 89	重污染
CZ-S269	河流	废水	7. 35	0. 000	0. 002		0. 0026	0. 001		0. 004	0. 319	0. 00005	0. 36		8. 42	0. 020	4. 53	重污染
CZ-S270	河流	地表水体	7. 25	0. 041	0. 014		0. 0038	0. 001		0. 004	0. 004	0. 00005	0. 27		57. 99	0. 020	1. 28	轻污染
CZ-S271	河流	地表水体	7. 23	0. 001	0. 018		0. 0026	0. 001		0. 004	0. 076	0. 00005	1. 59		91. 55	0. 020	2. 48	中污染
CZ-S272	河流	地表水体	7. 30	0. 001	0. 015		0. 0012	0. 001		0. 004	0. 013	0. 00005	0. 23		59. 15	0. 020	1. 45	轻污染
CZ-S273	河流	地表水体	7. 24	0. 002	0. 053		0. 0044	0. 001		0. 004	0. 156	0. 00005	4. 32		139. 00	0. 020	4. 34	重污染
CZ-S274	河流	地表水体	7. 28	0. 002	0. 053		0. 0043	0. 001		0. 004	0. 144	0. 00005	4. 32		140. 54	0. 020	4. 25	重污染
CZ-S275	河流	地表水体	7. 36	0. 002	0. 055		0. 0042	0. 001		0. 004	0. 156	0. 00005	4. 25		138. 81	0. 020	4. 33	重污染
CZ-S276	河流	地表水体	7. 52	0. 001	0. 013		0. 0009	0. 001		0. 004	0. 012	0. 00005	0. 23		58. 57	0. 020	1. 33	轻污染
CZ-S017	主井口	废水	6. 98	0. 007	0. 032	0. 014	0. 0003	0. 022	0. 001	0. 004	0. 036	0. 00122			9. 93	0. 004	8. 65	重污染
CZ-S018	田间水沟	地表水体	6. 98	0. 007	0. 035	0. 030	0. 0003	0. 026	0. 001	0. 004	0. 008	0. 00095			8. 58	0. 001	6. 77	重污染
CZ-S019	田间水沟	地表水体	6. 94	0. 018	0. 021	0. 025	0. 0007	0. 026	0. 001	0. 004	0. 004	0. 00147			3. 60	0. 001	10. 42	重污染
CZ-S020	田间小溪	地表水体	6. 86	0. 017	0. 045	0. 018	0. 0005	0. 022	0. 001	0. 004	0. 020	0. 00145			9. 16	0. 020	10. 29	重污染
CZ-S021	田间小溪	地表水体	6. 85	0. 018	0. 032	0. 011	0. 0005	0. 022	0. 001	0. 004	0. 020	0. 00125			6. 28	0. 001	8. 85	重污染
CZ-S022	矿部排水沟	废水	7. 81	0. 014	0. 015	0. 037	0. 0011	0. 021	0. 001	0. 004	0. 666	0. 00172			3. 98	0. 004	12. 29	重污染
CZ-S023	田间小溪	地表水体	7. 54	0. 016	0. 014	0. 027	0. 0004	0. 022	0. 001	0. 004	0. 008	0. 00119			7. 24	0. 001	8. 40	重污染
CZ-S024	田间小溪	地表水体	7. 41	0. 006	0. 028	0. 014	0. 0001	0. 027	0. 001	0. 004	0. 070	0. 00115			4. 94	0. 001	8. 14	重污染
CZ-S025	田间小溪	地表水体	7. 34	0. 007	0. 034	0. 014	0. 0003	0. 024	0. 001	0. 004	0. 011	0. 00139			8. 01	0. 004	9. 82	重污染
CZ-S026	黄岑岭水库右干渠	地表水体	7. 27	0. 004	0. 008	0. 006	0. 0003	0. 022	0. 001	0. 004	0. 003	0. 00146			6. 47	0. 001	10. 32	重污染
CZ-S027	废石堆沉淀池	废水	7. 66	0. 006	0. 094	0. 005	0. 0014	0. 023	0. 004	0. 004	0. 002	0. 00110			55. 94	0. 001	7. 79	重污染

续表

统一编号	取样位置	水源类型	pH	ρ_B/(mg·L^{-1})													综合污染指数	污染等级
				Pb	Zn	Cu	Cd	Cr	Ni	Cr^{6+}	As	Hg	F	Sb	SO_4^{2-}	硫化物		
CZ-S028	废石堆沉淀池	废水	7.69	0.004	0.110	0.004	0.0015	0.024	0.001	0.004	0.001	0.00113			63.99	0.001	7.99	重污染
CZ-S029	黄岑岭水库右干渠	地表水体	7.4	0.006	0.008	0.009	0.0002	0.023	0.001	0.004	0.002	0.00146			3.60	0.001	10.36	重污染
CZ-S030	黄岑岭水库右干渠	地表水体	7.27	0.014	0.007	0.005	0.0003	0.023	0.001	0.004	0.001	0.00146			3.02	0.004	10.37	重污染
CZ-S031	黄岑岭水库右干渠	地表水体	7.21	0.001	0.020	0.049	0.0007	0.018	0.001	0.004	0.001	0.00137			3.41	0.001	9.69	重污染
CZ-S032	寺山坪水库边水沟	地表水体	6.98	0.012	0.011	0.043	0.0004	0.016	0.001	0.004	0.003	0.00173			3.79	0.004	12.30	重污染
CZ-S033	尾砂库排水沟	废水	7.27	0.013	0.011	0.046	0.0007	0.016	0.001	0.004	0.001	0.00159			11.84	0.001	11.28	重污染
CZ-S034	排水沟边溪沟	地表水体	6.81	0.002	0.019	0.048	0.0005	0.017	0.001	0.004	0.001	0.00157			10.31	0.001	11.15	重污染
CZ-S035	尾砂库排水沟	废水	6.63	0.000	0.015	0.044	0.0004	0.016	0.001	0.004	0.002	0.00150			16.64	0.001	10.63	重污染
CZ-S036	排水沟边泉水	地下水	6.9	0.001	0.011	0.048	0.0004	0.016	0.001	0.004	0.001	0.00176			3.02	0.004	1.25	轻污染
CZ-S037	寺山坪水库	地表水体	6.76	0.002	0.040	0.053	0.0005	0.017	0.001	0.004	0.001	0.00155			8.39	0.007	10.98	重污染
CZ-S038	山间小沟	地表水体	7.62	0.003	0.019	0.177	0.0006	0.020	0.002	0.004	1.431	0.00011			183.37	0.020	20.29	重污染
CZ-S039	矿坑水排水口	废水	7.94	0.002	0.019	0.090	0.0007	0.020	0.005	0.004	0.371	0.00012			36.96	0.020	5.27	重污染
CZ-S040	小河	地表水体	7.73	0.001	0.010	0.100	0.0005	0.018	0.000	0.004	0.070	0.00011			8.32	0.020	1.00	轻污染
CZ-S043	副井边水沟	废水	7.22	0.003	0.047		0.0013	0.018		0.004	0.002	0.00010	0.45		154.15	0.020	2.26	中污染
CZ-S044	水池	地表水体	7.33	0.002	0.016		0.0006	0.019		0.004	0.003	0.00012	0.55		216.89	0.020	2.13	中污染
CZ-S045	废石堆边	废水	7.23	0.010	0.026		0.0006	0.023		0.004	0.011	0.00011	0.76		263.83	0.020	3.49	重污染
CZ-S046	煤矸石边水塘	地表水体	7.06	0.007	0.015		0.0004	0.019		0.004	0.004	0.00012	0.27		7.00	0.020	4.84	重污染
CZ-S047	武水河	地表水体	7.96	0.001	0.012		0.0004	0.020		0.004	0.055	0.00015	0.42		33.00	0.020	1.06	轻污染
CZ-S048	武水河	地表水体	8.02	0.001	0.015		0.0004	0.018		0.004	0.051	0.00014	0.41		35.07	0.020	1.01	轻污染
CZ-S049	武水河	地表水体	7.93	0.051	0.009		0.0004	0.019		0.004	0.050	0.00014	0.37		31.49	0.020	1.04	轻污染
CZ-S051	水渠	地表水体	7.51	0.001	0.009		0.0005	0.019		0.004	0.002	0.00018	0.25		56.74	0.020	1.28	轻污染

续表

统一编号	取样位置	水源类型	pH	ρ_B/(mg · L^{-1})													综合污染指数	污染等级
				Pb	Zn	Cu	Cd	Cr	Ni	Cr^{6+}	As	Hg	F	Sb	SO_4^{2-}	硫化物		
CZ-S052	矿部边水沟	地表水体	7. 96	0. 007	0. 018		0. 0007	0. 029		0. 004	0. 003	0. 00014	0. 13		2. 85	0. 020	4. 69	重污染
CZ-S053	主井口边溪沟	地表水体	7. 94	0. 006	0. 008		0. 0003	0. 020		0. 004	0. 002	0. 00019	0. 21		2. 10	0. 020	1. 37	轻污染
CZ-S054	主井口边溪沟	地表水体	7. 94	0. 003	0. 007		0. 0004	0. 018		0. 004	0. 002	0. 00014	0. 16		2. 10	0. 020	1. 03	轻污染
CZ-S055	废石堆边	废水	7. 78	0. 008	0. 061		0. 0007	0. 020		0. 004	0. 182	0. 00012	5. 28		580. 39	0. 020	5. 39	重污染
CZ-S056	副井口	废水	7. 92	0. 001	0. 005		0. 0001	0. 019		0. 017	1. 031	0. 00017	2. 80		42. 61	0. 020	14. 63	重污染
CZ-S058	小溪	废水	6. 48	0. 001	0. 010		0. 0011	0. 013		0. 005	0. 028	0. 00010	0. 65		117. 03	0. 020	7. 10	重污染
CZ-S059	小西沟	地表水体	7. 56	0. 005	0. 133		0. 0013	0. 019		0. 004	0. 002	0. 00018	1. 24		650. 54	0. 020	4. 27	重污染
CZ-S060	小西沟	地表水体	7. 66	0. 002	0. 045		0. 0008	0. 017		0. 004	0. 002	0. 00014	1. 19		660. 82	0. 020	1. 89	轻污染
CZ-S061	主井口	废水	7. 72	0. 003	0. 010		0. 0002	0. 018		0. 007	0. 004	0. 00019	0. 58		441. 49	0. 020	1. 38	轻污染
CZ-S062	竖井口	废水	7. 66	0. 002	0. 007		0. 0002	0. 018		0. 004	0. 006	0. 00011	0. 53		545. 68	0. 020	1. 56	轻污染
CZ-S063	小溪沟	地表水体	7. 72	0. 008	0. 017		0. 0004	0. 017		0. 004	0. 006	0. 00013	0. 56		543. 31	0. 020	1. 57	轻污染
CZ-S064	小溪沟	地表水体	7. 70	0. 003	0. 018		0. 0003	0. 018		0. 004	0. 005	0. 00010	0. 58		540. 93	0. 020	1. 56	轻污染
CZ-S256	武江	地表水体	7. 10	0. 006	0. 001	0. 001	0. 0011	0. 001	0. 003	0. 004	0. 009	0. 00005	0. 80	0. 001	432. 68	0. 020	1. 24	轻污染
CZ-S257	武江	地表水体	7. 23	0. 113	0. 001	0. 001	0. 0011	0. 001	0. 003	0. 004	0. 013	0. 00005	0. 81	0. 002	542. 63	0. 020	1. 63	轻污染
CZ-S067	小溪沟	地表水体	7. 78	0. 008	0. 010		0. 0003	0. 019		0. 027	0. 002	0. 00010	0. 16		6. 81	0. 020	1. 52	轻污染
CZ-S107	水塘	废水	7. 63	0. 008	0. 008		0. 0004	0. 018		0. 004	0. 002	0. 00015	0. 44		102. 52	0. 020	1. 07	轻污染
CZ-S108	水渠	废水	7. 82	0. 002	0. 007		0. 0003	0. 020		0. 004	0. 003	0. 00017	0. 39		94. 99	0. 020	1. 24	轻污染
CZ-S070	废石堆下	废水	7. 62	0. 009	0. 005		0. 0004	0. 019		0. 004	0. 002	0. 00011	0. 24		7. 38	0. 020	1. 51	轻污染
CZ-S072	水塘	废水	7. 38	0. 006	0. 009		0. 0003	0. 019		0. 004	0. 005	0. 00011	0. 46		289. 08	0. 020	3. 80	重污染

注：1）资源来源于郴州市矿山地质环境调查评价（部分县市区数据）。2）地表水污染影响评价参照《地表水环境质量标准 · Ⅲ类》（GB 3838—2002），地下水污染影响评价参照《地下水质量标准 · Ⅲ类》（GB/T 14848—2017）。3）综合污染指数（Pz）参照 NY/T 395—2000 执行，地表水、地下水污染等级划分标准①$Pz \leqslant 0.7$，安全；②$0.7<Pz \leqslant 1.0$，警戒线；③$1.0<Pz \leqslant 2.0$，轻污染；④$2.0<Pz \leqslant 3.0$，中污染；⑤$3.0<Pz$，重污染。

照片 4.33　废石堆及淋滤水，污染河流

照片 4.34　煤矸石堆及淋滤水，污染水塘

地下水资源的破坏表现为过度排水或疏干地下水导致水位下降、供水困难、地面沉降、地下水均衡破坏等问题。大部分矿体位于当地侵蚀基准面以下的矿山在开采时均需要大幅度降水，特别是地下开采矿山，大幅度降水导致区域地下水位下降，当地供水困难，并伴随地面沉降地质灾害。截至 2020 年底，全市形成地下采空区 494 处，井泉干枯上百处，造成地下水下降面积达到 11557.43 hm^2，伴随地面沉陷 57 处，影响范围 345.70 hm^2，采矿地面塌陷 60 处，影响范围 290.06 hm^2，共造成大小不一的塌坑 84 处。降低的地下水位、广泛的降落或疏干漏斗产生，可能进一步导致井泉干枯、水资源枯竭，造成水利设施失去引水灌溉功能，种植业荒废，农田抛荒等生态环境影响（照片 4.35 至照片 4.40）。

照片 4.35　采矿引发地面塌陷，形成塌坑，
导致地表水漏失，农田抛荒

照片 4.36　采矿引发地面塌陷，形成塌坑，
导致地表水漏失

照片 4.37 采矿引发地面塌陷，导致水田失水

照片 4.38 采矿大量抽排地下水导致井泉干涸

照片 4.39 采矿大量抽排地下水

照片 4.40 采矿大量抽排地下水

4.2.6 矿山固体废弃物排放

据调查统计，截至 2020 年底，全市矿山固体废弃物堆放数量 1842 处，堆放体积 14513×10^4 m^3，累计积存量 28001×10^4 t，年产出量达到 735×10^4 t，年综合利用量 352×10^4 t，年排放量达 395×10^4 t，综合利用率 47.9%。固体废弃物来源主要包括废石（土、渣）、煤矸石、尾砂等。许多金属矿山废石为含矿围岩，废石中含有铅、锌、铜、镉、镍、汞、砷、硫化物。金属矿山选矿尾砂中除含有铅、锌、铜、镉、镍、汞、砷、硫化物以外，还有残留的选矿试剂。煤矸石及露天堆煤场富含黑色悬浮物、硫或硫化物。矿山固体废弃物影响和破坏地形地貌景观、占用破坏土地土壤资源、污染水土环境，处置不当容易引发地质灾害，对生态环境影响破坏是复合型的（照片 4.41 至照片 4.44）。

照片 4.41 废渣排放

照片 4.42 煤矸石排放

照片 4.43 冶炼废渣排放

照片 4.44 尾砂排放

4.2.7 矿山生态环境修复

郴州市矿山用地总面积 68.82 km^2，以林地为主，其中，水田 5.73 km^2、其他耕地 3.11 km^2、园地 1.24 km^2、林地 39.13 km^2、草地 3.73 km^2、住宅用地 9.67 km^2、少数工矿仓储用地、水域等 6.21 km^2。目前，全市按照“宜耕则耕、宜园则园、宜林则林、宜草则草”的原则，选择合理的生态修复方向和技术，对受损生态环境开展了治理、恢复与利用。全市矿山生态修复模式主要有水田、耕地、园地、林地、草地、建设用地、其他用地以及矿山公园。修复水田面积约 1.11 km^2，耕地面积约 0.10 km^2，园地面积约 0.06 km^2，林地面积约 5.39 km^2，草地面积约 12.45 km^2，建设用地面积约 0.10 km^2，其他用地面积约 0.09 km^2，共计面积 19.29 km^2。矿山公园 2 处，其中，湖南宝山国家矿山公园依托宝山丰厚的矿业历史文化，打造了湖南省首个工矿旅游项目，公园面积

7.80 km^2，核心景区面积 1.48 km^2，包括“一心七区”，总投资 2 亿元；郴州市柿竹园国家矿山公园是湖南省目前最大的国家级矿山公园，公园面积 86.66 km^2，核心景区面积 47.06 km^2，包括“七区一带一馆”，总投资 6.3 亿元。国家、地方、企业相继投入治理资金 32.24 亿元，在全市实施了一批重点修复项目，有效地改善了当地矿山生态环境面貌，实现矿区土地还绿率达 44.6%。大力打造郴州市苏仙区金属矿区矿山地质环境治理示范工程、临武县三十六湾矿区山水林田湖草生态保护修复工程典型，积极推广“三十六湾”模式。

4.3 矿山生态环境综合评价

4.3.1 评价模型

矿山生态环境综合评价主要包括四部分内容：形成机制研究、指标体系构建、权重的确定和数学模型的建立（据湖南省矿山地质环境调查评价规范（DD 2014—05）；戴长华等，2017；湖南省矿山地质环境调查评价实施细则（试行），2017；湖南省郴州市临武县矿山地质环境调查评价报告，2020）。流程图（图 4.3）如下：

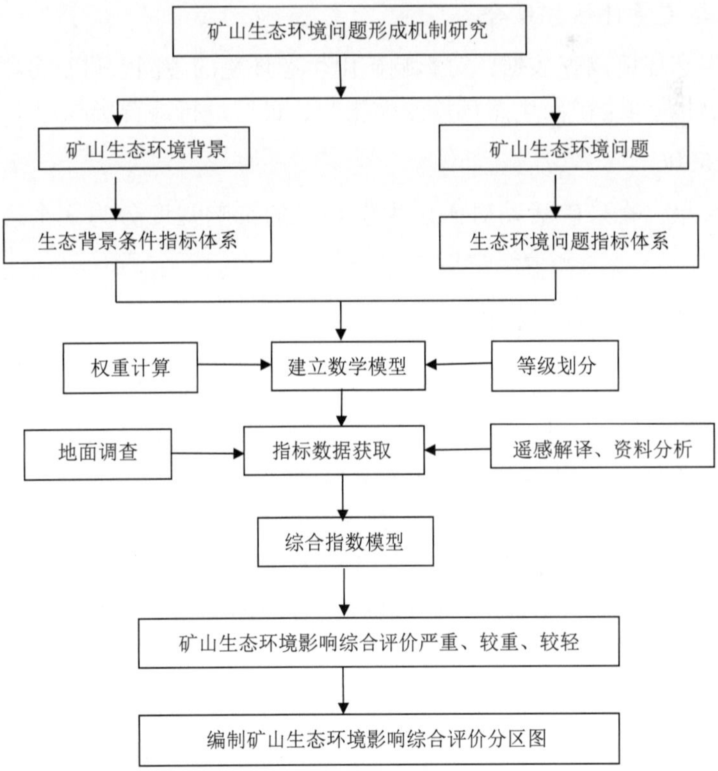

图 4.3 矿山生态环境影响综合评价流程图

4.3.2 评价指标体系

4.3.2.1 评价指标选取原则

（1）针对性

必须根据研究区具体情况，并针对矿山生态环境评价的目的和要求选取或调整评价指标体系，使评价具有实际意义。

（2）简明性

为了便于数据的收集和整理，应对指标进行筛选，选择的指标尽可能简单明了，使之能够恰当地反映矿山生态环境系统的变化特征。

（3）完整性

评价指标体系是由多个要素或者多个因子构成的，各个要素或各个因子间相互作用、相互影响、相互制约，共同决定着指标体系的结构和功能。因此，指标体系应涵盖为达到评价目的所需的基本内容，同时具有代表性和典型性，能够客观反映生态环境的状态及其变化特征。

（4）定性与定量评估相结合

根据矿山生态环境调查数据，对影响矿山生态环境的各因素进行分类分级，采用层次分析-评分法计算每个矿山生态环境影响指数，最后进行综合影响评价分区。

（5）评价定级

根据评估结果，将采矿活动对矿山生态环境的影响程度分为 3 个级别：严重、较重、较轻。

4.3.2.2 评价指标体系的构建

根据矿山生态环境问题形成机制研究，结合指标选取原则，矿山生态环境背景条件指标选择地形坡度、高差、自然保护区、城市周边、主要交通干线、植被覆盖度、土地利用类型、土壤质地、土层厚度、地表水系水域、地下水含水层富水性共 11 个指标（表 4.4）。根据研究区矿山生态环境问题现状，矿山生态环境问题指标选择参与评价的因子包括地形地貌景观破坏影响程度、占用破坏土地（类型）面积、地质灾害影响程度、土壤污染等级、水质污染等级、矿坑排水量、固体废弃物累积存储量共 7 个。

4.3.2.3 评价指标等级的确定

在确定的 18 项评价指标中，综合分析各项指标的特征，借鉴《矿山地质环境调查评价规范》（DD 2014—05）、《矿山地质环境综合防治方案编制规范》（DB43T 1042—2015）等相关行业规范标准，结合专家经验确定评价等级并赋值（表 4.5，表 4.6）。

表 4.4 综合评价指标体系

目标层	要素层	指标层	符号
矿山生态环境背景条件	地形地貌景观	地形坡度	G_{pd}
		高差	G_{gc}
		自然保护区	G_{zr}
		城市周边	G_{cs}
		主要交通干线	G_{jt}
	植被	植被覆盖度	G_{zb}
	土地利用现状	土地利用类型	G_{td}
	土壤	土壤质地	G_{tr}
		土层厚度	G_{tc}
	水文条件	地表水系水域	G_{db}
		地下水含水层富水性	G_{dx}
矿山生态环境问题	地形地貌景观破坏影响	地形地貌景观破坏影响程度	K_{dx}
	土地土壤资源破坏	占用破坏土地（类型）面积	K_{td}
	地质灾害	地质灾害影响程度	K_{dz}
	土壤污染	土壤污染等级	K_{th}
	水污染	水质污染等级	K_{sh}
	水资源破坏	矿坑排水量	K_{sz}
	固体废弃物排放影响	固体废弃物累积存储量	K_{gf}

表 4.5 矿山生态环境背景条件指标打分标准

评价指标等级	四级	三级	二级	一级
分值	9	6	3	1
地形坡度	>35°	25°~35°	7°~25°	<7°
高差	>200 m	100~200 m	30~100 m	<30 m
自然保护区	核心区	缓冲区	实验区	不在范围内
城市周边	破坏明显	较明显	不明显	无
主要交通干线	与主要交通干线距离<100 m	与主要交通干线距离100~500 m	与主要交通干线距离500~1000 m	与主要交通干线距离>1000 m
植被覆盖度	<10%	10%~30%	30%~60%	>60%
土地利用类型	耕地、湿地、居住用地	林地、草地	园地	其他
土壤质地	壤土类、黏壤土类	黏土类	砂土类	无

续表

评价指标等级	四级	三级	二级	一级
土层厚度	>0. 9 m	0. 6~0. 9 m	0. 3~0. 6 m	<0. 3 m
地表水系水域	与水系水域距离<100 m	与水系水域距离100~500 m	与水系水域距离500~1000 m	与水系水域距离>1000 m
地下水含水层富水性	含水量丰富	含水量中等	含水量贫乏	含水量极贫乏

表 4.6　矿山生态环境问题指标打分标准

矿山生态环境单因子评价等级	影响严重区	影响较重区	影响较轻区	无影响区
分值	9	6	3	1
地形地貌景观破坏影响程度	破坏明显，破坏面积>4 hm^2	破坏较明显，破坏面积 2~4 hm^2	破坏不明显，破坏面积 0~2 hm^2	无影响
占用破坏土地（类型）面积	>4 hm^2	1. 33~4 hm^2	<1. 33 hm^2	无影响
地质灾害影响程度	严重 死亡人数 10 人以上或造成直接经济损失 500 万元以上；受威胁人数 100 人以上或潜在经济损失 5000 万元以上	较重 死亡人数 3~9 人或造成直接经济损失 100~500 万元；受威胁人数 10~100 人或潜在经济损失 500~5000 万	较轻 死亡人数 1~2 人或直接经济损失 100 万以下；受威胁人数小于 10 人或潜在经济损失小于 500 万	无影响
矿坑排水量	严重 矿井正常涌水量大于 10000 m^3/d	较重 矿井正常涌水量 3000~10000 m^3/d	较轻 矿井正常涌水量小于 3000 m^3/d	无影响
水质污染等级	严重	较重	较轻	安全
土壤污染等级	严重	较重	较轻	安全
固体废弃物累积存储量	>10×10^4 m^3	1×10^4~10×10^4 m^3	0~1×10^4 m^3	无影响

4.3.3　评价指标权重

在矿山生态环境评价中，往往要选择多个环境要素和环境因子一起参与评价，在综合这些评价因素时，对各个变量具有权衡轻重作用的数值，称为权重。权重反映了不同评价因子间重要性程度的差异。

定权方法主要有主观定权法和客观定权法。主观定权法是根据评价者主观上对各指标的重视程度来决定权重的方法，即所谓的“专家打分”。客观定权法所依据的定权原始信息来源于客观环境，它根据各指标的联系程度或各指标所提供的信息量来决定指标的权重，应用较多的有主成分分析法、因子分析法、复相关系数法等。

4.3.3.1　层次分析法

权重的确定有多种方法，目前应用较为成熟且易于推广的是层次分析法。该方法原理较为简单，目前应用较为广泛。大体可分为以下4个步骤：

1. 建立问题的递阶层次结构

首先，根据对问题的了解和初步分析，把复杂问题按特定的目标、准则和约束条件等分解成被称为因素的各个组成部分，将这些因素属性和不同分层排列。同一层次的因素对下一层的某些因素起支配作用，同时它又受上一层次因素的支配，形成了一个自上而下的递阶层次。最简单的递阶层次分为3层。最上面的层次一般只有一个因素，它是系统的目标，被称为目标层；中间的层次是准则，其中排列了衡量是否达到目标的各项准则；最底层是指标层，表示所选取的具体指标等。

矿山生态环境评价是个复杂的决策系统，根据层次分析法的基本原理，可划分为以下3个层次（图4.4）：

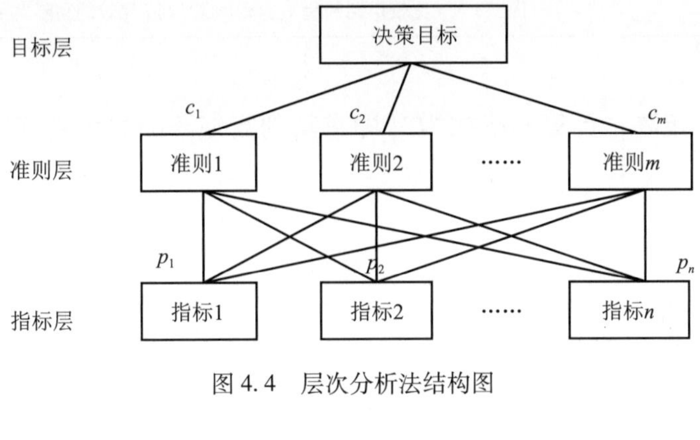

图4.4　层次分析法结构图

（1）目标层（A）

将矿山生态环境背景条件和矿山生态环境问题作为工作的目标。

（2）要素层（C）

将影响、制约矿山生态环境的5个因素列为评价的基本准则，包括地形地貌景观、植被、土地利用现状、土壤、水文条件。矿山生态环境问题中把地形地貌景观、地质灾害、水资源破坏、水环境破坏、土石环境破坏、土地资源占用破坏和固体废弃物排放7个因素列为评价的基本准则。

（3）指标层（P）

根据指标选取原则，将要素层中的12个因素进一步细分为若干具体评价指标。例如，可用植被覆盖率和土地利用类型两个指标来反映生态条件。

2. 确定判断矩阵

按T. L. Satty 1-9标度，每位专家独立地两两比较所有的评价因子后得出各自的判断矩阵，之后将每个成员构造的判断矩阵集中，得到综合判断矩阵，并经全体专家讨论修改，直至所有专家对综合判断矩阵没有意见为止（表4.7）。

表4.7 层次分析定权法的判断矩阵标度及其含义

标度	含　义
1	表示两个因素相比，具有同等重要性
3	表示两个因素相比，一个因素比另一个因素稍微重要
5	表示两个因素相比，一个因素比另一个因素明显重要
7	表示两个因素相比，一个因素比另一个因素更为重要
9	表示两个因素相比，一个因素比另一个因素极端重要
2，4，6，8	上述两相邻判断的中值，表示重要性判断之间的过渡性
倒数	因素 i 与 j 比较得到判断 b_{ij}，则因素 j 与 i 比较的判断 $b_{ji}=1/b_{ij}$

3. 根据判断矩阵，计算指标权重（即求解判断矩阵的最大特征向量）

（1）计算矩阵各行个元素乘积

$$M_i = \prod_{j=1}^{n} b_{ij}$$

（2）计算 n 次方根

$$X_i = \sqrt[n]{M_i}$$

（3）对向量进行规范量化

将上述 n 次方根所得的 n 个向量组成矩阵，并对向量进行归一化处理：

$$W_i = \frac{X_i}{\sum_{i=1}^{n} X_i}$$

得到：

$$\vec{w}=(W_1,\ W_2,\ \cdots,\ W_n)$$

W 为所求得的特征向量的近似值，即各指标的权重。

(4) 计算矩阵的特征值 λ_{max}

$$\lambda_{max}=\frac{1}{n}\sum_{i=1}^{n}\frac{[A\vec{w}^{T}]_i}{\vec{w}_i}$$

其中：$[A\vec{w}^{T}]_i$ 为向量 $A\vec{w}^{T}$ 的第 i 个元素。

(5) 一致性检验

由于客观事物的复杂性及对事物认识的片面性，构造的判断矩阵不一定是一致性矩阵，但当偏离一致性过大时，会导致一些自相矛盾问题的产生。因此，得到 λ_{max} 后，还需进行随机一致性检验，检验公式为：

$$C.I=(\lambda_{max}-n)/(n-1)$$

$$C.R=C.I/R.I$$

式中：$C.I$ 为一致性指标；λ_{max} 为最大特征根；n 为矩阵阶数。$R.I$ 为平均随机一致性指标，取值见下表所示，$C.R$ 为随机一致性比率。只有当 $C.R<0.10$ 时，判断矩阵才具有满意的一致性，才认为所获取的权值是合理的（表 4.8）。

表 4.8　层次分析法的平均随机一致性指标值

矩阵阶数（n）	1	2	3	4	5	6	7	8	9
平均随机一致性指标值（$R.I$）	0.00	0.00	0.58	0.90	1.12	1.24	1.32	1.41	1.45

如果在第一次专家打分后，打分结果不能通过一致性检验，则返回重新进行打分，直到通过检验为止。

4.3.3.2　专家打分法

专家打分法即是由少数专家直接根据经验并考虑反映某评价观点后定出权重，实际上是经验估计法与意义推求法的综合。前者是指不说明任何定权的理由和根据而直接给出权值的一类方法，其特点是无任何说明而直接定权；后者是讲明定权时考虑问题的具体根据、依据的意义等再直接给出权值的方法，其特征是有抽象说明而无具体定权过程的方法。专家打分法基本步骤如下：

1）选择定权组的成员，并对他们详细说明权重的概念、顺序和定权的方法。

2）列表。列出对应于每个评价因子的权值范围，可用评分法表示。例如，若有 5 个值，那么就有 5 列。行列对应于权重值，按重要性排列。

3）发给每个参与评价者一份上述表格，反复核对、填写，直至没有成员进行变动为止。

4）要求每个成员对每列的每种权值填上记号，得到每种因子的权值分数。

5）要求所有的成员对做了记号的列逐项比较，看看所评的分数是否能代表他们的意见，如果发现有不妥之处，应重新划记号评分，直至满意为止。

6）要求每个成员把每个评价因子（或变量）的重要性的评分值相加，得出总数。

7）每个成员用第六步求得的总数去除分数，即得到每个评价因子的权重。

8）把每个成员的表格集中起来，求得各种评价因子的平均权重，即为“组平均权重”。

9）列出每种的平均数，并要求评价者把每组的平均数与自己在第七步得到的权值进行比较（表4.9）。

表4.9　综合评价指标体系

目标层	要素层	权重	指标层	符号
矿山生态环境背景条件	地形地貌景观	0.05	地形坡度	G_{pd}
		0.05	高差	G_{gc}
		0.05	自然保护区	G_{zr}
		0.03	城市周边	G_{cs}
		0.02	主要交通干线	G_{jt}
	植被	0.15	植被覆盖度	G_{zb}
	土地利用现状	0.15	土地利用类型	G_{td}
	土壤	0.10	土壤质地	G_{tr}
		0.10	土层厚度	G_{tc}
	水文条件	0.15	地表水系水域	G_{db}
		0.15	地下水含水层富水性	G_{dx}
矿山生态环境问题	地形地貌景观破坏影响	0.05	地形地貌景观破坏影响程度	K_{dx}
	土地土壤资源破坏	0.10	占用破坏土地（类型）面积	K_{td}
	地质灾害	0.20	地质灾害影响程度	K_{dz}
	土壤污染	0.15	土壤污染等级	K_{th}
	水污染	0.20	水质污染等级	K_{sh}
	水资源破坏	0.20	矿坑排水量	K_{sz}
	固体废弃物排放影响	0.10	固体废弃物累积存储量	K_{gf}

结合现有矿山生态环境领域的研究，文中推荐主观定权法中的“专家打分-层次分

析法”。该方法将定性分析与定量分析进行了较好的结合。首先，由专家组对各指标之间的重要程度，构建一个能够反映两两指标之间相对关系的判断矩阵，再通过层次分析，计算出各层次中每个指标的权重，并进行一致性检验以确保其客观性。

4.3.4 综合评估方法

4.3.4.1 数学模型计算

矿山生态环境影响综合评价除了考虑矿产资源开采活动对矿山生态环境直接造成影响的因素外，还应该考虑矿区生态环境背景条件，如地形地貌景观、植被、土地利用现状、土壤、水文条件等。因为矿山生态环境本身也受上述背景条件的制约，在某种程度上会减缓或加剧采矿对生态环境的影响程度。因此，此次评价首先筛选合适的评价指标因子，以此为基础，采用层次分析法，建立评价指标体系，确定各指标因子权重。利用GIS平台对因子层的每个因子都进行单因子评价，最后结合单因子评价结果及分值，利用综合指数法进行叠加单因子评价结果来实现综合评价，将评价结果在GIS中叠加从而得到综合评价结果分区图，结合评价区的基础资料和矿山生态环境问题的空间分布现状，分析综合评价分区图以得到最终评价结果。

1）矿山生态环境背景条件：按照矿山生态环境背景条件分类分级标准，对研究区地形坡度、高差、植被覆盖度、土地利用现状图、地表水水域、地下水含水层富水性进行处理，生成新的11类背景条件图。11类背景值都有连续的值或明显的边界，用50 m×50 m的精度对11类背景条件图进行剖分，将矢量图形变为格网图，便于随后进行叠加分析。

2）矿山生态环境问题：在ArcGIS软件中，按照300 m×300 m将研究区进行剖分，300 m×300 m的网格能更好地考虑采矿活动对生态环境的整体性和区域性。计算每一类矿山生态环境问题指标在单位网格中的影响程度，按照矿山生态环境问题分类分级标准，对7类主要的生态环境问题进行评估。

3）综合评价分区：按照矿业活动对矿山生态环境综合影响评估指标体系，将背景条件图形与矿山生态环境问题评价图进行叠加分析，最终得出矿山生态环境影响综合评估分区图，计算公式如下：

设K_f为综合评估值，G_{pd}、G_{gc}、G_{zr}、G_{cs}、G_{jt}、G_{zb}、G_{td}、G_{tr}、G_{tc}、G_{db}、G_{dx}分别为精度50 m×50 m的栅格化地形坡度、高差、自然保护区、城市周边、主要交通干线、植被覆盖度、土地利用现状、土壤质地、土层厚度、地表水系水域、地下水含水层富水性图。K_{dx}、K_{td}、K_{dz}、K_{th}、K_{sh}、K_{sz}、K_{gf}分别为300 m×300 m栅格化的采矿活动影响的单因子地形地貌景观、地质灾害、水资源破坏、水环境破坏、土石环境破坏、土地资源占用破坏和固体废弃物排放等级评价。

$$K_f = (0.05\times G_{pd} + 0.05\times G_{gc} + 0.05\times G_{zr} + 0.03\times G_{cs} + 0.02\times G_{jt} + 0.15\times G_{zb} + 0.15\times G_{td} + 0.10\times G_{tr} + 0.10\times G_{tc} + 0.15\times G_{db} + 0.15\times G_{dx})\times(0.05\times K_{dx} + 0.10\times K_{td} + 0.20\times K_{dz} + 0.15\times K_{th} + 0.20\times K_{sh} + 0.20\times K_{sz} + 0.10\times K_{gf})$$

4.3.4.2 指标因子信息提取

1. 评价单元划分

评价单元是具有相同特性的最小地域单元，同一评价单元在生态环境条件方面具有一致性。因矿山生态环境背景条件和矿产资源开采活动影响指标的差异性，选用多尺度的评价单元划分。考虑矿产资源开采活动对生态环境影响的区域性和系统性及水土样采集的精度，在较大尺度上评价矿产资源开采活动影响指标，本书选取 300 m×300 m 正方形网格。因矿山生态环境背景条件指标变化大，因素离散性大，为了满足精度要求，选用小尺度进行单元划分，本书选择 50 m×50 m 正方形网格。

2. 矿山生态环境背景图层提取

（1）坡度

以郴州市域 DEM 为基础数据，利用 ArcGIS 3D Analyst Tools 栅格表面功能生成地形坡度，按照<7°、7°~15°、15°~25°、>25°分级标准将地形坡度依次划分为一级、二级、三级、四级 4 个等级，生成全市域的坡度分级图。

（2）地形起伏度（高差）

以郴州市域 DEM 为基础数据，利用 ArcGIS Spatial Analyst Tools 邻域分析功能计算地形起伏度，按照地形起伏度<30 m、30~100 m、100~200 m、>200 m 分级标准将地形起伏度依次划分为一级、二级、三级、四级 4 个等级，生成全市域的地形起伏度分级图。

（3）自然保护区

以郴州市自然保护地（40 个保护地）矢量数据为基础数据，利用 ArcGIS Analysis Tools 叠加分析功能，按照自然保护区非自然保护区范围、试验区、缓冲区、核心区分级标准将自然保护区依次划分为一级、二级、三级、四级 4 个等级，生成全市域的自然保护区分级图。

（4）城市周边

以郴州市各县、市、区城镇开发边界矢量数据为基础数据，按照矿山生态环境背景条件分级评分标准依次划分为一级、二级、三级、四级 4 个等级，生成全市域的城市周边分级图。

（5）主要交通干线

以郴州市道路交通矢量数据为基础数据，利用 ArcGIS 中的 Arctoolbox 工具进行多环缓冲分析，按照主要交通干线（主要铁路、高速公路、国道、省道）>1000 m、500～1000 m、100～500 m、<100 m 分级标准将主要交通干线依次划分为一级、二级、三级、四级 4 个等级，生成全市域的主要交通干线分级图。

（6）植被覆盖度

以郴州市域遥感数据为基础数据，提取红色波段和近红外波段两个层，利用 ArcGIS 的 Raster Calculator 栅格模型运算工具，按如下公式计算：

$$NDVI=(p(\mathrm{nir})-p(\mathrm{red}))/(p(\mathrm{nir})+p(\mathrm{red}))$$

其中：p（nir）为近红外波段；p（red）为可见红外波段；*NDVI* 为植被覆盖度。

计算后得到阈值为（-1，1）栅格数据，负值表示地面覆盖为云层、水域等；0 表示有岩石或裸地等；正值则表示有植被覆盖，且随覆盖度增大而增大，是提取的核心区间。按照植被覆盖度<10%、10%～30%、30%～60%、>60%分级标准将植被覆盖度依次划分为一级、二级、三级、四级 4 个等级，生成全市域的植被覆盖度分级图。

（7）土地利用现状

以郴州市土地利用现状矢量数据为基础数据，对一级类的耕地、园地、林地、草地、湿地、农业设施用地、居住用地等地类，按照矿山生态环境背景条件分级评分标准依次划分为一级、二级、三级、四级 4 个等级，生成全市域的土地利用现状分级图。

（8）土壤质地

以中国土壤质地空间分布数据为基础数据，直接提取 T-USDA-TEX 土壤质地分类要素，按照矿山生态环境背景条件分级评分标准依次划分为一级、二级、三级、四级 4 个等级，生成全市域的土壤质地分级图。

（9）土层厚度

以郴州市三调数据为基础数据，按照矿山生态环境背景条件分级评分标准依次划分为一级、二级、三级、四级 4 个等级，并提取现状建成区及河流、湖泊、水库等要素，将其土层厚度赋值为 0。

（10）水系水域

以郴州市三调数据以及水系分布图为基础数据，提取地表水系水域，按照地表水系水域>1000 m、500～1000 m、100～500 m、<100 m 分级标准将地表水系水域依次划分为一级、二级、三级、四级 4 个等级，生成全市域的地表水系水域分级图。

（11）地下水含水层富水性

以郴州市市域内含水层岩性及岩层富水性信息为基础数据，按照地下水含水层富水性极贫乏、贫乏、中等、丰富分级标准将地下水含水层富水性依次划分为一级、二级、三级、四级 4 个等级，生成全市域的地下水含水层富水性分级图。

4.3.4.3 矿山生态环境问题单因子评价分区

在 ArcGIS 中，先利用渔网功能，把研究区划分成 300 m×300 m 网格矢量图，对每一个网格进行编号，导入地形地貌景观影响破坏要素图层、地质灾害要素图层、水资源破坏要素图层、水环境破坏要素图层、土石环境破坏要素图层、土地资源占用与破坏要素图层、固体废弃物排放要素图层，然后将这 7 个图层分别和 300 m×300 m 网格矢量图进行相交计算，将这 7 个图层按照网格进行剖分，网格的编号会自动赋值给剖分后的图层，根据编号对每一个网格内 7 类采矿活动对矿山生态环境影响指标进行评价。根据地形地貌景观影响破坏要素图层进行地形地貌景观单因子评价，地质灾害要素图层进行地质灾害单因子评价，水资源破坏要素图层对水资源影响破坏进行评价，水环境破坏要素图层进行评价，土石环境破坏要素图层进行评价，土地资源占用与破坏要素图层对矿山土地资源占用破坏进行评价，固体废弃物排放要素图层进行评价。对每一个网格中 7 类矿山生态环境问题都会进行评价，通过网格编号把评价后的采矿活动影响的 7 个指标与网格图层进行连接。

按照矿山生态环境问题指标的分级评分标准，对 7 个指标进行赋值，作为栅格转换的字段值，把矢量图层转换成栅格图。

4.3.5 矿山生态环境影响综合评价结果

综合考虑矿山生态环境背景条件和采矿活动对矿山生态环境影响评价分区图，利用 ArcGIS 软件系统的空间分析功能进行栅格运算，得到郴州市矿山生态环境影响综合评价的栅格图，根据这个栅格图件进行分级并进行重分类（表 4.10），得到郴州市矿山生态环境综合评价图（图 4.5）。

根据综合评价方法，对研究区矿山生态环境影响进行分区，划分为：矿山生态环境影响严重区 11 个，面积 870.80 km^2，占全市总面积的 4.50%；矿山生态环境影响较重区 9 个，面积 246.34 km^2，占全市总面积的 1.27%；除严重区、较重区以外的区域划为较轻区，面积 18224.89 km^2，占全市总面积的 94.23%（表 4.11）。

表 4.10 郴州市矿山生态环境综合评价分级分类标准

评价等级	无影响	较轻	较重	严重
综合评估指数	0	0~20	20~40	>40

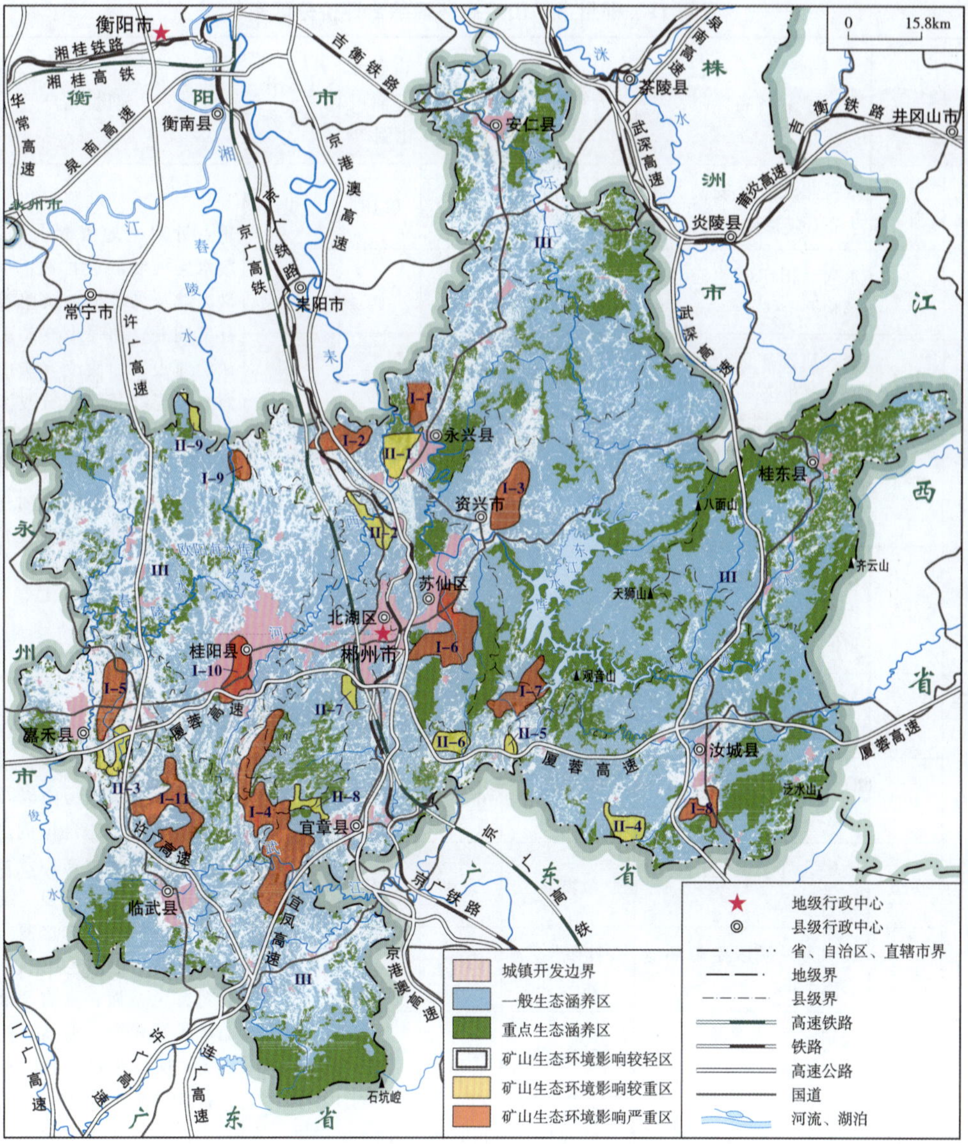

图 4.5　郴州市矿山生态环境综合评价分区图

4.4　生态涵养区

4.4.1　生态涵养区定义和分类

生态涵养区是指具有重要水源涵养、土壤保持、维持生态平衡等功能的区域，依据生态重要性和保护需求划定的专项保护区。生态涵养区依据其自然属性和生态功能，

表 4.11　郴州市矿山生态环境综合评价分区表

分类级别	分区编号	分区名称	分布范围	面积/km^2	占全市总面积比例/%	主要开采矿种	建设内容
严重区	Ⅰ-1	永兴湘永矿区安陵井田生态环境影响严重区	永兴县	35.72	0.18	煤	重点针对土地资源占用破坏，废水废液和固废排放，水资源破坏以及采矿地面沉陷等生态环境问题。加强生产矿山绿色矿山建设，加快废弃矿山生态修复，统筹开展流域或区域生态修复。引导矿山整合，推进落后产能退出。针对石墨特色资源，加强落实湖南郴州市鲁塘-荷叶石墨资源基地布局，建设集采矿、产业、材料一体的石墨产业集区
	Ⅰ-2	永兴马田矿区生态环境影响严重区	永兴县	51.86	0.27	煤	
	Ⅰ-3	资兴三都矿区生态环境影响严重区	资兴市	71.38	0.37	煤	
	Ⅰ-4	郴州市鲁塘-荷叶-梅田矿区生态环境影响严重区	北湖区，桂阳县，临武县，宜章县	236.91	1.22	煤、石墨	
	Ⅰ-5	嘉禾袁家矿区张家冲井田地区生态环境影响严重区	嘉禾县	69.71	0.36	煤	
	Ⅰ-6	苏仙柿竹园-玛瑙山矿区生态环境影响严重区	苏仙区	115.44	0.60	钨锡铅锌多金属矿	重点针对土地资源占用破坏，废水废液和固废排放，水资源破坏，水土环境污染以及采矿地面塌陷等生态环境问题。加强生产矿山绿色矿山建设，加快废弃矿山生态修复，统筹开展流域或区域生态修复。鼓励矿山整合，推进落后产能退出。针对有色金属、稀有金属、萤石等优势矿产，提高资源保障能力，保持优势地位，提高矿产资源集约利用程度，“三率”水平，大力支持新材料、新能源精深加工产业发展
	Ⅰ-7	宜章瑶岗仙矿区生态环境影响严重区	宜章县，资兴市	66.55	0.34	钨多金属矿	
	Ⅰ-8	汝城大坪矿区生态环境影响严重区	汝城县	33.49	0.17	铁矿	
	Ⅰ-9	桂阳青兰矿区生态环境影响严重区	桂阳县，永兴县	23.02	0.12	铅锌多金属矿	
	Ⅰ-10	桂阳宝山-黄沙坪矿区生态环境影响严重区	桂阳县	56.37	0.29	铅锌多金属矿	
	Ⅰ-11	临武三十六湾矿区生态环境影响严重区	临武县	110.35	0.57	钨锡铅锌多金属矿	
	小计			870.80	4.50		
较重区	Ⅱ-1	永兴湘永矿区铜角湾井田地区生态环境影响较重区	永兴县	48.97	0.25	煤	重点针对土地资源占用破坏，废水废液和固废排放，水资源破坏以及采矿地面沉陷等生态环境问题。加强生产矿山绿色矿山建设，加快废弃矿山生态修复，统筹开展流域或区域生态修复。引导矿山整合，推进落后产能退出
	Ⅱ-2	苏仙街洞矿区生态环境影响较重区	苏仙区	35.95	0.19	煤	
	Ⅱ-3	嘉禾县袁家矿区彭家井田地区生态环境影响较重区	嘉禾县	34.13	0.18	煤	

续表

分类级别	分区编号	分区名称	分布范围	面积/km^2	占全市总面积比例/%	主要开采矿种	建设内容
较重区	Ⅱ-4	汝城白云仙矿区生态环境影响较重区	汝城县	38.35	0.20	钨矿	重点针对土地资源占用破坏，废水废液和固废排放，水资源破坏，水土环境污染以及采矿地面塌陷等生态环境问题。加强生产矿山绿色矿山建设，加快废弃矿山生态修复，统筹开展流域或区域生态修复。鼓励矿山整合，推进落后产能退出。针对有色金属、稀有金属、萤石等优势矿产，提高资源保障能力，保持优势地位，提高矿产资源集约利用程度，“三率”水平，大力支持新材料、新能源精深加工产业发展，打造氟化工产业基地，加快延伸氟化工产业链发展
	Ⅱ-5	宜章界牌岭矿区生态环境影响严重区	宜章县，汝城县	10.36	0.05	萤石多金属矿	
	Ⅱ-6	宜章长城岭矿区生态环境影响较重区	宜章县	30.56	0.16	铅锌锑多金属矿	
	Ⅱ-7	北湖新田岭矿区生态环境影响较重区	北湖区	15.23	0.08	钨矿	
	Ⅱ-8	郴州市骑田岭矿区生态环境影响较重区	北湖区，宜章县	20.12	0.10	锡多金属矿	
	Ⅱ-9	桂阳白沙子岭矿区生态环境影响严重区	桂阳县	12.67	0.07	锡矿	
	小计			246.34	1.27		
较轻区	Ⅲ	郴州市矿区生态环境影响较轻区	除严重区、较重区以外的区域	18224.89	94.23	灰岩，煤，地热，饰面用石材，脉石英	矿山多为零散分布，重点针对土地资源占用破坏，废水废液和固废排放，水土环境污染等生态环境问题。加强生产矿山绿色矿山建设，加快废弃矿山生态修复。促进规模开发，高效利用，产业发展

可以分为重点生态涵养区和一般生态涵养区（张莉，2009），主要包括区域内的生态廊道与绿地、水源保护区、风景名胜区、自然保护区、森林及郊野公园、地质遗迹保护区、历史文化遗产保护区，主干河流、大型渠道、水库及湿地，具有生态保护价值的海滨陆域（滩涂），其他需要进行基本生态控制的区域。

4.4.2 生态涵养区确立原则

生态涵养区的保护目标是保护生态环境，维护资源平衡，促进可持续经济社会发展，为人民群众提供安全、优美、稳定的生态环境。确立生态涵养区的基本原则，即明确界限、明确功能、严格管控，并要求以清单形式，严格把控涵养区的划定和管理。划定生态涵养区在技术上、政策上应符合涵养区保护范围与类型规划以及区域空间规划要求，程序上要经过市级以上人民政府批准。保护范围应当包括生态系统、生物多样性、水资源、土地资源、景观等。

4.4.3 生态涵养区划定范围

为了推动生态涵养区建设，利于生态涵养区保护和管理，推动生态文明建设，促进绿色转型示范区建设，促进区域协调发展，根据《中华人民共和国环境保护法》《中华人民共和国土地管理法》等法律、法规，以及《郴州市国土空间总体规划（2021—2035年)》《国土空间调查、规划、用途管制用地用海分类指南》等文件，本次研究初步将除农业空间以外，且广泛分布于城市空间内部或者城市空间之外的湿地、森林(林地)、草地、陆地水域等一切生态功能显著的土地空间划定为生态涵养区。主要包括生态保护红线范围（细分类型有水源涵养、生物多样性维护、石漠化、水土保持、水土流失)、自然保护地范围（细分类型有地质自然公园、石漠自然公园、湿地自然公园、自然保护区、森林自然公园)、风景名胜区、集中式饮用水源保护地范围、公益林范围以及其他需要进行基本生态控制的区域。从土地利用角度将湿地、林地、天然牧草地、公园绿地、防护绿地、河流水面、湖泊水面、水库水面、坑塘水面、干渠、盐碱地、沙地、裸土地、裸岩石砾地等土地空间划定为生态涵养区。

4.4.4 生态涵养区划定初步结果

根据生态涵养区定义和分类、确立原则、划定范围，结合郴州市生态环境承载力、自然资源、经济发展基础和潜力等因素，全市初步划定生态涵养区面积14179.06 km^2，横跨11个县（市、区)，占全市总面积的73.31%。其中，重点生态涵养区面积3918.16 km^2，占全市总面积的20.26%；一般生态涵养区面积10260.90 km^2，占全市总面积的53.05%（表4.12)。

表4.12 郴州市生态涵养区分区表

分类级别	分区名称	分布范围	面积/km^2	占全市总面积比例/%	备注
重点生态涵养区	重点生态涵养区	全市11个县市区	3918.16	20.26	以提升生态服务功能为目的，扩大森林面积、保护水源、生物多样性维护、水土保持，石漠化与水土流失修复治理为重点，切实保障生态安全
一般生态涵养区	一般生态涵养区	全市11个县市区	10260.9	53.05	坚持生态优先、绿色转型发展，强化国土空间和“三线一单”生态管控，促进资源开发与环境承载力相匹配，持续夯实生态本底、不断提升生态品质、系统推进科学治理、培育壮大生态涵养区绿色发展内生动力
小计			14179.06	73.31	

生态涵养区承担着生态涵养功能，是全市的生态屏障和水源保护地，可持续发展的关键区域。近年来，生态涵养区不断加大生态环境保护与建设力度，注重自然资源的合理开发与利用，发展生态友好型产业，调整和优化产业结构，相关规划和配套政策取得了较好的效果。生态涵养区的生态环境得到了改善，经济结构调整步伐正在加快，建设力度加大，生产生活方式正在发生深刻变化。但是，按照生态涵养区功能定位的要求，生态涵养区生态环境建设任务依然较重，生态景观、土地、基础设施等资源优势没有充分发挥，生态保护与经济发展的模式不清晰。在生态文明建设、绿色转型示范区建设的背景下，需要进一步细化生态涵养发展区功能建设途径和任务举措，既要保护好资源环境本底，又要将生态优势转化为发展优势；既要保护好绿水青山，又要实现金山银山，共同建设秀美、富裕、和谐的生态文明区，绿色转型发展示范区（张莉，2009；王琼杰，2021；刘新卫等，2022；周静，2022）。

5 矿业城市绿色发展研究

5.1 矿业城市绿色发展概念

5.1.1 绿色城市

绿色城市概念源于对环境危机的反思和对宜居环境的追求，发展过程可以追溯到1930年，柯布西耶提出的“光明城市”设想，可以归纳为绿色城市的意识萌芽阶段，“光明城市”设想仅局限于强调绿色空间对于环境景观的美化功能。1990年，David Gordon主编的《绿色城市》系统地提出了绿色城市的概念、内涵以及实现策略，强调保护自然资源，维护人类健康，减少废弃物，实现生物、文化、资源的平衡与和谐，这一阶段对于绿色城市的理解开始重视环境效益与生态价值。自此，绿色城市的概念在国际上正式诞生。

1990年至今，绿色城市开始向综合化和全面化趋势拓展，在学术、政策、实践等多个层面都获得了广泛关注。在学术层面，众多学者对绿色城市的内涵进行了系统界定。有学者从生态视角出发，认为绿色城市是基于中国传统生态哲学理念的城市生态转型和绿色城市建设运动。Breuste等认为绿色城市的重点是要利用好自然本底，使自然生态在城市中发挥作用。有学者和机构以可持续性理论的三大支柱为基础，探讨了绿色城市中健康、复原力和公平等环境相关的问题。例如，欧洲复兴开发银行将绿色城市定义为以环境绩效为主要特征的城市，其目的是最大限度地提高社会和经济效益；Zoeteman等利用经济、生态和社会文化方面的87个指标来评价欧盟绿色城市之间可持续性表现的差异。还有学者认为绿色城市是一种综合各个维度的理想发展模式，赵峥提出绿色城市是以绿色建筑、街区为载体，以最大限度地保护地球自然资源、提高人类健康水平为原则，追求人、自然、经济和社会“四位一体”的城市发展理念和模式；李迅等则认为绿色城市是在城市载体上实现经济、政治、文化、社会、生态“五位一体”的发展方式，是推进人与自然、社会、经济和谐共存的可持续发展模式，是实现“生产空间集约高效、生活空间宜居适度、生态空间山清水秀”的发展范式。

政策层面，绿色城市的理念也逐渐得到重视，例如，《国家新型城镇化规划

(2014—2020年)》提出绿色城市的建设思想，重点涵盖绿色能源、绿色建筑、绿色交通、产业园区循环化改造、城市环境综合整治、绿色新生活行动六大建设领域。实践层面，国外加快推进绿色城市建设，如瑞典斯德哥尔摩市的哈马碧社区、美国波特兰市等。

5.1.2　国外绿色矿山

国际上，与绿色矿山相近的概念包括“绿色采矿（Green Mining）”“负责任采矿（Responsible Mining）”“可持续采矿（Sustainable Mining）”等。“绿色矿山”是我国普遍使用的词汇，“负责任采矿”“可持续采矿”等在英文语境中使用较多，这些概念之间并无本质区别，目标是促进采矿在工业、技术、社会和人类等所有方面的发展，是保护历史上留下的矿山文化和遗产价值，强调的是具有历史文化价值的开采后矿山的复垦状态。

加拿大和芬兰提出了“绿色采矿”的概念。加拿大的“绿色采矿”概念是指尽可能减少采矿过程中产生的废物，将其转化为环境资源，留下干净的水，并通过创造性的方法恢复景观和健康的生态系统。提出的“绿色采矿倡议”包括5个创新主题：清洁水、最佳采矿环境管理的实践、采矿和选矿的能效、矿产开发和选矿创新。芬兰进行了“绿色采矿计划（2011—2016）”专题研究，旨在通过新技术和新方法实现五大突破：提高材料和能源的效率，确保未来矿产资源需求的可用性，最大限度地减少对环境和社会的负面影响，改善绩效和组织管理，确保矿山关闭后土地的可持续利用。政府旨在使芬兰成为世界上负责任的绿色采矿业的先驱者。

“可持续采矿（Sustainable Mining）”基本框架是套用了1987年联合国世界环境与发展委员会在题为“我们共同的未来”的布伦特兰报告中对“可持续”的定义，即矿产资源开发利用全流程中环境、经济和社会的可持续性。在政策层面，“可持续采矿”在考虑环境、经济、社会3个维度外，还强调资源的持续供应和代际公平。“可持续性”是将采矿过程中形成的资产转换为其他类型的资产，矿山闭坑后仍发挥作用，并作为发展矿业以外部门的工具。

“负责任采矿（Responsible Mining）”是指改革矿业活动的主张和矿业公司采用的市场战略，促进其以环境社会友好的方式经营。2007年4月4日，蒙古国由亚洲基金组织，代表公众、私人和非政府部门的51人签名通过了“负责任采矿”的定义及其所确立的原则。在蒙古国，“负责任采矿”被定义为：综合透明的矿业活动，尊重所有利益攸关方尤其是当地人的权利，环境友好和不对人类健康产生影响；采用国际最佳实践，维护法治，同时为蒙古国人民带来可持续的利益流入。玛尔塔·米兰达等专家建议，“负责任采矿”包括4个核心要素：承认有必要保护具有生态和文化意义的地区；确保对环境负责的矿山开发；确保矿山开发给工人和受影响社区带来惠益；确保建立适当的公司治理结构。“绿色”“可持续”“负责任”这些概念并无本质区别，是从不同的角度对矿业经济发展要求的认识。在西方资本主义经济中，矿业城市的经济转型主要是一个地方性的过程，地方政府和社区是关键的参与者。

5.1.3 中国绿色矿业体系

我国绿色矿业发展的核心理念经历了探索和渐进式的形成过程。2007年，中国矿业大会首次正式提出“绿色矿山和绿色矿业”概念，随后第二轮全国矿产资源规划全面总结了我国绿色矿山建设的初步进展，并提出建设绿色矿山的战略目标，奠定了绿色矿业发展的总基调。“十三五”时期，我国提出要“树立节约集约循环利用的资源观”“实行最严格的环境保护制度”，同时提出“建设绿色矿山和绿色矿业发展示范区”的规划目标，表明未来我国要在保护生态的前提下搞好矿产资源开发，协调解决我国矿业经济社会与生态环境的发展问题。“十四五”时期，我国提出要坚定不移贯彻“创新、协调、绿色、开放、共享的新发展理念”，明确了“推动绿色发展，促进人与自然和谐共生”（图5.1）。目前，第四轮全国矿产资源规划已完成编制，未来将从激励政策、矿地融合、产业转型升级、管理机制等多个方面进一步落实绿色矿山建设，加快推动绿色矿业发展。至此，绿色发展成为我国矿业发展的核心理念。随着“绿色矿业”概念逐步深入人心，逐步取代原来的矿业可持续发展、矿业循环经济、生态矿业等发展模式，形成了绿色矿业、绿色矿业发展示范区和发展绿色矿业等一套概念体系（郭冬艳等，2020；伍伟等，2021）。

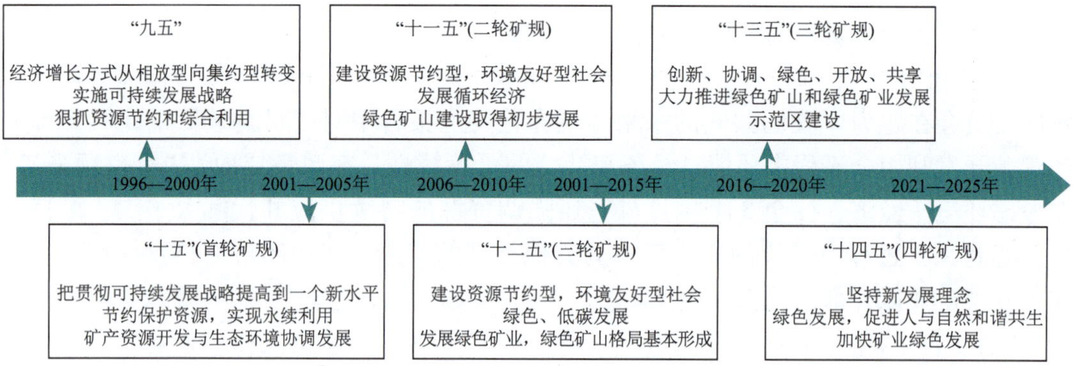

图5.1 绿色矿业发展概念历史由来

“绿色矿山”是指在矿产资源开发全过程中，按照绿色发展理念，实施科学有序开采，对矿区及周边生态环境扰动控制在可控制范围内，实现环境生态化、开采方式科学化、资源利用高效化、管理信息数字化和矿区社区和谐化，减少资源开发对生态环境的扰动，减少资源开发的储量消耗、能耗和水耗，减少废弃物排放的矿山建设新模式。

“绿色矿业”是以生态优先为原则，通过资源节约、环境友好型的矿产资源开发利用技术方法，实现矿产资源配置优化和生态环境扰动最小化、经济社会系统与生态环境系统协调发展的矿业发展模式，实现资源效益、经济效益、社会效益和生态效益的协调统一。

"绿色矿业示范区"旨在推动一个地区的绿色矿业发展，在资源相对富集、矿山分布相对集中的区域进行矿业绿色发展建设。绿色矿山是从点上推动矿业的绿色发展，绿色矿业是从面上推动矿业的绿色发展，推动区域绿色矿业从一点到一个区域，是对"十四五"期间矿业绿色高质量发展的响应。

5.1.4 绿色矿业城市

绿色矿业城市概念的提出是在绿色矿山、绿色矿业、绿色矿业发展示范区的基础上，从城市发展的视角提出的新概念。将绿色矿业理念融入城市发展理念中，就可以进一步提出绿色矿业+绿色城市+矿业城市"三位一体"的绿色矿业城市概念：以矿业及其上下游产业经济发展为基础，并且强调矿产资源可持续发展能力强、产业链竞争力强、绿色矿业和绿色城市发展水平高的城市（图 5.2）。

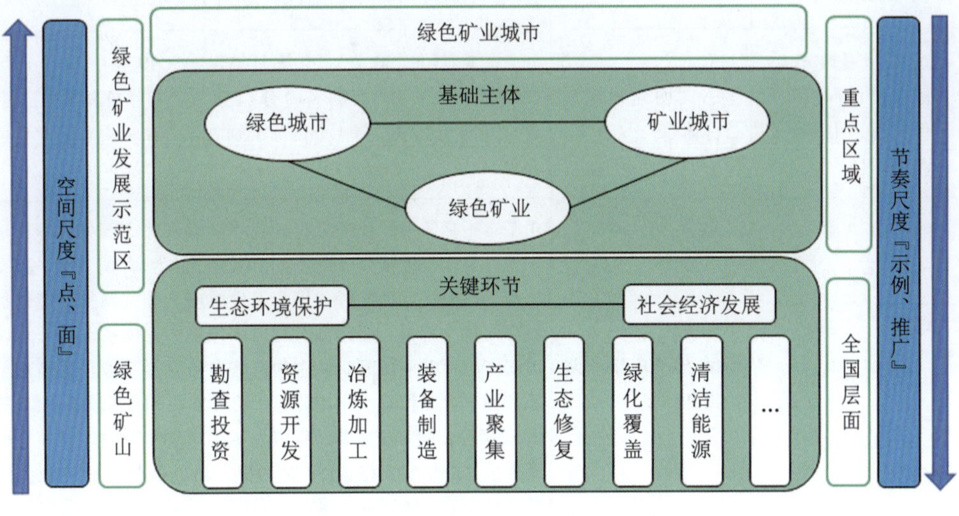

图 5.2 绿色矿业城市概念图

绿色矿业城市理念内涵具体解析：以"人与自然和谐发展，促进绿色生产生活方式形成"为根本指导，以发展绿色矿业及其相关产业为城市经济发展的主体，将绿色发展理念贯穿城市经济、社会、人民生活和城市建设的方方面面，形成矿产资源利用与保护水平高、矿业经济竞争力强，且明显带动城市绿色发展、产业经济和生态环境全面实现高质量发展的城市发展新理念。绿色矿业城市对比矿产矿业城市，可以为我国大量矿业城市转型带来新的发展思路，从取代矿业发展其他产业的思路转变为充分利用资源、以绿色矿业带动城市发展的新思路。

5.2 国内外相关绿色城市指标体系研究现状

5.2.1 国内相关绿色城市指标体系研究现状

我国现有的绿色城市指标体系主要来自以下几个方面：①国家各部委设立的指标体系，用以各部门事权管理和全国城市建设工作考核；②伴随着各地新区或发展示范区的建设而设立的指标体系，多用于指导实际建设工作；③各级政府在省级（区域）、城镇等层面研究建立的各种各样的指标体系，来评估和引导各地绿色发展（表5.1）。

表5.1 国内相关绿色城市指标体系现状

年份	机构/作者	名称	主要内容
2016	国家发展改革委、国家统计局、环境保护部、中央组织部（2016）	绿色发展指标体系	分为资源利用（29.3%）、环境治理（16.5%）、环境质量（19.3%）、生态保护（16.5%）、增长质量（9.2%）、绿色生活（9.2%）、公众满意程度共7个一级指标，56个二级指标。其中，公众满意程度不参与绿色发展指数计算
2016	国家发展改革委、国家统计局、环境保护部、中央组织部（2016）	生态文明建设考核目标体系	分为资源利用（30分）、生态环境保护（40分）、年度评价结果（20分）、公众满意程度（10分）、生态环境事件共5个目标类别，23项指标。其中，前4个目标类别为得分项，生态环境事件为扣分项
2016	住房和城乡建设部	中国人居环境奖评价指标体系	由基本指标体系、城市实践案例和基本条件3部分内容组成。基本条件要求申报城市已经获得“国家节水型城市”和“国家园林城市”称号，同时参考“国家卫生城市”和“国家环境保护模范城市”两个称号，因此可以看出该评价指标体系也是针对城市建设工作的提升型目标而设立的。基本指标体系涉及居住环境、生态环境、社会和谐、公共安全、经济发展和资源节约六大类，共65项指标，同时规定若两年内发生生态环境与建设管理方面重大恶性事件的情形，将实行一票否决。满足基本条件与指标体系外，还要求申报主体通过4项在不同领域不同类别的实践案例来说明取得的突出成就与经验做法
2017	国家标准化管理委员会（2017）	绿色城市评价指标（征求意见稿）	包括绿色生产、绿色生活、环境质量3个一级指标，资源利用、污染控制、绿色市政、绿色建筑、绿色交通、绿色消费、生态环境、大气环境、水环境、土壤环境、声环境、其他共12个二级指标，65个三级指标。其中，二级指标分为必选和可选
2017	住房和城乡建设部	绿色生态城区评价标准（GB/T 51255—2017）	包括规划设计评价和实施运管评价两个阶段，设置土地利用、绿色建筑、生态环境、资源与碳排放、绿色交通、产业与经济、信息化管理、人文共8类指标，其中包括控制项和评分项。分为3个等级：一星级（≥50分）、二星级（≥65分）、三星级（≥80分）

续表

年份	机构/作者	名称	主要内容
2019	生态环境部	国家生态文明建设示范市县建设指标	涉及生态制度、生态安全、生态空间、生态经济、生态生活、生态文化6个领域，共设置指标40项，分为约束性和参考性两类指标。其中，部分指标针对市县两级不同的适用范围对于指标值和属性也做出不同的规定。同时，指标体系的管理办法中也规定近3年出现在各级各类专项督查存在重大问题、未完成相关生态环境保护重点工作任务、发生重特大生态环境问题、生态环境案件未及时办理、生态环境质量监测结果变差、数据造假等情况的不得申报
2015	陕西省住房和城乡建设厅（2015）	陕西省绿色生态城区指标体系（试行）	包括土地利用及空间开发、环境与园林绿化、绿色建筑、基础设施、资源与能源、城市经营与管理、历史文化遗产及特色保护、产业共8大类、23小类、60项指标。分为控制性指标和引导性指标，其中控制性指标33项，引导性指标27项
2017	安徽省住房和城乡建设厅（2017）	安徽省绿色生态城市建设指标体系（试行）	包括综合指标、绿色规划引领、绿色城市建设、绿色建筑推广、城市智慧管理、绿色生活倡导6个一级指标，40个二级指标。综合指标都为约束项，其他5个一级指标分为约束项和评分项
2008	中新天津生态城	中新天津生态城指标体系	2008年提出“生态环境健康、社会和谐进步、经济蓬勃高效和区域协调融合”四个大的发展目标，下设22条控制性指标和4条引导性指标。2018年对指标体系进行了优化升级，主要从框架结构、目标层、准则层、指标项四个要素入手进行调整完善，优化升级后的指标体系调整为“生态环境健康、社会和谐发展、经济绿色低碳、区域协调共享”4个大目标共36项指标
2012	青岛中德生态园	青岛中德生态园指标体系	2012年，提出了包含31项控制性指标和9项引导性指标，共40项指标，其中控制性指标力求实现经济优化、环境友好、资源节约及包容发展4个方面的目标。于2018年编制形成青岛中德生态园2030可持续发展指标体系，提出了“经济健康高效、生态活力持续、社会开放包容、创新智慧发展”四大愿景，共40项指标，其中控制性指标30项，引导性指标10项
2016	怀柔科学城	怀柔科学城生态指标体系	该指标体系包含“构建生态格局、构建绿色网络、构建蓝色网络、土地集约利用、交通绿色低碳、资源低碳循环、建筑绿色宜居”共7条实施路径，以及25项具体指标。依据规划分期分别确定近期2020年及远期2035年指标值

国家部委颁布的相关指标体系均用于对一定时期内绿色城市在某一发展领域城市建设实际成效的考核评估，重点关注绿色城市在该领域的建设结果。其中，《绿色城市评价指标（征求意见稿）》较系统全面地构建了全国性的评价指标体系，也采用必选和可选相结合的方式设置指标，但对指标的适用城市没有划分。中国社会经济发展的不均衡现象严重，由于疆域辽阔，陆地面积约960×10^4 km^2，南北距离约5500 km，自北向南跨

越了5个温度带，导致各城市在生产发展、生活现状和环境背景等方面存在着巨大差异，这些差异性决定了其不同的发展阶段和建设基础。因此，针对不同类型的城市应该设置不同的指标体系。

许多地方政府也提出了适用于本地区的绿色城市指标体系。例如，《陕西省绿色生态城区指标体系（试行）》明确规定只适用于陕西省境内城市和新建、改建和扩建的绿色生态城区。《安徽省绿色生态城市建设指标体系（试行）》仅适用于安徽省16个地级城市的绿色生态城市建设。《中新天津生态城指标体系》《青岛中德生态园指标体系》《怀柔科学城生态指标体系》都是从该城市或区域的实际情况出发构建的指标体系，具有一定的实用性和地域特色。

从国内城市建设情况来看，仅少数城市制订了绿色城市的方案，国内如何建设绿色矿业城市还没有具体的评价指标，更没有绿色矿业城市建设的具体方案。国内矿业城市转型一直在实施和探索之中，提出的观点及具体做法主要有：多元发展、适度开发、集约经营、绿色发展、科教兴城、城矿结合、筑巢引凤及政策扶持等。

5.2.2 国外相关绿色城市指标体系研究现状

长期以来，国外矿业城市转型也一直在实施和探索之中。近年来，欧盟、美国、日本和国内众多机构、学者构建了一系列绿色城市相关的评价指标体系（表5.2），ICC-City发布时间较早，适用于涉及社会、经济和自然等多维问题的城市绿色空间规划与管理（陈春娣等，2009）。LEED-ND和CASBEE-City指标体系相对合理完善，符合市场规律，能够充分调动政府部门、开发商和研究人员等的积极性，在国际上比较有代表性（赵格，2017）。

表5.2 国外相关绿色城市指标体系现状

年份	机构/作者	名称	主要内容
2004	欧盟（陈春娣等，2009）	城市绿色空间综合评价指标体系（ICC-City）	包括数量、质量、使用、规划发展与管理4个准则层，面积、物种多样性、空气质量、安全、教育等35项指标，64项次级指标
2009	美国绿色建筑委员会、新城市主义协会、自然资源保护委员会（2009）	绿色社区认证体系（LEED-ND）	分为精明选址与社区连通性（27分）、社区规划与设计（44分）、绿色基础设施与建筑（29分）、创新设计（6分）、区域优先（分）共5大类，12个基础项，51个得分项，共计63个小项。认证级别分为4级：认证级（40—49分）；银级（50—59分）；金级（60—79分）；铂金级（80—110分）
2011	日本可持续建筑联合会（赵格，2017）	城市建成环境效率综合评价体系（CASBEE-City）	包括环境负荷和城市自身品质两大系统：环境负荷系统分为3大类，8小类，5项指标；城市自身品质系统分为3大类，10小类，29项指标。城市建成环境效率分值由环境负荷系统分值除以城市自身品质系统分值得到，采用5分评价制，分值越高，城市建成环境效率就越高

5.3 绿色矿业城市研究方法及技术路线

5.3.1 研究内容

1）绿色矿业城市相关概念、内涵和指标体系研究。分析国内绿色矿山、绿色矿业、绿色矿业发展示范区、绿色城市的概念发展由来及理念提出的路径，在此基础上，界定绿色矿业城市的概念及内涵。分析国内外绿色矿山、绿色城市、绿色矿业发展示范区等方面评价指标体系情况。

2）郴州市资源与矿业发展现状研究。梳理总结郴州市自然地理、社会经济、矿产资源禀赋、矿业发展现状、产业延伸情况以及生态环保状况，分析矿业城市发展面临的主要问题。

3）典型矿业城市绿色发展经验研究。选取江西赣州、福建三明、福建龙岩、浙江湖州、云南文山壮族苗族自治州、广东韶关6座城市与郴州市对比分析研究城市资源特点、经济发展规划、矿业发展布局、产业强链补链路径等。从矿业经济、资源、生态环境等方面进行多重分析研究，提取影响绿色矿业城市发展的因素。

4）绿色矿业城市评价研究。在前人绿色矿业、绿色城市研究基础上，界定绿色矿业城市概念内涵，提出矿业、经济、产业发展与绿色生态间互馈关系，构建绿色矿业城市建设水平评价指标体系，开展郴州市与赣州、龙岩、三明的绿色矿业建设水平评价并进行评价分析。

5.3.2 研究方法

本次研究采用理论分析、对比分析、实地调研、AHP-EM-TOPSIS综合评价分析相结合的研究方法。首先对相关概念、指标体系进行了界定、分析，对比分析典型城市发展特点，开展实地调研摸清研究对象的相关信息，在此基础上分析绿色矿业城市的影响因素，提出绿色矿业城市的概念及内涵，建立RECG绿色矿业城市评价体系，对目标完成评价并分析。

1）理论分析：根据任务目标研究分析了绿色矿业、绿色城市、矿业城市为本次研究的基础，界定绿色矿业城市等相关概念，并对国内外相关评价指标体系现状进行分析。

2）对比分析：依托城市特色资源、经济发展方式、绿色矿业转型、生态环境现状等，初筛出3~5个城市。对比分析研究城市资源特点、“十四五”经济发展规划、“十四五”矿业发展布局、产业强链补链路径等，围绕矿业绿色高质量发展和“双碳”目标，从矿业经济、资源、生态环境等方面进行多重分析研究。

3）实地调研：通过前往郴州市开展实地调研与线上调研结合的工作方式，与当地单位多次进行交流研讨、实地走访一线生产园区、企业，根据研究需要有针对性地摸清郴州市资源开发利用现状、生态环境现状、部分产业结构等信息并获取大量数据。在后续研究工作中，多次通过调查数据清单的形式进行调查研究工作。

4）AHP-EM-TOPSIS 综合评价模型：AHP-EM-TOPSIS 法是一种常见的综合评价方法，利用这种方法可以充分利用原始数据的信息，计算结果能够有效反映各方案之间的差距。同时对指标多少、数据分布、样本含量等均无严格限制，具有真实、直观、可靠的优点。传统的优劣解距离法在确定指标权重时具有片面性，仅考虑主观或客观性，鉴于此，本文采用熵值法（AHP）、层次分析法（EM）分别求取客观权重与主观权重，利用拉格朗日乘数法得到组合权重，综合考虑指标主观和客观因素，尽可能规避单一赋权所带来的误差。最后利用 TOPSIS 进行评价。

5.3.3 技术路线

根据任务目标，开展基础研究，梳理绿色城市、绿色矿山等相关概念，以及相关绿色城市指标体系研究现状，依托城市特色资源、经济发展方式、绿色矿业转型、生态环境现状等，选取 6 个城市，对比分析研究城市资源特点、经济发展规划、矿业发展布局、产业强链补链路径等。在基础研究基础上，提出绿色矿业城市的概念及内涵，分析矿产资源、经济发展、产业竞争、生态环境等绿色矿业城市评价影响因素，构建绿色矿业城市 RECG 评价系统，构建绿色矿业城市评价指标体系。根据不同指标的计算方法与赋值依据，对评价指标进行定量和半定量化处理。通过 AHP-EM-TOPSIS 综合评价数学方法进行评价、分析，并给出评价结果（图 5.3）。

5.4 典型矿业城市绿色发展案例研究

5.4.1 江西省赣州市矿业绿色发展情况

5.4.1.1 经济概况

赣州市位于江西省南部，总面积 39379.64 km^2，占江西省总面积的 23.6%，为江西省最大的行政区，辖 3 个区、13 个县，代管 2 个县级市，常住人口 898.00 万人。2021 年 GDP 达 4169 亿元，居江西省第三位，GDP 增速 4.2%，人均 GDP5.04 万元，居江西省第十位。从产业看，第一产业增加值 427.52 亿元，增长 7.2%；第二产业增加值 1652.34 亿元，增长 8.7%；第三产业增加值 2089.51 亿元，增长 9.8%。2021 年，三次产业结构为 10.3∶39.6∶50.1。2021 年工业增加值 1373.8 亿元，占比 GDP 33%，是赣州市的经济支柱（图 5.4）。

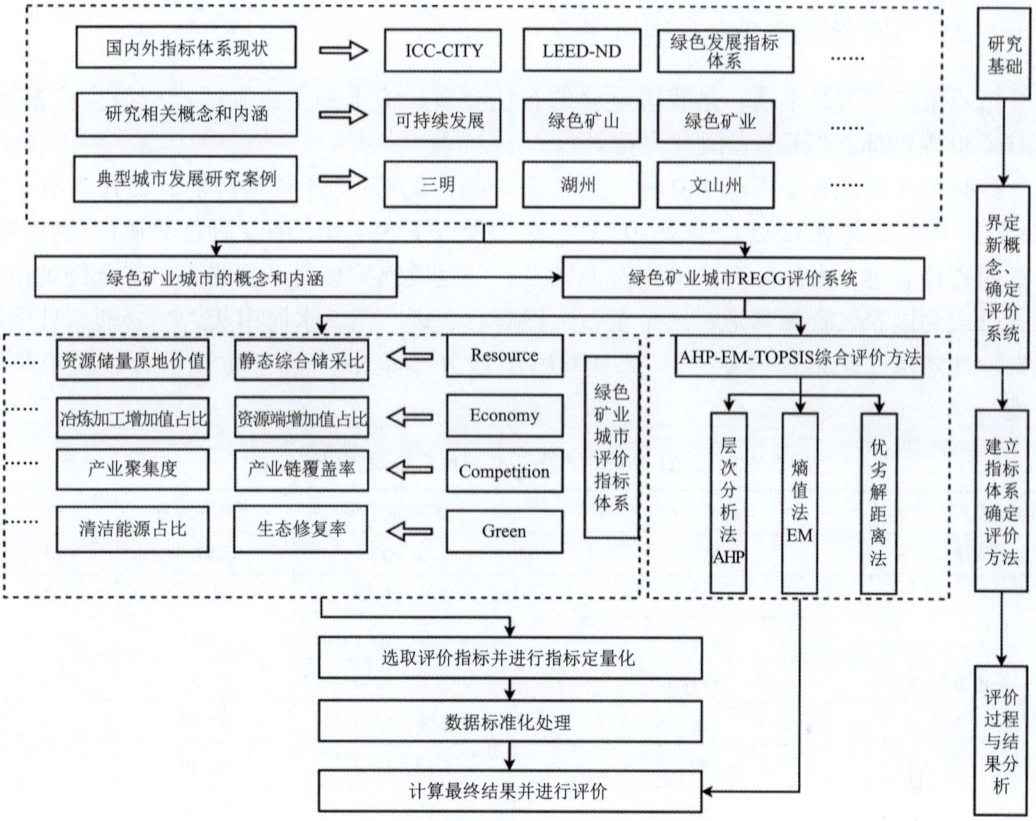

图 5.3　绿色矿业城市评价指标技术路线图

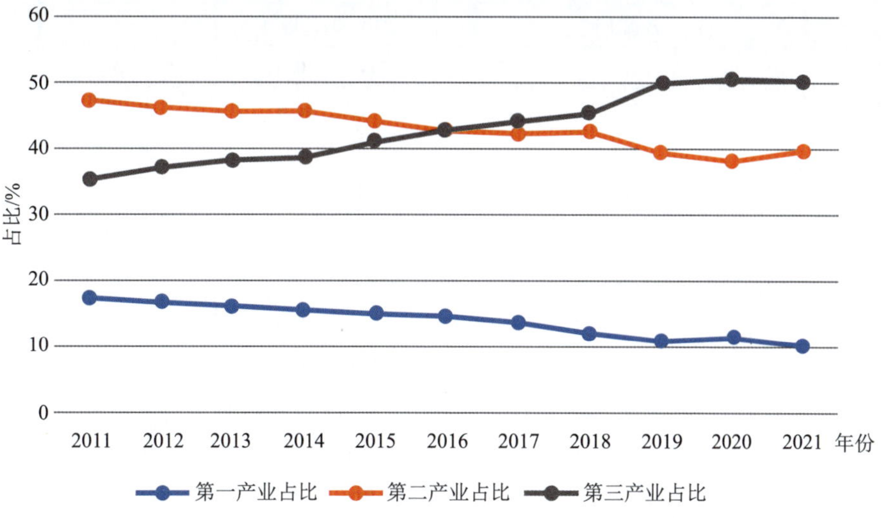

图 5.4　2011—2021 年赣州市 GDP 三次产业结构

（数据来源：2012—2022 年赣州市国民经济和社会发展统计公报）

5.4.1.2 主要资源及开发利用情况

赣州市矿产资源丰富，是我国重要的有色金属、稀土和萤石等矿产资源生产基地，素有“世界钨都”“稀土王国”之称。

赣州市共发现各类矿产110种，查明有资源量的矿产83种。目前，赣州市有矿区523处，其中，大型32处、中型107处、小型及以下384处，有7种优势矿产的资源量在江西省排名第1（表5.3）。矿产资源特点：一是黑钨矿和离子型稀土矿在全国地位突出，已成为国家级资源基地；二是萤石、锂辉石、锡、钼、水泥用灰岩、岩盐、硅质原料矿、地热水、矿泉水等矿产，大中型矿产地分布集中，保有资源量大，利于规模开发。

表5.3 2021年赣州市主要矿产保有资源储量情况表

类别	矿产名称	资源储量单位	保有资源量	全省排名
能源	地热水	m^3/d	46667.39	1
有色金属	钨	WO_3，10^4 t	51.60	3
	铜	金属，10^4 t	27.65	5
	铅锌	金属，10^4 t	82.34	5
	锡	金属，10^4 t	20.10	1
	钼	金属，10^4 t	30.89	1
贵金属	金	金属，t	20.38	4
	银	金属，t	2299.36	4
稀有、稀土矿产	重稀土矿	TRE_2O_3，10^4 t	/	1
	轻稀土矿	TRE_2O_3，10^4 t	/	1
	锆	ZrO_2，10^4 t	10.31	1
	锂	Li_2O，10^4 t	8.37	3
	铌	Nb_2O_5，t	2334.88	3
	钽	Ta_2O_5，t	3586.68	3
辅助冶金化工矿产	硅质原料矿（脉石英、粉石英）	矿石，10^4 t	2709.19	2
	盐	NaCl，10^4 t	118242.31	2
	硫铁矿	矿石，10^4 t	1151.97	5
	萤石	CaF_2，10^4 t	2528.31	1
建材及其他非金属矿产	水泥用灰岩	矿石，10^4 t	60448.94	3
	陶瓷土（瓷石）	矿石，10^4 t	2088.13	5
	高岭土	矿石，10^4 t	15786.41	1
	矿泉水	m^3/d	1618.03	3

数据来源：赣州市矿产资源总体规划（2021—2025）。

目前，赣州市有效采矿许可证 822 个，面积 654.57 km^2，占赣州市总面积的 1.66%。按照生产规模，大型 45 个、中型 172 个、小型 605 个；按照矿山开工状况，生产矿山 483 个（表 5.4）、筹建矿山 27 个、停产矿山 312 个。

表 5.4 赣州市采矿许可证设置情况表

发证机关	矿种	数量	发证机关	矿种	数量	发证机关	矿种	数量
部级	钨矿	65	省级	铁矿	9	市级	制灰用石灰岩	4
	轻稀土矿	47		冶金用脉石英	7		陶瓷土	4
	重稀土矿	8		银矿	4		白云岩	4
	钼矿	7		金矿	3		粉石英	3
	锡矿	3		硫铁矿	3		岩盐	2
	锂矿	1		锰矿	3		玻璃用砂岩	1
	普通萤石	54		钛矿	2		闪长岩	1
省级	铜矿	26		铌矿	2		天然石英砂	1
	铅矿	16		铋矿	1		电气石	1
	水泥用石灰岩	25	市级	饰面用石材	27	县级	砖瓦用页岩（黏土）	283
	玻璃用脉石英	10		高岭土	11		建筑用石料	149
	矿泉水	10		长石	14			
	地热	5		水泥配料用矿	6			

数据来源：赣州市矿产资源总体规划（2021—2025）。

2021 年，赣州市锌产量 1.2×10^4 t、铜产量 20.1×10^4 t、铅产量 16.5×10^4 t、萤石产量 42.3×10^4 t，与上年同比分别增长 283.8%、28.4%、23%、6.5%。钨产量 5.6×10^4 t、钼产量 5×10^4 t、铁产量 0.3×10^4 t、硫铁矿石产量 6.3×10^4 t、锡产量 810 t，与上年同比分别下降 7%、10.3%、24.8%、44.5%、54.4%（表 5.5）。

表 5.5 2021 年赣州市主要矿产品产量

序号	产品名称	单位	产量	与上年增长
4	锌	金属量，t	11682	283.80%
2	铜	金属量，t	200652	28.40%
3	铅	金属量，t	165332	23.00%
8	萤石	t	423671	6.50%
6	钨	折三氧化钨 65%，t	56471	-7.00%
7	钼	折纯钼 45%，t	49622	-10.30%
1	铁	成品矿，t	3248	-24.80%
9	硫铁矿石	折含硫 35%，t	63220	-44.50%
5	锡	金属量，t	810	-54.40%

数据来源：赣州市 2022 年统计年鉴、赣州市矿产资源总体规划（2021—2025）。

5.4.1.3 产业发展

赣州市目前有现代家居产业、有色金属、电子信息、纺织服装、新能源及新能源汽车、医药食品产业等“1+5+N”重点产业集群。2021年，赣州市规模以上工业企业达2478家，规模以上工业增加值同比增长11.6%；营收4533.21亿元，同比增长30%；利润总额301.68亿元，同比增长35.9%。其中，有色金属产业集群营收1750亿元，规模以上有色金属企业253家，规模以上企业营收1375亿元，同比增长61.7%。金力永磁已成为全球第一大稀土磁材工厂。中国稀土集团落户赣州，成为江西首家央企总部。开源科技、同兴达科技、稀土国贸、江钨新材、束薪再生资源5家规模以上工业企业全年营收突破100亿元。

赣州市综合考虑产业基础、要素承载和发展潜力，围绕“1+5+N”工业倍增升级主攻方向，进一步优化产业布局，着力打造中心城区产业核心增长极，河东、河西产业发展协作带，“会寻安”“大上崇”特色产业集聚区，发展新能源及新能源汽车、显示模组、半导体材料、稀有金属新材料及永磁电机等产业，实现多方位多产业聚集。目前，赣州市稀土、钨产业聚集已初步成型，优势不断凸显。

“十四五”时期，赣州市将持续打造具有国际影响力的稀土、钨等有色金属产业集群。重点发展稀土高性能磁性材料、合金材料、储氢材料等功能材料，向稀土永磁电机、永磁变速器等深加工及应用产品延伸。做大做强超粗（超细）高纯碳化钨粉、高性能钨硬质合金及硬面材料、切削工具等领域。发展铜基新材料、高纯超薄铜箔等产业。力争到2025年，有色金属产业集群产值超2000亿元。打造具有全球影响力的稀土稀有金属新材料产业集群。

5.4.1.4 生态建设

2021年，赣州市PM2.5平均浓度为23 $\mu g/m^3$，同比下降11.5%，空气质量优良率99.5%，同比增加2.8%。水质综合指数居江西省第三位，73个地表水断面水质优良率为98.6%。完成42个污染地块土壤调查，开展涉镉等重金属企业污染源排查整治，排查疑似涉镉污染源168处。赣州污染地块、受污染耕地安全利用率分别达到100%、95%，获批国家级绿色园区3个、绿色工厂7个、绿色设计产品3个、绿色矿山67个。建立各级自然保护区、湿地公园、森林公园、风景名胜区、地质公园等自然保护地115个，总面积49万余 hm^2（含重叠面积），荣获国家森林城市称号。

多措并举，解决生态环境治理难题。赣州市崇义县实行多项环境整治措施，由污染严重成为国家“绿水青山就是金山银山”实践创新基地。崇义县钨矿开采产业让当地的经济得到了暂时的快速发展，但也引发了植被破坏、水土流失、废弃矿山污染严重等一系列生态环境问题，发展与保护的冲突愈发凸显。崇义通过县划定重点区域，统筹部署大江流域水环境保护与整治、土地整治与土壤改良等工程；针对空气污染采取“五气共治”，集中整治关停并转“散乱污”企业；针对水体污染采取水面专项整治工程，年投资超4000万元。崇义县由“单一治理”转向“全局治理”，实现了从山岭到水体的系统修复、综合治理。

“四业”融合，构建生态经济体系。“生态+”旅游，围绕构建“7+2+1”全域旅游格局，重点打造“一山一湖一居一谷一湾一梯田”旅游产业项目集群，减轻对竹木和矿产资源的依赖。“生态+”文化，挖掘利用阳明文化、客家文化、红色文化、农耕文化等资源，打造“一山一园一湖一馆一院一碑”阳明文化景观群。“生态+”体育，建设阳明山运动休闲小镇，积极承办阳明山万人徒步大会等。“生态+”康养，利用生态环境大力发展生态绿色农产品，打响有机、富硒、绿色品牌。“三生”融合，构建生态生活体系，加强全民生态文明宣传教育，促进生态、生产和生活融合。创建一流人居环境，深入开展“四城同创”。目前多项建设已初现成果，景区接待游客逾500万人次，实现旅游综合收入超过50亿元，研发的南酸枣系列食品年产值突破5亿元。

赣州以崇义县多项建设成果为案例供各县学习借鉴，各地深刻理解并积极践行“山水林田湖草是生命共同体”理念，积极推进赣州绿色生态建设工作。

5.4.2 福建省三明市矿业绿色发展情况

5.4.2.1 经济概况

三明市位于福建省西北部，辖1市、9县、2区，总面积22965 km^2，常住人口248万。2021年GDP达2953.47亿元，居福建省第七位，GDP增速5.8%，人均GDP11.9万元，居福建省第四位。从三次产业看，第一产业增加值314.57亿元，增长3.9%；第二产业增加值1401.90亿元，增长4.2%；第三产业增加值985.72亿元，增长4.1%。三次产业结构为11.6∶51.9∶36.5。2021年工业增加值1078.56亿元，占比GDP37%，是三明市的经济支柱（图5.5）。

5.4.2.2 主要资源及开发利用情况

三明市矿产资源种类呈现“三多”“三少”“一集中”的特点，即非金属矿产种类多，金属矿产伴（共）生组分多，贫矿多；大型、特大型金属矿床少，富矿少，能源矿产种类少；主要矿产形成及空间分布受区域性构造-岩浆活动的影响，具有集中分布的特点。三明市发现各类矿产79种，探明资源储量有49种，按工业用途可分为非金属、燃料、金属三大类矿产资源，主要有煤、铁、铅锌、钨、稀土、石墨、萤石、石灰岩、重晶石、石英、高岭土等（表5.6）。

三明开发利用矿产43种，矿产分布相对集中，形成大田-永安煤矿、清流-明溪萤石矿、尤溪梅仙铅锌矿、宁化行洛坑钨矿、永安坑边水泥用灰岩等一批重要资源基地。2021年，原煤产量155×10^4 t，铁矿石产量2070×10^4 t，三明市规模以上工业矿业采选营

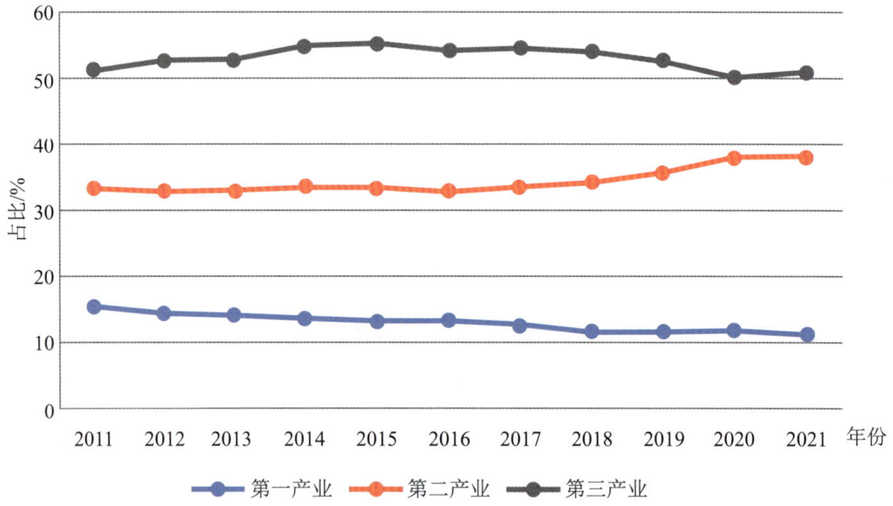

图 5.5　2011—2021 年三明 GDP 三次产业结构
（数据来源：2012—2022 年三明市国民经济和社会发展统计公报）

收实现 460 亿元，利润总额达 11 亿元，以重晶石、石墨、萤石等为主的非金属矿采选业占比 41%，利润总额占比 38%。

表 5.6　2021 年三明市主要矿产资源情况表

矿类	矿产名称	单位	资源量
能源矿产	煤炭	合计，10^3 t	390501
黑色金属矿产	铁矿	矿石，10^3 t	57479
	锰矿	矿石，10^3 t	1762
	钛矿	钛铁矿矿物，t	7075
有色金属矿产	铜矿	铜，t	50039
	铅矿	铅，t	716379
	锌矿	锌，t	1213622
	钨矿	WO_3，t	272236
	锡矿	锡，t	16322
	铋矿	铋，t	71
	钼矿	钼，t	29176
贵重金属矿产	金矿	金，t	25118
	银矿	银，t	3651
稀有稀土金属矿产	稀土矿	磷钇矿，t	44
		稀土氧化物，10^4 t	14658
		独居石，t	2084

续表

矿类	矿产名称	单位	资源量
非金属矿产	普通萤石	萤石或 CaF_2，10^3 t	4207
	重晶石	矿石，10^3 t	178
	石墨	矿石，10^3 t	5100
	叶蜡石	隐晶质石墨，10^3 t	2150
	宝石	矿石，10^3 t	1676
		矿物，kg	19262

5.4.2.3　产业发展

三明市目前有钢铁与装备制造、新材料、文旅康养和特色现代农业四大主导产业，其中，钢铁与装备制造、新材料属于资源产业。目前，三明市正加大石墨与石墨烯、氟新材料、稀土新能源等战略性新兴产业发展，每年投资50亿元以上，实施市级战略性新兴产业重点项目超120个。

近年来，三明市注重科技创新带动企业发展，先后制定三轮技术改造提升计划，工业投资、技改投资年均增长22%、26.7%。在装备制造、氟新材料、石墨烯材料等领域相继布局建设氟化工产业技术研究院、永清石墨烯研究院、新能源产业技术研究院等产业创新平台，搭建“6+1”科技创新平台体系。三明市通过引领企业以科技创新实现企业转型乃至带动产业转型升级取得鲜明成就。

1）传统产业升级。传统产业是实体经济的底盘，传统产业成功转型为经济发展注入新动力。三钢集团是三明市传统企业成功转型的典范。三钢从依靠规模创造效益转变为依靠技术创新谋发展，实现了产品结构优化升级，取得了新成就。2016—2021年，三钢累计实现营业收入3103亿元、利润356亿元。科技创新突破不仅为三钢带来增产增益，实现“绿色钢铁”目标，三钢还延伸出“炼钢-压延-铸锻-精加工-产品服务-下游配套”的钢铁全产业链条，共有规模以上企业262家，其中12家机械制造企业为国家高新技术企业。

2）新兴产业加速发展。三明市依托区位优势和资源优势大力发展石墨和石墨烯产业。永安石墨和石墨烯产业园是福建省重点打造“两核三区”中唯一的石墨烯产业专业园区，多个石墨烯产业项目逐一落地，培育壮大了翔丰华、鼎丰碳素、泰启力飞等10多家重点企业，2021年产值25.6亿元，营业收入占福建省70%，初步形成产业规模效应，产业基础愈发稳固。

未来三明市将补齐高端石墨烯应用缺失关键环节，构建集采矿-高纯石墨-石墨产品-石墨烯产品为一体的全产业链，打造全国高端石墨和石墨烯产业基地。

针对未来产业发展，三明市出台《百亿特色产业链“建链补链强链”招商工作方案》《推动矿产资源优势转化为产业发展优势的若干意见》，提出将依托萤石、隐晶质石墨、石英、石灰岩、稀土、金、钨、铅锌等优势矿产资源，做大做强氟新材料、石墨和石墨烯、硅基材料、稀土新材料等产业。至2025年，培育2~3个具有全国影响力的特色产业集群。

5.4.2.4 生态建设

加大资金投入，水体、空气环境治理取得明显成效。“十三五”期间三明市投资51.18亿元，推动103个修复试点项目，实施水环境治理与生态修复、水土流失治理等五大重点工程。2021年，市区空气质量达标天数比例100%，居福建第一位，空气质量综合指数2.83。在福建省率先消除Ⅳ类及以下水体，沙溪、金溪、尤溪3条主要水系18个国（省）控断面水质达标率100%，水质状况为“优”，水环境质量位列全国第25位、福建省第一位，是福建省首个进入国家“水环境质量排名前30位”“水质变化情况排名前30位”双榜单的城市。

注重理念引领行动，绿色建设成果显著。三明市将绿色生态理念融入城镇化全过程，在全国首推“森林惠民、森林富民、森林育民”的森林城市创建理念。“十三五”期间累计创建2家国家级绿色工厂、10家省级绿色工厂、2个省级绿色园区、2家省级绿色供应链企业，单位GDP能耗累计下降21.2%。三明市成为福建省第一批国家生态文明建设示范市，将乐县成为三明市第一个“绿水青山就是金山银山”实践创新基地，其余各县分别获得国家生态文明建设示范县荣誉称号。

三明市在《“十四五”生态环境保护专项规划》中提出继续严格环境准入，严格淘汰能耗、环保、质量、安全、技术不达标的落后产能，推动高耗能行业节能降耗，全面推行钢铁、水泥等重点行业能效对标。严格高耗能行业新增产能、化石能源消费量大的相关项目节能审查，重点推进绿色工业园区建设、低碳试点建设项目、清洁能源替代、循环经济、入河排污口综合整治、土壤综合整治修复、农业面源污染防治等工程，建设绿色生态之城。

5.4.3 福建省龙岩市矿业绿色发展情况

5.4.3.1 经济概况

龙岩市位于福建西部闽粤赣三省交界处，是福建省重要矿区、林区，是海西品牌最多的旅游区。龙岩市辖2个市辖区、4个县，代管1个县级市，总面积19028 km^2。2021年GDP达3081.78亿元，比上年增长7.7%。其中，第一产业增加值303.28亿元，增长4.8%；第二产业增加值1321.87亿元，增长8.1%；第三产业增加值1456.63亿元，增长8%。三次产业结构为9.8：42.9：47.3（图5.6）。

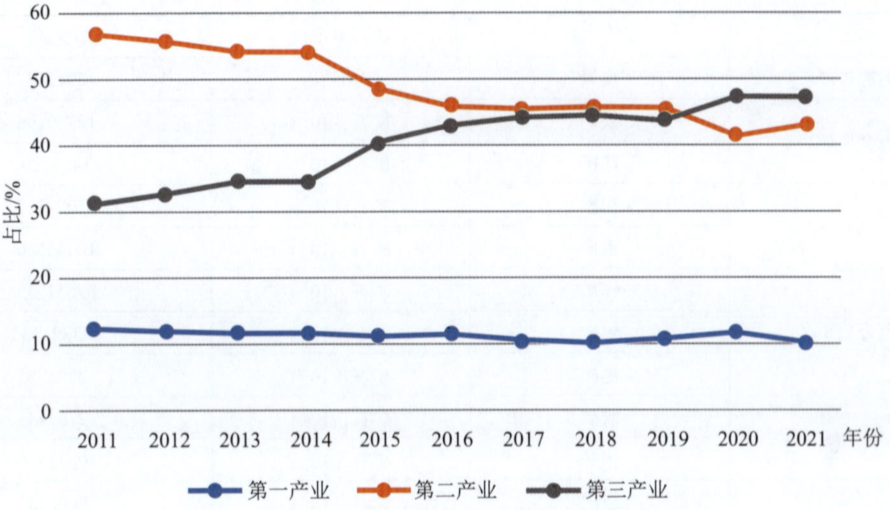

图 5.6 2011—2021 年龙岩市 GDP 三次产业结构

（数据来源：2012—2022 年龙岩市国民经济和社会发展统计公报）

5.4.3.2 主要资源及开发利用情况

龙岩市矿产资源较为丰富，总体具有矿种多、规模大小不一、赋存条件复杂和分布相对集中等特点。目前，已发现各类矿产 64 种，其中，能源矿产 3 种、金属矿产 18 种、非金属矿产 40 种、其他矿产 3 种。探明矿产地 392 处，其中，特大型矿床 1 处、大型矿床 15 处、中型矿床 34 处、小型及以下矿床 342 处，探明资源储量的潜在价值超过 5 千亿元，为福建省重点矿区。无烟煤、金、银、铜、铁、锰、钼、稀土、水泥用灰岩、高岭土、膨润土、白云岩、耐火黏土 13 个矿种探明资源储量占福建省 30%以上，位列福建省第一（表 5.7）。

龙岩市在充分查明辖区矿产资源赋存条件的基础上，已建设 22 个大中型矿产资源开发基地，其中，永定昌福山和新罗翠屏山等 6 个无烟煤矿区是福建省工业用煤主要基地；新罗区中甲、永定区吴坑、漳平赤水岭兜等 8 个水泥用灰岩矿区是华润、红狮、塔牌、新丰、龙麟和闽福等水泥企业的原料基地；上杭紫金、武平悦洋和连城姑田矿区是福建省重要的金、银、铜主产区，也是上杭紫金铜业的原料基地；新罗马坑和漳平潘洛矿区是福建省重要的铁矿石基地；长汀河田稀土矿区是福建（长汀）稀土工业园的主要原料基地；新罗东宫下高岭土矿区是全国优质陶瓷原料基地；永定洪山饰面花岗岩矿区是华东地区优质的饰面石材基地。2021 年，龙岩市原煤产量约 369.3×10^4 t，比上年减少 18.9%；黄金产量约 159 t，比上年减少 7.1%；精炼铜产量约 40.6×10^4 t，比去年增长 29.4%；铁矿石成品矿产量约 523.2×10^4 t，比上年增长 5.3%；钢材产量约 8.8×10^4 t，比上年增长 8.4%；铁合金产量约 7.3×10^4 t，比上年增长 6.1%。

表 5.7　2021 年龙岩市主要矿产资源情况表

矿类	矿产名称	矿石量单位	矿石量
能源矿产	煤炭	10^3 t	391253
黑色金属矿产	铁矿	矿石，10^3 t	12739.96
	锰矿	矿石，10^3 t	1414.29
有色金属矿产	铜矿	矿石，10^3 t	210823.5
	铅矿	矿石，10^3 t	104435.6
	锌矿	矿石，10^3 t	89651.55
	钨矿	矿石，10^3 t	3389.43
	锡矿	矿石，10^3 t	2291.8
	铋矿	矿石，10^3 t	275.44
	钼矿	矿石，10^3 t	108338.6
贵金属矿产	金矿	矿石，10^3 t	306.13
	银矿	矿石，10^3 t	241.89
稀有稀土金属矿产	重稀土矿	矿砂，10^3 m^3	44.71
	稀土矿	矿石，10^3 t	210081.7
	轻稀土矿	矿砂，10^3 m^3	140835.8
非金属矿产	普通萤石	矿石，10^3 t	1300.28
	石墨	矿石，10^3 t	4368.7

5.4.3.3　产业发展

龙岩市主导产业包括有色金属、机械装备、文旅康养、建筑业、特色现代农业，并大力培育包括数字产业、新材料新能源、生物医药、现代物流等新兴产业，其中，有色金属、机械装备、新材料属于资源产业。2021 年，规模以上工业的 37 个行业大类中，有 26 个行业增加值实现正增长。九大重点产业合计增加值增长 9.2%。其中，光电新材料产业增长 14%，机械装备产业增长 11.2%。

有色金属产业主要发展细分为铜产业、金银等稀贵金属产业、稀土产业。龙岩市有色金属产业继续保持蓬勃发展的势头，2021 年实现产值 1400 亿元，较 2016 年增长 182%。

铜产业依托紫金铜业等龙头企业，围绕特高压、城际高速铁路和城市轨道交通、新能源汽车充电桩、大数据中心、人工智能、工业互联网等“新基建”，以满足相关领域铜加工材料需求为导向，加快构建特高压输变电产业链、电子通信产业链、新能源智能交通产业链三大铜产业集群，打造全球具有重要影响力和区域特色鲜明的金铜产业基地。

金银等稀贵金属产业依托金银等稀贵金属原料和紫金矿业的龙头带动作用，围绕黄金珠宝加工、电子信息、光伏能源、燃料动力汽车、健康卫浴等产业，大力发展贵金属首饰和投资品、电接触材料、贵金属化工材料、催化功能材料、抗菌材料等高附加值产品，丰富稀贵金属深加工产品，打造区域稀贵金属精深加工基地。

稀土产业重点争取国家政策倾斜支持稀土开采、分离指标；在龙岩试行稀有稀散金属收储政策，建立战略性矿产资源储备库，建设全国稀有稀散金属重要保供基地，创建全国稀土产业绿色发展示范区。

龙岩市政府高度重视产业发展工作，出台了“推动工业高质量发展二十条措施”，从支持工业项目建设、培育产业创新动能、加快工业数字化转型等6个方面加大对工业产业的支持力度。

优化产业结构，注重创新驱动。龙岩市注重产业结构优化提升，全面实施“产业兴市”战略，有色金属、文旅康养、建筑业产值突破千亿元，成功创建国家高技术转化应用产业示范基地、国家应急产业示范基地、荣获“中国专用汽车名城”称号。龙岩市科技创新能力持续增强，获批建设国家创新型城市。

培育龙头企业，引领区域产业集聚发展。龙岩市为培育企业龙头，实施龙头企业“培优扶强”工程，市级重点支持紫金、龙工、龙净、金龙稀土等全国行业领军型企业，各地分别与区域型龙头骨干企业签订“一企一策”，有针对性地扶持企业做强做大。支持龙头企业建立产业园，培育上下游配套关联企业，引领区域产业集聚发展。加大服务创新和政策扶持，推动企业改制上市。机械装备产业作为龙岩市主导产业之一，经过多年发展已初步培育形成汽车、工程机械和环保装备等优势集群雏形，涌现出中国龙工、龙净环保、福龙马等一批优势龙头企业，以及铸造、锻造、机械加工、液压油缸等企业。机械装备产业的经济规模稳步增长，规模以上企业数量和产值逐年递增。2021年，机械装备产业规模以上企业322家，实现产值590亿元，分别是2015年的1.48倍和1.69倍。

针对未来产业发展，龙岩市在《龙岩市国民经济和社会发展第十四个五年规划和2035年远景目标纲要》提到，大力发展“5+N”现代产业体系，到2025年，千亿级产业集群达到6个，规模以上工业战略性新兴产业产值占规模以上工业产值比重达到23%。根据《实施方案》，龙岩市将围绕有色金属、机械装备等先进制造业产业，坚持创新驱动、绿色集约、两化融合，加快构建具有龙岩特色的现代化制造业体系，打造闽粤赣边区域先进制造业中心。根据《龙岩市“十四五”有色金属产业发展规划》，龙岩市“十四五”期间继续深化金铜产业基地发展、强化稀土产业绿色发展基地，有色金属产业总产值达到1550亿元，其中，金铜产业1300亿元、稀土产业200亿元、钨产业40亿元、其他有色产业10亿元。

5.4.3.4　生态建设

生态环境质量保持领先。龙岩市空气质量综合指数2.54，排名福建省第三，优良天数比例99.2%，位列福建省第四；主要流域水质优良比例100%，全面消除劣Ⅴ类水体，小流域水质优良比例提高至93.9%；累计减少水土流失面积202.4×10^4亩，水土流失率降为6.03%；森林覆盖率提高到79.39%，长期位居福建省第一。

深入推进生态文明试验区建设，绿色生态产业持续发力。龙岩市单位GDP能耗累计下降21.7%，规模以上工业万元增加值能耗累计下降26.36%，能源消耗总量和强度“双控”指标均超额完成省下达序时目标任务。龙雁经济开发区、蛟洋工业园区被评为省级循环经济示范园区，福建龙麟集团公司等10家企业被评为省级循环经济示范单位，一批企业入选省级循环经济示范试点单位；上杭县蛟洋工业园区、福建（龙岩）稀土工业园区和晋江（长汀）工业园区被评为省级绿色园区；福建龙马环卫装备股份有限公司等15家企业被评为省级绿色工厂；紫金铜业等5家企业获工信部“绿色工厂”称号。

注重矿山生态修复，实现变废为宝。3A级景区紫金山体育公园的前身曾是煤矿开采区，开采面积2843亩，总体体积达250×10^4 m^3以上，过度开采、乱采乱掘导致部分山体掏空，废弃矿渣随处堆放，水土流失严重，存在严重的安全隐患和环境污染。当地政府采用市场化运作方式，引进企业先期投资，治理后由政府拍卖后再支付矿山治理恢复的相关费用，实现生态效益与经济效益的双赢，该项目目前再造建设用地达1446亩，实现边坡复绿及再造开放式公园绿地2100亩，建成60亩人工湖和近百亩的花海公园。

“十四五”时期，龙岩市将实施绿色制造工程，大力发展绿色产业、循环经济，深化绿色园区示范建设，促进全产业链和产品全生命周期绿色发展，落实中央、省、碳中和工作要求。

5.4.4 浙江省湖州市矿业绿色发展情况

5.4.4.1 经济概况

湖州市地处浙江北部，辖3县2区，总面积5818 km^2，常住人口340.7万。2021年GDP达3644.87亿元，居浙江省第八位，同比增长9.5%，人均GDP 10.75万元，居浙江省第六位。分产业看，第一产业增加值148.6亿元，增长2.6%；第二产业增加值1865.03亿元，增长10.6%；第三产业增加值1631.25亿元，增长9.0%。2021年三次产业结构为4.1∶51.2∶44.8。2021年工业增加值1679.51亿元，占比GDP的46%（图5.7）。

5.4.4.2 主要资源及开发利用情况

湖州市矿产资源特点：建材非金属矿产资源较丰富，能源、金属类矿产匮乏，水气矿产具有一定潜力。湖州市已发现各类矿产61个，探明储量的有26种，开发利用的矿

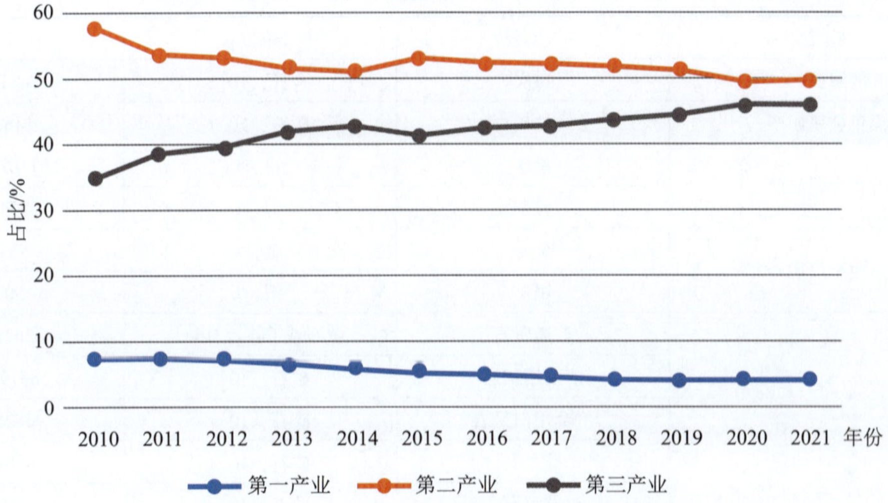

图 5.7 2010—2021 年湖州市 GDP 三次产业结构

（数据来源：2011—2022 年湖州市国民经济和社会发展统计公报）

产有 18 种，各类矿产地 300 余处。按工业用途可分为非金属、燃料、金属和水气 4 大类矿产资源，主要有建筑石料、石灰岩、膨润土和矿泉水等，次为萤石、页岩、水泥用黏土、陶土、砖瓦黏土等；金属矿产资源则主要有铁矿、钒矿、铅矿、锌矿以及金矿等（表 5.8）；水气资源主要是地热和矿泉水。

湖州市矿产资源开采区分布在煤山开采区、龙山开采区和红庙开采区。湖州市积极落实国家“358”找矿突破战略行动和省政府“751”找矿工程，在水泥用灰岩、萤石、银多金属等勘查上取得重要成果，提交石灰岩资源量 2.98×10^8 t、萤石矿石量 741.19×10^4 t、金矿（岩金）矿石量 33.88×10^4 t、铅矿石量 25.15×10^4 t、锌矿石量 2.07×10^4 t，湖州埭溪镇管村矿区萤石矿地质普查项目有望提交 1 处大型萤石矿床。“十三五”期间，湖州市累计开采矿石 4.31×10^8 t，其中，建筑石料 2.90×10^8 t、石灰岩开采 1.31×10^8 t、其他固体矿石 0.1×10^8 t，有力保障了湖州市基础设施建设和优势产业需求。

湖州市现有矿山总数 47 个，大中型矿山所占比例 93%，合计开采固体矿产 6644×10^4 t，其中，建筑石料 4528×10^4 t、石灰岩矿 1920×10^4 t、其他固体矿产 196×10^4 t。2021 年，湖州市规模以上工业总产值达 6095.43 亿元，采矿业总产值 48.73 亿元，非金属矿采选业总产值 48.73 亿元，金属制品业总产值 282.66 亿元，非金属矿物制品业总产值 622.07 亿元，其中，非金属矿物制品业占规模以上工业总产值的 10.2%。矿业发展带动了湖州建筑石料开采加工、水泥生产、粉体加工、玻璃制造等延伸产业的发展，为湖州城镇、交通、水利建设提供了石料、水泥保障，在国民经济和社会发展中占据重要的地位。

表 5.8　2021 年湖州市主要矿产资源情况表

矿类	矿产名称	单位	资源量
能源矿产	煤炭	合计，10^3 t	84114
黑色金属矿产	铁矿	矿石，10^3 t	1462
有色金属矿产	铅矿	铅，t	11675
	锌矿	锌，t	23349
贵重金属矿产	金矿	金，t	555
	银矿	银，t	50
建材及非金属矿产	普通萤石	萤石或 CaF_2，10^3 t	3672
	溶剂用灰岩	矿石，10^3 t	83796
	冶金用白云岩	矿石，10^3 t	3825
	硅灰石	矿石，10^3 t	4302
	方解石	矿石，10^3 t	66758
	水泥用灰岩	矿石，10^3 t	1160674
	水泥配料用页岩	矿石，10^3 t	5905
	水泥配料用黏土	矿石，10^3 t	5905
	水泥配料用泥岩	矿石，10^3 t	22079
	水泥用大理岩	矿石，10^3 t	32220
	建筑用花岗岩	矿石，10^3 m^3	1843
	饰面用花岗岩	矿石，10^3 m^3	1770
	玻璃用石英岩	矿石，10^3 t	69218
	玻璃用脉石	矿石，10^3 t	4138
	高岭土	矿石，10^3 t	2365

5.4.4.3　产业发展

湖州市产业结构调整取得明显成效，高新技术产业、战略性新兴产业、装备制造业占规模以上工业比重分别达到 59.7%、35.0%、30.8%。目前，湖州市新材料产业已初步形成上下游紧密衔接的发展格局，高端金属材料、电子信息材料、高分子纤维材料、新型装饰材料等与下游的高端装备、光电子器件、新能源、纺织服装、建材等产业合作基础良好。2021 年，湖州市新材料产业产值突破 600 亿元，其中，高端金属材料约 300 亿元，约占总产值的 50%。

注重科技创新为企业增产创收。多年来湖州以传统工业为基础，结合自身产业特点，重点瞄准工业用不锈钢、轴承钢等领域，鼓励并引领科技创新。现今，湖州市具有行业领先优势，并且培育出行业龙头企业——久立特材专注工业用不锈钢及特种合金管材、双金属复合管材系列产品研发与生产，建有世界先进水平的无缝管生产线和 FFX

成型、JCO 成型等焊接管生产线。2022 年度实现营业收入 65.37 亿元，同比增加 9.43%。该公司已累计承担省部级以上各类重大专项 21 项，其中，承担国家级专项 9 项，成功开发了 100 多项新产品、新技术。研发替代进口产品 16 项，如镍基合金核电蒸汽发生器用 U 形传热管、核聚变 ITER 用 PF 导体铠甲等产品，已实现替代进口，完成国产化。

打造产业上下游一体化，突破技术壁垒。湖州市天马轴承在高端轴承、航空领域的钢铁新材料达到国际技术先进水平，进入 C919 大飞机制造材料供应链。天马每年投入 4~5 亿元用于创新研发、扩大生产，逐渐使其实现了“材料、轴承、装备”三位一体的上下游完整产业链。此外，天马拥有一个国家级企业技术中心、多个省级高新技术企业、集国家级博士后科研工作站和院士工作站，具有雄厚的技术实力，在关键领域的“卡脖子”技术不断突破，打破高端轴承制造装备长期依赖进口的局面。其中，杭州地铁 3 号线、4 号线二期全线装载天马轴承自主研发生产的轴箱轴承，是国内地铁首次全线装载国产地铁轴箱轴承，标志着国产地铁轴箱轴承已经具备替代进口轴承的实力，打破了国内地铁轴箱轴承全部依靠进口的现状，大力推动了中国地铁轴箱轴承国产化进程。

5.4.4.4 生态建设

“边开采、边治理”得到严格落实，智能化矿山建设初见成效。为实现矿山资源节约集约开发利用，湖州市在全国率先探索“智能矿山”建设。长兴大煤山矿智慧界桩管理、湖州市新开元碎石有限公司自动配料系统和采矿自动过磅系统建设等取得重要进展，将全面建成视频监控系统和粉尘在线监测系统。目前，湖州市建成绿色矿山 47 家，建成率达到 100%，纳入国家绿色矿山名录库 24 家。2021 年以来，矿山的开采回采率 100%、矿产资源综合利用率 100%、固体废弃物综合利用率 100%，修复废弃矿山 382 个、复绿 2.5 万余亩、复垦耕地 3.1×10^4 亩、开发可建设利用土地 4 万余亩，打造省级示范工程 43 个，绿色发展指标（新增矿山复绿面积）连续 4 年排名福建省第一。其中，大煤山矿终了边坡治理作为典型，被中国矿业循环经济暨绿色矿业发展论坛现场观摩。

水体、废物处理以及生态文明建设方面取得显著成果。2021 年，湖州实施“水韵湖城”水生态修复示范工程，争取中央资金 3.243 亿元，水生态修复 82×10^4 m^2，吴兴区西山漾水生态修复项目被列入长三角协同开展太湖流域水生态修复重点项目。12 个案例入选浙江省全域“无废城市”建设典型，4 家企业入选浙江省第一批“无废工厂”企业名单。湖州市受邀参加联合国生物多样性公约第十五次缔约方大会，“湖州两山转化实践”被作为典型案例做专题分享，安吉余村绿色发展、南浔桑基鱼塘、安吉竹生态与竹经济 3 个典型案例入选国家展主展区素材。

5.4.5　云南省文山壮族苗族自治州矿业绿色发展情况

5.4.5.1　经济概况

文山壮族苗族自治州位于云南省东南部，辖 1 市 7 县，总面积 31456 km^2。2021 年全州常住人口为 344.4 万人。经初步测算，2021 年 GDP 达 1298.77 亿元，比上年增长 8.1%，居云南省第 7 位，全年人均 GDP 为 37391 元，比上年增长 9.1%。分产业看，第一产业增加值 237.29 亿元，比上年增长 6.9%；第二产业增加值 471.50 亿元，比上年增长 10.4%；第三产业增加值 589.98 亿元，比上年增长 6.9%（图 5.8）。三次产业结构为 18.3∶36.3∶45.4。2021 年全部工业增加值 273.24 亿元，比上年增长 8.1%，占比 GDP 的 21%。

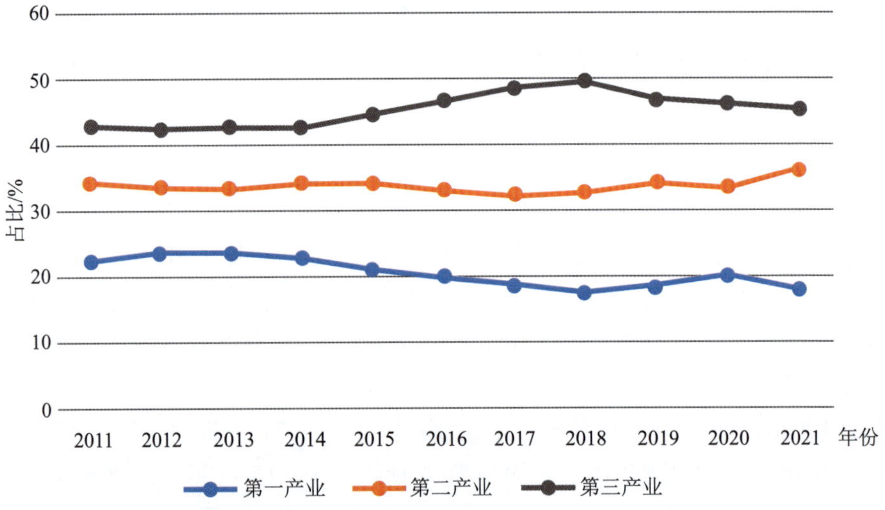

图 5.8　2011—2021 年文山壮族苗族自治州 GDP 三次产业结构

（数据来源：2012—2022 年文山国民经济和社会发展统计公报）

5.4.5.2　主要资源及开发利用情况

文山壮族苗族自治州矿产资源总量大、配套程度高、共伴生矿多、综合利用潜力大、经济价值高、矿床类型多样，大中型矿床相对集中。文山壮族苗族自治州有矿产地（矿区）1253 处，按矿床规模划分，大型矿床 13 处、中型矿床 97 处、小型矿床 499 处、小矿 644 处。文山壮族苗族自治州共发现各类矿产 70 种，主要矿产有铝、锌、铟、锰、钨、金、锑、锡、饰面石材、脉石英等。其中，优势和重要矿产为铝土矿、锌、铟、锰、钨、金、锑、锡、钛、饰面石材、脉石英 11 个矿种。其固体矿产保有资源储量居云南省第 1 位的有铝、钨、锑、铟、砷、镓、汞、压电水晶、熔炼水晶等 11 种

(表5.9)；第2位的有锌、锰、锡、镉4种；铍矿居第3位。

表5.9 2021年文山壮族苗族自治州主要矿种储量情况表

序号	矿种	单位	储量
1	煤炭	10^8 t	1.91
2	铁矿	矿石，10^8 t	0.38
3	铜矿	金属，10^4 t	63.86
4	铝土矿	矿石，10^4 t	7860.41
5	铅矿	金属，10^4 t	60.34
6	锌矿	金属，10^4 t	607.32
7	铟矿	铟，t	6818.07
8	钨矿	WO_3，10^4 t	17.04
9	锡矿	金属，10^4 t	41.09
10	金矿	金属，t	75.54
11	银矿	金属，t	3201.58
12	硫铁矿	矿石，10^4 t	654.9
13	磷矿	矿石，10^4 t	524.41

数据来源：文山市矿产资源总体规划（2021—2025）。

目前文山壮族苗族自治州共有探矿权357个。其中，能源矿产11个、黑色金属矿产101个、有色金属矿产144个、贵金属矿产99个、非金属矿产2个；普查40个、详查126个、勘探（精查）191个；第一类矿产281个、第二类矿产76个。全州共有采矿权560个。其中，第一类和第二类矿产采矿权253个，第三类矿产采矿权307个。按开采规模分：大型矿山10个、中型矿山20个、小型和小型以下矿山223个。

文山壮族苗族自治州围绕铝土矿、锌、铟、锰、钨、金、锑、锡、钛、饰面石材、脉石英等优势及重要矿产的矿业勘查开发格局已基本形成。主要矿产产量：铁10.5×10^4 t、锰8.8×10^4 t、铜6504 t、铅1412 t、锌9.3×10^4 t（表5.10）。2021年，全年实现全部工业增加值273.2亿元，比上年增长8.1%。其中，采矿业增加值下降24.2%，有色金属冶炼和压延加工业增长54.8%。

5.4.5.3 产业发展

文山壮族苗族自治州的主导产业有以三七为重点的中医药产业、以绿色水电铝材为支撑的矿电产业、以康养为特色的旅游业、以绿色食品为代表的现代农业，其中绿色水电铝是资源产业，2022年实现铝产业产值391.05亿元。根据打造“中国绿色铝谷”核心区的总体要求，文山壮族苗族自治州规划至2025年，构建起文山“铝原料-电解铝-

铝加工-精深加工-铝应用-再生铝”全产业循环链。

表 5.10　2021 年文山壮族苗族自治州主要矿种产量

序号	矿种	单位	产量
1	铁矿石	成品矿，t	104915
2	锰	原矿，t	87551
		成品矿，t	34847
3	铜	金属，t	6504
4	铅	金属，t	1412
5	锌	金属，t	92737
6	锡	金属，t	5143
7	锑	金属，t	2100
8	稀有稀土金属	矿石，t	3499
9	原铝（电解铝）	t	1256003
10	黄金	kg	4760

数据来源：文山市 2022 年统计公报、文山市矿产资源总体规划（2021—2025）。

文山壮族苗族自治州水能资源丰富，铝矿蕴藏量大，植物群落多样，气候湿润，自然环境优良，具有发展绿色产业的显著优势。文山壮族苗族自治州生产每吨电解铝比用火电减排 8 t 二氧化碳，按计划 343×10^4 t 电解铝产能计算，将减少排放二氧化碳 2744×10^4 t、碳粉尘 1010×10^4 t、二氧化硫 98×10^4 t、氮氧化物 50×10^4 t。2021 年，文山壮族苗族自治州绿色铝产业拉动有色金属冶炼和压延加工业、电力生产和供应业增加值快速增长，有色金属冶炼和压延加工业增加值占全州规模以上工业增加值的比重为 29.6%，增长 54.8%，拉动规模以上工业增加值增长 10%。文山壮族苗族自治州共有 28 户电力生产和供应企业，电力生产和供应业增加值占全州规模以上工业增加值的比重为 26.1%，增长 32.2%，拉动规模以上工业增加值增长 7.7%，绿色铝产业成为支撑全州工业经济增长的主要动力。

在传统产业方面，文山壮族苗族自治州高度重视锌、铟产业建链、延链、强链工作，在“十四五”规划中提出：“推进锌、锡、铟、锑、钨、硅、镍等资源综合开发利用，着力打造绿色制造体系，积极拓展铟、金等稀贵金属为基材的新型电子信息材料、催化材料、半导体材料等产品”，将超高纯锡、铟等材料发展列入战略性新兴产业培育专栏。

依据文山壮族苗族自治州“十四五”发展规划，按照云南省委、省政府打造“绿色能源牌”的要求，充分发挥绿色能源、铝资源水资源优势，以铝为基础的新材料、全产业链发展两个关键，聚焦国内铝加工集中区域，抓好砚山世界一流“中国铝谷”

核心区主引擎建设。瞄准世界500强、中国500强和排名靠前的铝精深加工头部企业，引进建设一批铝深加工重点项目，构建“阳极炭素-电解铝-铝精深加工-铝应用-再生铝”全产业循环链。力争到2025年，绿色铝产能达500×10^4 t，全部就地转化为铝材和铸件，并逐步向终端铝产品制造延伸，绿色铝材一体化产业总产值达3000亿元以上，打造高端化、集群化、数字化、绿色化的世界一流“中国铝谷”核心区。

5.4.5.4 生态建设

严格资源开发，加快生态环境修复。2021年，文山壮族苗族自治州共注销采矿权115个、探矿权25个，完成7类矿种7个矿山企业矿产资源开发利用综合评价试点。有序推进矿山生态修复工作，投入地质环境治理恢复资金2.1亿元，2家重点采矿企业完成工程复垦2831亩。全州与自然保护区重叠的57个矿业权相关设施设备全部拆除，并开展了矿山生态修复。

空气环境质量持续改善。通过开展结构、工程、管理减排、城市建成区燃放烟花爆竹管控、机动车尾气检测提标升级、清洁能源替代等工作，强化区域联防联控，氮氧化物、二氧化硫等主要大气污染物进一步减少，文山大气污染防治工作成效明显，空气质量优良率均值为99.4%，PM 2.5年均浓度均值为25 $\mu g/m^3$，其他7县达到国家二级标准。

水生态环境稳定。以持续改善提升水环境质量为目标，全力打好污染防治攻坚战，围绕碧水保卫战，协调推进两大水系保护修复、水源地保护、农业农村污染治理等标志性战役。区内10条主要河流13个监测断面均达到或优于Ⅲ类，全州纳入国家（省）考核的地表水水质优良水体断面比例为100%，11个纳入考核的饮用水水源地水质优良水体断面比例为100%。

土壤污染防治取得成效。2021年完成文山历史遗留砷渣综合治理工程（一期）主体工程，填埋砷渣701454.78 t，解决了多年来压在文山市肩上的一大环境安全隐患。完成德厚河流域重金属污染治理工程项目10个项目治理并通过验收。对全州72座尾矿库开展核查检查，督促企业完成41座尾矿库环境风险自查自改。持续推进涉镉等污染源排查整治工作，完成342个重点行业企业用地地块土壤污染状况调查，完成工业固体废物堆场排查和问题堆场整治。

生态保护成绩卓著。持续推进“森林文山”建设。文山壮族苗族自治州不断强化生态环境保护，持续推进“绿质行动”，森林覆盖率和蓄积量稳中有升，全州现有湿地面积43.05亩，自然湿地保护率为44.21%。文山壮族苗族自治州石漠化综合治理项目建设共完成89.01×10^4亩，新增营造林83.92×10^4亩，自然保护地建设不断加强，划定生态保护红线面积8421.85 km^2，占全州面积26.81%，典型生态系统和重要物种得到有效保护。

文山壮族苗族自治州在《“十四五”生态环境保护规划》中提出升级能源、建材、化工、电解铝领域工艺技术，控制工业过程温室气体排放，开展水泥生产原料替代技术，鼓励利用工业固体废物、转炉渣等非碳酸盐原料生产水泥。推动电力、电解铝、建材、有色、煤化工等重点行业制定达峰目标，鼓励大型企业，特别是大型电解铝企业制定二氧化碳达峰行动方案，推动重点行业企业开展碳排放强度对标活动。

5.4.6 广东省韶关市矿业绿色发展情况

5.4.6.1 经济概况

韶关市位于广东省北部，总面积 $1.84\times10^4\ km^2$，占广东省总面积的 10.2%，下辖 3 个区、5 个县，2 个县级市，常住人口 286 万。2021 年 GDP 达 1553.9 亿元，居广东省第 15 位，占广东省 GDP 的 1.2%，GDP 增速 8.6%，排名第 5 位，人均 GDP 5.4 万元，排名第 12 位。韶关市经济发展位于广东省中游，年均 GDP 增速 6.8%，居广东省第 7 位。

从产业看，第一产业增加值 215.3 亿元，增长 13.1%；第二产业增加值 572.9 亿元，增长 8.9%；第三产业增加值 765.7 亿元，增长 7.2%（图 5.9）。2021 年三次产业结构为 13.8：36.9：49.3。2021 年工业增加值 469.4 亿元，占 GDP 比重 30%。

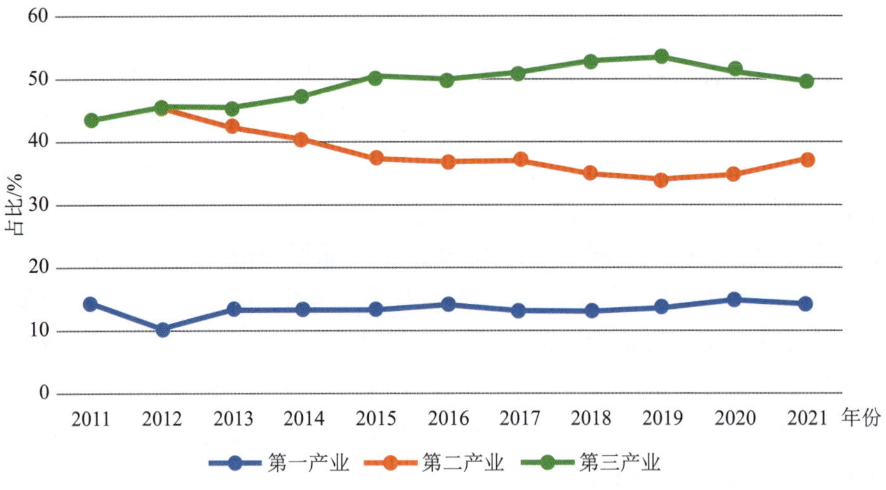

图 5.9 2011—2021 年韶关市 GDP 三次产业结构
（数据来源：2012—2022 年韶关市国民经济和社会发展统计公报）

5.4.6.2 主要资源及开发利用情况

韶关市矿产资源种类多，煤炭、黑色金属、有色金属、贵金属和稀土资源都有分布，矿产资源分布范围广，大矿、富矿相对比较集中，金属矿产规模大（表 5.11）。

表 5.11　2021 年韶关市主要矿产资源量

序号	矿产名称	单位	资源量
1	煤炭	10^8 t	1.27
		无烟煤，10^8 t	1.09
		烟煤，10^8 t	0.18
		其中炼焦用煤，10^8 t	0.08
2	铁矿	矿石，10^8 t	0.2
3	锰矿	矿石，10^4 t	43.27
4	铜矿	铜，10^4 t	37.07
5	铅矿	铅，10^4 t	116.64
6	锌矿	锌，10^4 t	193.83
7	钨矿	WO_3，10^4 t	16.67
8	锡矿	锡，10^4 t	2.49
9	铋矿	铋，10^4 t	1.21
10	钼矿	钼，10^4 t	7.2
11	汞矿	汞，t	714.85
12	锑矿	锑，10^4 t	2.21
13	金矿	金，t	0
14	银矿	银，t	2341.14

韶关市大中型以上的矿产地较多，非金属矿产则以中、小型为主。金属矿产中，钨矿矿区数最多，为 19 个，铅、锌矿分别为 14 和 13 个。2021 年，主要矿产产量铜 1.4×10^4 t、铅 4.7×10^4 t、锌 10.2×10^4 t、稀土 712 t、钨 629 t、钼 69 t（表 5.12）。

表 5.12　2021 年韶关市矿产品产量

序号	产品名称	单位	矿区数	产量
1	焦炭	10^4 t	/	255.8
2	生铁	10^4 t	/	660.5
3	粗钢	10^4 t	/	864.7
4	钢材	10^4 t	/	929.6
5	铜	铜，t	7	14068.7
6	铅	铅，t	14	47389.2
7	锌	锌，t	13	102499.4
8	稀土	t	/	712.4

续表

序号	产品名称	单位	矿区数	产量
9	钨	折三氧化钨 65%，t	19	629.1
10	钼	折纯钼 45%，t	9	69
11	白银（银锭）	kg	/	45398
12	铝材	t	/	83825.2

数据来源：韶关市 2022 年统计公报。

5.4.6.3 产业发展

2021 年，韶关市规模以上制造业增加值占全部规模以上工业增加值比重的 77.17%；2022 年，制造业投资占工业投资比重达 70%，制造业“中流砥柱”地位更加牢固。韶关市强化重点产业招商，2021 年，工业和信息化领域签约合同投资总额达 1500 亿元，4 个超百亿项目签约落地；2022 年，新签约工业项目 158 个，其中超亿元项目 71 个。自韶关数据中心集群启动建设以来，韶关市已分 3 批与 14 家企业完成了投资协议签订，合计建设规模为 40.7 万个标准机柜，总投资达 479 亿元。

打造“3+3”战略性产业集群。韶关市重点打造先进材料、先进装备制造、现代轻工产业三大战略性支柱产业集群，培育发展电子信息制造、生物医药、大数据及软件信息服务三大战略性新兴产业，加快构建现代产业体系，形成“3+3”战略性产业集群。三大战略性支柱产业为先进材料、先进装备制造和现代轻工。三大战略性新兴产业为电子信息制造、生物医药和大数据及软件信息服务。

打造“一综七专”的园区多点支撑。结合各产业园区各自功能定位和产业特色，发挥优势，强化载体建设，构建“一综七专”的园区结构，积极承接产业转移及发展特色优势产业。将韶关市高新技术产业开发区打造成为综合性示范园区，打造成为韶关市产业发展核心园区平台。培育乐昌、南雄、仁化、始兴、翁源、新丰、乳源 7 个专业性重点园区，发展成为韶关 7 个县（市）产业转型升级的重要园区平台。引导各产业园区错位分工、优势互补，引领带动韶关市产业优化布局，推进乳源、南雄省级高新区扩园建设，将高新区建设成对接“双区”的创新资源集聚平台。

5.4.6.4 生态建设

2021 年，韶关市空气质量各项污染物平均浓度均优于国家二级标准，空气优良率 98.4%。28 个监测断面水质优良率为 100%，其中，Ⅰ类比例为 3.57%、Ⅱ类比例为 78.6%、Ⅲ类比例为 17.9%。韶关市积极推进粤北生态特别保护区前期工作，开展南岭国家公园创建工作，初步划定韶关市生态保护红线。加快推进生态保护修复，广东粤北南岭山水林田湖草生态保护修复试点项目入围全国第三批山水林田湖草生态保护修复试点项目。积极开展绿色矿山建设，优化矿山布局，严控矿山数量，完成矿山石场治理复绿项目39个，面积266 hm^2，35家矿山被评为省级绿色矿山，其中，9家矿山被录入全国绿色矿山名录。韶关市入选全国绿色矿业发展示范区，是广东省唯一入选地区。完成造林与生态修复93万亩，完成石漠化地区综合治理14.07万亩。

韶关市着力实施“森林生态、森林服务、森林产业、森林生态文化、森林支撑”五大体系建设，取得了显著成效，36项指标和24项工程建设全部达到国家森林城市标准，2022年被授予“国家森林城市”称号。

韶关市在生态环境保护“十四五”规划中提出防治结合、标本兼治、综合施策原则，坚决落实精准治污、科学治污、依法治污。坚持方向不变、力度不减，巩固污染防治攻坚战成果，强化多污染物的系统控制和区域协同治理。着力构建现代环境治理体系，全面提升环境治理能力，扎实开展生态保护和修复。

5.4.7 值得借鉴的经验及存在问题

一是三明市加快引领传统产业升级，筑实实体经济底盘。三钢集团是三明工业经济发展的“顶梁柱”。针对过去三钢集团污染大、能耗高等问题，三明市加强政策引导，先后实行三轮技术改造提升计划，技改投资年均增长26.7%，三钢集团累计投入环保资金13亿元。通过技术创新、提升工艺水平、调整产业结构，三钢实现增产增效不增污，完成产业升级，跻身全球前50大钢铁企业名单第34位，实现营收近600亿元，成为三明市工业发展的领头羊。

二是文山壮族苗族自治州加强资源优势转化，促进产业链延伸。文山壮族苗族自治州矿产资源开发利用大多集中于原矿采掘、选冶阶段，受投入资金、技术等限制，对低品位矿、伴生有益元素、废渣废石的综合利用水平不高，产业链基本停留在低端金属冶炼产品上，未延伸到型材等深加工领域。但是，在优势、特色资源方面，将其形成了品牌、规模、效益。文山壮族苗族自治州将其丰富的水资源转化为水电这一绿色能源，立足铝资源和绿色电力两大优势，着力打造“中国绿色铝谷”核心区。通过优化战略布局、实施惠企政策和全方位便捷服务，成功引进魏桥、神火、中铝等一批世界500强企业落地文山壮族苗族自治州。目前，文山壮族苗族自治州绿色铝产能 343×10^4 t，再生铝产能 100×10^4 t，累计实现绿色铝工业产值723亿元。正在向构建“铝原料-电解铝-铝加工-精深加工-铝应用-再生铝”的全产业循环链稳步推进。同时，文山壮族苗族自治州市重要成矿区带多被不同矿业权分割，资源优势未向生产优势集中，矿山基数大，资源规模开发与集约化程度不高；小型及小型以下矿山数量占比大，大中型矿山数量占比仅达11.4%，低于全省12%的平均水平，规模化、机械化、标准化、信息化矿业发展水平有待进一步提高。

三是赣州市打造产业集群，促进产业增效增益。赣州市依托黑钨、离子型稀土等资源优势，大力推进有色金属全产业链发展，形成了从矿山采选、冶炼加工、产品应用到检测检验、研发设计的完整产业链，培育了南方稀土、金力永磁、开源科技、江钨新材等龙头企业。积极打造强化稀土稀有金属新材料产业集群，正在加快建设永磁变速器、永磁电机和硬质合金、电子级高纯金属材料生产基地。产业集群优势正不断凸显，稀土钨新型功能材料产业集群获批全国首批战略性新兴产业集群，产业集群产值突破1000亿元。今后，赣州市重点应提高铜、钨、金、银等低品位、共伴生矿产资源的综合利用水平，加强钽、铌、锂、镉、铟等稀有、稀散元素综合提取技术研究，提高矿产资源开发利用水平。

四是龙岩市治理与建设并举，实现变废为宝。龙岩市对紫金山矿山综合整治及开发利用采用“政府主导、市场运作、统一规划、分步实施”的方式，政府发挥主导作用，通过城市规划和实施相关交通等拉动土地升值，公开出让地块，招商引资进行生态修复和项目开发。本着“宜建则建、宜绿则绿”原则，进行地灾治理，分别形成可利用的建设用地、绿化用地。现今，紫金山多处地块完成商业用地、旅游用地等拍卖并完成建设，形成教育、医养、文旅、商业四大配套，紫金山将逐步成为龙岩市规模最大、设施最完备的综合性主题公园和人居版块。

截至2020年底，龙岩市尚有近三分之二的区域未完成1∶5万矿产地质调查，资源潜力还未摸清。部分国有矿山面临资源枯竭，资源接替基地不足。以上问题直接导致烟煤、铜、稀土等大宗矿产对外依存度依然较高，重要矿产资源供需矛盾突出，这在一定程度上影响了矿业经济的可持续发展。

五是湖州市多管齐下，保证绿色矿业建设。湖州是两山理念的发源地，是国内矿业和生态治理模式的最高水平。湖州市47家持证矿山全部建成绿色矿山，建成率100%。在20年的绿色矿业发展探索实践中，湖州始终坚持绿色发展引领，提出“从严从紧，依法规范”“生态优先，总量控制，自用为主”的管理基调和目标。以“减点、控量、生态、聚集”调整矿山布局，从根本上整治矿山“多、小、散、乱、污”的问题。深入实施矿产资源集中开采区、矿地综合开发利用和矿地利用采矿权试点工作，探索矿地综合开发利用新模式，缓解建设用地瓶颈。建立多渠道废弃矿山治理资金投入机制，通过原矿山业主复绿备用金、提取采矿权出让收益成分、吸收社会资金、治理尾矿收益等途径，保障废弃矿山生态修复。严格规范生态修复项目招标，健全管理制度，把好实施全过程各关口，确保生态环境恢复、安全隐患消除、矿地综合利用。湖州因地制宜走出一条湖州特色的“环保建矿、科技强矿、生态美矿”绿色矿业发展之路，为全国绿色矿业发展提供了“湖州经验”。

5.5 绿色矿业城市评价

5.5.1 RECG评价体系

RECG互馈机制是一个包含了资源开发（Resource）、经济发展（Economy）、技术进步（Competition）、生态环保（Green）的复杂机制，各子系统之间存在相互联系，相互影响和相互制约的关系（图 5.10）。

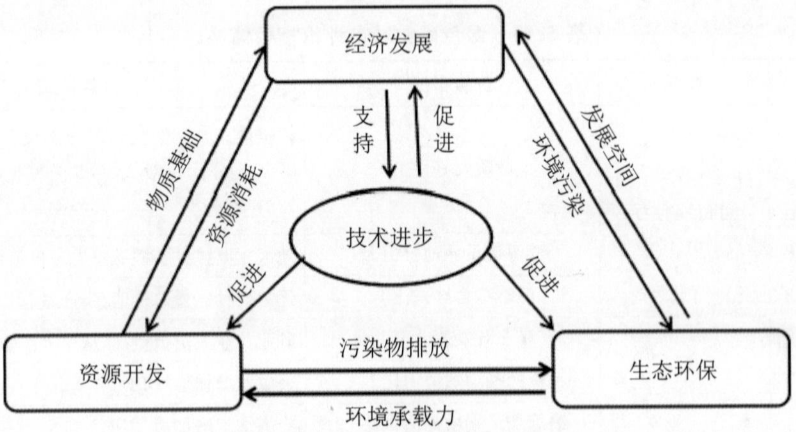

图 5.10 RECG 互馈机制作用原理

矿产资源、经济发展和绿色生态三者之间体现为支撑和制约关系，产业技术进步、产业竞争力强是重要的动力要素。首先，对于矿产资源与经济发展，矿产资源的开发利用以经济发展为基础，经济发展水平和结构是矿产资源消费的重要影响因素；反之，经济发展以矿产资源开发利用为保障，矿产资源开发利用对经济具有支撑性作用。其次，对于资源开发与生态环保，资源不合理开发利用导致环境污染，尤其过去粗放式、外延式发展模式，使得综合利用效率低，给环境带来更大压力；同时，矿产资源的生产和消费受生态环境承载力的约束，超过其承载力时，则难以继续开发与利用资源。对于生态环保与经济发展，经济发展是把双刃剑，通常经济发展水平提高，可以增加环境保护支出，对生态环保具有促进作用，促进资源-经济-生态协调发展；而经济过度发展往往伴随资源过度开采，造成生态环境持续恶化。技术创新是促进资源-经济-生态系统协调发展的关键要素，技术创新使产业竞争力提升，带动产业由传统高能耗低效益向高效益低能耗转型，实现增益不增耗，既促进了经济发展也使生态得到保护。可见，资源-经济-生态之间具有复杂的相互关系。

5.5.2 绿色矿业城市评价指标体系构建

5.5.2.1 指标选取原则

国内一些研究者（窦攀烽等，2019；黄云凤等，2020；刘晓伟等，2020）从绿色生产、绿色生活、环境质量等多个维度二十多项指标构建绿色城市的指标体系并进行评价，这些指标体系还有一定的局限性，不能多角度衡量城市绿色发展水平。本次从绿色矿业城市概念及内涵出发，以典型绿色矿业城市案例研究为基础，提取影响绿色矿业城市发展的主要因素，考虑指标的代表性、有效性、可获得性，构建了涵盖4个维度、23个二级指标的评价指标体系（表5.13）。

表5.13　绿色矿业城市评价指标体系

一级指标	二级指标	三级指标	计算公式
绿色矿业城市	矿产资源可持续能力（R）	政策友好性 I_1	根据政策支持性强弱划分4级，满分10分。差0~2.5分，一般2.5~5分，良5~7.5分，优7.5~10分
		资源储量原地价值 I_2	地区主要矿种资源储量原地价值量之和
		静态综合储采比 I_3	优势矿种储量总价值/年产量总价值
	资源型产业经济贡献度（E）	矿业开发就业率 I_4	矿业从业人员数量/总从业人员数量
		资源端增加值占比 I_5	采矿业增加值/GDP
		冶炼加工端增加值占比 I_6	冶炼加工增加值/GDP
		装备制造产业增加值占比 I_7	装备制造业增加值/GDP
		资源型产业人均收入/当地人均收入 I_8	矿业人均收入/当地人均收入
	产业竞争力（C）	GDP增速 I_9	实际值
		交通运输能力 I_{10}	公路通车里程/地区总面积
		产业聚集 I_{11}	根据产业聚集强弱划分4级，满分10分。差0~2.5分，一般2.5~5分，良5~7.5分，优7.5~10分
		产业链覆盖率 I_{12}	根据产业链覆盖情况划分4级，满分10分。差0~2.5分，一般2.5~5分，良5~7.5分，优7.5~10分
		高技术制造业增加值增长率 I_{13}	报告期实际值
		国家高新技术企业数量 I_{14}	报告期实际值
		每万人专利拥有量 I_{15}	专利授权数量/总人口×10000
		R&D经费支出/GDPI_{16}	R&D经费支出/GDP
	城市绿色发展水平（G）	全年空气质量优良率 I_{17}	空气质量优良天数/全年总天数
		Ⅰ-Ⅲ类水体比例 I_{18}	报告期实际值
		生态修复率 I_{19}	生态修复面积/总破坏面积
		单位GDP废水排放量 I_{20}	废水排放量/GDP
		单位GDP废气排放量 I_{21}	废气排放量/GDP
		单位GDP能耗 I_{22}	总能耗/GDP
		清洁能源发电比例 I_{23}	清洁能源发电量/总发电量

5.5.2.2 评价指标

从绿色矿业城市的概念和内涵出发，提出了评价绿色矿业城市发展水平评价的4个维度，分别为矿产资源可持续能力（Resource）、资源型产业经济贡献度（Economy）、产业竞争力（Competition）、城市绿色发展水平（Green）。其中，矿产资源可持续能力是指城市矿业的可持续发展水平；资源型产业经济贡献度是指城市的资源产业带来的经济效益情况；产业竞争力从产业链是否健全、配套体系、研发投入、科技水平等角度评价城市产业竞争能力；城市绿色发展水平是指在城市发展过程中，生态环境保护、绿色生产生活等方面情况，具体指标投入如下：

矿产资源可持续能力（R）：政策友好性（I_1）反映了城市对矿业开发的支持力度。资源储量原地价值（I_2）是主要矿产资源储量原地价值量的总和，反映矿产资源储量丰富度。静态综合储采比（I_3）是地区主要矿种储量价值与产量价值比值，综合反映矿产资源保障年限。

资源型产业经济贡献度（E）：矿业开发就业率（I_4）是矿业就业人员占总从业人员比例，体现矿业对地区就业的促进作用。资源端增加值占比（I_5）采矿业增加值占工业增加值比例。冶炼加工端增加值占比（I_6）是矿产冶炼加工增加值占工业增加值比例。装备制造产业增加值占比（I_7）是装备制造业增加值占工业增加比例，反映地区上游资源撬动下游产业发展能力。资源型产业人均收入/当地人均收入（I_8）是从事矿业人员人均收入与地区人均收入比值。

产业链竞争力（C）：GDP增速（I_9）反映地区经济发展快慢。交通运输能力（I_{10}）是制约地区产业发展的一个重要因素。产业聚集度（I_{11}）是指同一产业在一定区域内，如某一地市或产业园区等的聚集程度。产业链覆盖率（I_{12}）是指相互关联的上下游产业是否健全。高技术制造业增加值增长率（I_{13}）反映地区高技术产业发展快慢。国家高新技术企业数量（I_{14}）是通过衡量高新技术企业数量间接反映地区产业竞争力的指标。每万人专利拥有量（I_{15}）、R&D经费支出/GDP（I_{16}）是通过技术、科技研发能力是指产品、技术的创新能力。

城市绿色发展水平（G）：空气质量优良率（I_{17}）反映地区空气环境质量。Ⅰ—Ⅲ类水体比例（I_{18}）是国（省）控断面地表水质量达到Ⅰ—Ⅲ的比例，是衡量水体质量的指标。生态修复率（I_{19}）是地区矿山地质环境治理面积占矿山开发过程中破坏总面积的比值，反映绿色生态建设水平的一项指标。单位GDP废水排放量（I_{20}）是工业废水排放量与GDP的比值，单位GDP废气排放量（I_{21}）是工业废气排放量与GDP的比值，单位GDP能耗（I_{22}）是综合能耗与GDP的比值，这三项指标是反映地区经济发展对环境与能源消耗的影响。清洁能源发电比例（I_{23}）是地区风电、水电、光伏发电、核电等清洁能源发电量占总发电量的比例。

5.5.3 绿色矿业城市评价方法

5.5.3.1 层次分析法（AHP）

层次分析法综合了定量与定性的分析方法，它不仅逻辑清晰、简单易行，而且还能够充分结合专家的意见并对其进行定量化。利用层次分析法进行评价的核心思想就是对相关指标进行互相比较，判断指标重要性，得出最终结果。其运行步骤一般包括：建立层次分析的模型系统、通过模型系统构造出判断矩阵、计算各指标的权重并进行一致性检验（Bui et al.，2022；Soomro et al.，2022），具体如下：

第一步：根据需要解决的问题，建立起层次分析模型。

首先对相关因素自上而下的进行分层，建立起层次分析模型的整体框架。一般将其分为目标层、中间层、方案层，其中，目标层中一般只有一个指标，中间层为包含了多个层次指标，方案层包括了实现目标的所有路径。

第二步：构造判断矩阵。

设置 $Q=\{q_1, q_2, q_3, \cdots, q_m\}$ 为评价模型指标体系的要素集，S 为评价目标（表5.14）。通过对所需指标两两比较的方式确定指标的重要性，采用比例标度的方法对其进行打分，并以此来构造判断矩阵，尽可能减少不同性质的指标之间量化困难，提高准确度。

表 5.14 层次分析法标度表

标度数值	含义
1	表示 q_i 对 q_j 比较，具有同等重要的影响性
3	表示 q_i 对 q_j 比较，具有略微重要的影响性
5	表示 q_i 对 q_j 比较，具有明显重要的影响性
7	表示 q_i 对 q_j 比较，具有强烈重要的影响性
9	表示 q_i 对 q_j 比较，具有极端重要的影响性
2，4，6，8	表示相邻 1、3、5、7、9 之间的重要影响性

第三步：计算指标权重。

在第二步构造判断矩阵之后，可以采用方根法计算指标重要性排序。

①根据指标体系中的指标之间两两比较得到的判断矩阵，计算其行指标的乘积 H_i

$$H_i=\prod_{j=1}^{m} q_{ij},\ (i, j=1, 2, 3, \cdots, m)$$

②计算 H_i 的 m 次方根

$$\overline{H}_i=\sqrt[m]{H_i}$$

③对 $\overline{H}_i=(\overline{H}_1, \overline{H}_2, \cdots, \overline{H}_i)$ 进行归一化处理

$$H_i=\frac{\overline{H}_i}{\sum_{i=1}^{m}\overline{H}_i},\ (i=1, 2, \cdots, m)$$

④判断矩阵的一致性检验

尽管层次分析法能够减少其他因素的影响，但其原理只是对比了两个指标之间的重要程度，在综合对比全部指标体系时容易出现不一致现象，从而不能准确反映权重的大小。因此，需要对判断矩阵的一致性进行检验，只有通过一致性检验，判断矩阵才能是可用的。

$$CI=\frac{\lambda_{\max}-n}{n-1}$$

首先，计算评价指标体系所构造的判断矩阵最大特征根 $\lambda_{\max}$。通过最大特征根计算 CI。

最终计算 CR，即一致性比例，当 $CR<0.1$ 时，则认为判断矩阵通过一致性检验，其中 CI 可通过查表来获取（表 5.15）。

表 5.15 CI 测度表

n	1	2	3	4	5	6	7	8	9	10	11
RI	0	0	0.58	0.9	1.12	1.24	1.32	1.41	1.45	1.49	1.52

$$CR=\frac{CI}{RI}$$

5.5.3.2 熵值法（EM）

熵值法是一种客观赋权法，依据各项指标值的变异程度来确定指标权数，避免了人为因素带来的偏差。但由于忽略了指标本身重要程度，有时确定的指标权数会与预期的结果相差较大，同时熵值法不能减少评价指标的维数。其主要计算步骤如下：

第一步，构造数据矩阵：

$$A=\begin{pmatrix} X_{11} & \cdots & X_{1m} \\ \vdots & \vdots & \vdots \\ X_{n1} & \cdots & X_{nm} \end{pmatrix}_{n\times m}$$ 其中，X_{ij} 为第 i 个方案第 j 个指标的数值。

第二步，数据的非负数化处理：由于熵值法计算采用的是各个方案某一指标占同一指标值总和的比值，因此不存在量纲的影响，不需要进行标准化处理。若数据中有负数，就需要对数据进行非负化处理。此外，为了避免求熵值时对数的无意义，需要进行

数据平移：

对于正向指标：

$$X_{ij}' = \frac{X_{ij} - \min(X_{1j}, X_{2j}, \cdots, X_{nj})}{\max(X_{1j}, X_{2j}, \cdots, X_{nj}) - \min(X_{1j}, X_{2j}, \cdots, X_{nj})} + 1,$$
$$i = 1, 2, \cdots, n;\ j = 1, 2, \cdots, m$$

对于负向指标：

$$X_{ij}' = \frac{\max(X_{1j}, X_{2j}, \cdots, X_{nj}) - X_{ij}}{\max(X_{1j}, X_{2j}, \cdots, X_{nj}) - \min(X_{1j}, X_{2j}, \cdots, X_{nj})} + 1,$$
$$i = 1, 2, \cdots, n;\ j = 1, 2, \cdots, m$$

为了方便起见，仍记非负化处理后的数据为 X_{ij}。

第三步，计算第 j 项指标下第 i 个方案占该指标的比重，计算第 j 项指标的熵值：

$$P_{ij} = \frac{X_{ij}}{\sum_{i=1}^{n} X_{ij}} \qquad (j = 1, 2, \cdots m)$$

$\left(e_j = -k \times \sum_{i=1}^{n} P_{ij}\ln(P_{ij})\right)$，其中 $k>0$，ln 为自然对数，$e_j \geqslant 0$。式中常数 k 与样本数 m 有关，一般令 $k = \frac{1}{\ln m}$，则 $0 \leqslant e \leqslant 1$。

第四步，计算第 j 项指标的差异系数：

对于第 j 项指标，指标值 X_{ij} 的差异越大，对方案评价的作用越大，熵值就越小 $g_j = 1 - e_j$，则：g_j 越大指标越重要。

第五步，求权值，计算各方案的综合得分：

$$W_j = \frac{g_j}{\sum_{j=1}^{m} g_j}, \qquad (j = 1, 2, \cdots, m)$$

$$S_i = \sum_{j=1}^{m} W_j \times P_{ij} \quad (i = 1, 2, \cdots, n)$$

5.5.3.3 优劣解距离法（TOPSIS）

TOPSIS 法是一种常见的综合评价方法，利用这种方法可以充分利用原始数据的信息，计算结果能够有效反映各方案之间的差距。同时对指标多少、数据分布、样本含量等均无严格限制，具有真实、直观、可靠的优点。但传统的优劣解距离法在确定指标权重时具有片面性，仅考虑主观或客观性，鉴于此，本书采用熵权法确定各权重，综合考虑指标主观和客观因素，尽可能规避单一赋权所带来的误差。由于各个指标量纲不同，首先对各指标进行标准化处理，将矩阵设为 Z'_{ij}。确定权重分为三步。

首先，运用层次分析法得到指标主观权重，记为：W_1；

其次，运用熵权法计算得到指标客观权重，记为：W_2；

最后，借鉴前人研究方法，利用拉格朗日乘数法得到组合权重，公式如下：

$$W = \frac{\sqrt{W_1 W_2}}{\sum \sqrt{W_1 W_2}}$$

①根据矩阵得到正理想解和负理想解：

正理想解：

$$A^{+} = \{\max A_{ij} \mid i = 1, 2, \cdots, m\} = \{A_1^{+}, A_2^{+}, \cdots, A_n^{+}\}$$

负理想解：

$$A^{-} = \{\min A_{ij} \mid i = 1, 2, \cdots, m\} = \{A_1^{-}, A_2^{-}, \cdots, A_n^{-}\}$$

②计算各评价对象指标值与正、负理想解之间的欧式距离 D_i^{+}、D_i^{-}：

$$D_i^{+} = \sqrt{\sum_{j=1}^{n} (V_{ij} - V_j^{+})^2} \quad (i = 1, 2, \cdots, m)$$

$$D_i^{-} = \sqrt{\sum_{j=1}^{n} (V_{ij} - V_j^{-})^2} \quad (i = 1, 2, \cdots, m)$$

③计算各评价对象与正理想解之间的接近程度 T_i：

$$T_i = \frac{D_i^{-}}{D_i^{+} + D_i^{-}}$$

④按照得分的大小对各评价对象进行排序，其中 T_i 取值［0，1］，值越大，则代表发展水平越高；值越小，则代表发展水平越低。

5.6　评价结果

5.6.1　数据收集

数据来源于各研究城市的“十四五”规划纲要、统计年鉴、统计公报、中国矿产资源报告，中华人民共和国生态环境部、各主要公司年报、网站等。根据建立的绿色矿业城市评价体系中各指标项统计数据（表 5.16），对其进行数据归纳和处理。

表 5.16　绿色矿业城市发展部分基础数据

数据指标项	单位	赣州市	龙岩市	三明市	郴州市
城镇非私营单位就业人数	万人	56.2	31.6	26.8	38.4
资源端增加值	亿元	175.1	50.8	145.1	86.9
冶炼加工端增加值	亿元	987.1	100	88	129
装备制造产业增加值	亿元	945.8	120	118.9	190.9

续表

数据指标项	单位	赣州市	龙岩市	三明市	郴州市
当地人均收入	元	73723	82970	85622	74129
GDP 增速	%	4. 20%	5. 30%	4. 10%	3. 60%
高技术制造业增加值增长率	%	12%	12. 10%	12. 60%	15. 20%
国家高新技术企业	个	1067	378	192	369
R&D 经费支出	亿元	29. 6	51. 2	33. 5	30. 4
全年空气质量优天数	天	183	165	108	161
森林覆盖率	%	76. 23%	79. 39%	78. 73%	68. 10%
垃圾处理率	%	100%	100%	99. 63%	100%
污水处理率	%	96. 00%	95. 00%	95. 30%	95. 50%
能源消费量	标准煤，10^4 t	62	747	867	471
清洁能源发电比例	%	46. 90%	33. 90%	55. 00%	43. 70%
公路通车里程	km	45197	14702	15395	18035
全市面积	km^2	39400	19028	22965	19387
采矿业从业人员数量	人	5192	6307	5977	18321
制造业从业人员数量	人	143191	37599	37419	48276
专利授权数量	件	17600	7065	3616	3019
采矿业人均工资	元	66360	57525	58652	65572
从业人员平均工资	元	73723	82970	85622	74129
可吸入颗粒平均浓度	mg/m^3	26	18	22	28
工业废水排放量	10^4 t	7233	3311	4733	2639
综合能耗	标准煤，10^4 t	447	747	867	471
GDP 总量	亿元	3645. 2	2870. 9	2702. 2	2503. 1

5. 6. 2　定量化处理

由于不同评价指标具有不同的量纲和单位，会影响到数据分析的结果。为消除指标之间的量纲影响，使数据指标之间具有可比性。本书采用归一化处理方式，对部分指标项数据进行标准化处理，具体公式如下：

$$f(x)=\frac{x-\min(x)}{\max(x)-\min(x)}$$

数据处理结果如表 5. 17 所示。

表 5.17 数据定量化处理结果

数据指标项	赣州市	龙岩市	三明市	郴州市
政策友好性	0.2745	0.2941	0.2353	0.1961
资源储量原地价值	0.3680	0.1323	0.1391	0.3606
静态综合储采比	0.1765	0.1419	0.5428	0.1388
矿业开发就业率	26.4%	13.9%	16.2%	17.3%
资源端增加值占比	5.4%	4.4%	9.4%	6.4%
冶炼加工端增加值占比	30.2%	44.9%	23.5%	40.8%
装备制造产业增加值占比	9.9%	9.2%	8.3%	6.9%
资源型产业人均收入/当地人均收入	88.4%	69.3%	68.5%	88.5%
交通运输能力	0.2414	0.3103	0.2414	0.2069
产业聚集	0.3462	0.1923	0.2692	0.1923
产业链覆盖率	0.3462	0.1923	0.3077	0.1538
GDP 增速	4.20%	5.30%	4.10%	3.60%
R&D 经费支出/GDP	0.8%	2.1%	1.2%	1.2%
国家高新技术企业	1012	378	194	2819
每万人口专利拥有量	3.13	5	2.9	2.5
高技术制造业增加值增长率	12.0%	12.1%	12.6%	15.2%
全年空气质量优良率	96.7%	99.7%	99.5%	97.8%
全年Ⅰ-Ⅲ类水质比例	98.6%	97.3%	100.0%	95.1%
生态修复率	86.18%	72.20%	92.70%	44.60%
单位 GDP 废水排放量	1.984	1.153	1.751	1.054
单位 GDP 废气排放量	0.498	0.651	1.012	0.372
单位 GDP 能耗	0.1226	0.2602	0.3209	0.1881
清洁能源发电比例	46.9%	33.9%	60.0%	43.7%

5.6.3 评价结果

第一步：根据层次分析法和熵值法，分别得到评价指标的主观权重和客观权重，通过拉格朗日乘数法获取各个指标的组合权重，如表 5.18、表 5.19、表 5.20 所示。

第二步：计算加权规范化决策矩阵及正负理想解，如表 5.21 所示。

第三步：计算各评价对象与正负理想解的欧氏距离（表 5.22），计算各个评价对象与正理想解的贴近度（表 5.23），得到绿色矿业城市建设的评价结果（图 5.11，图 5.12）。

表 5.18 AHP 层次分析法结果与一致性检验

指标项	特征向量	权重值/%	最大特征根	*CI* 值	*RI* 值	*CR* 值	一致性检验结果
I_1	0.338	8.912	3.002	0.001	0.525	0.002	通过
I_2	1.609	42.483					
I_3	1.841	48.605					
I_4	0.461	8.067	5.039	0.01	1.11	0.009	通过
I_5	0.803	14.045					
I_6	1.38	24.141					
I_7	2.169	37.949					
I_8	0.903	15.797					
I_9	0.282	2.689	8.202	0.029	1.404	0.021	通过
I_{10}	0.493	4.702					
I_{11}	1.729	16.504					
I_{12}	3.452	32.943					
I_{13}	1.819	17.362					
I_{14}	0.599	5.721					
I_{15}	1.052	10.04					
I_{16}	1.052	10.04					
I_{17}	0.329	3.735	7.15	0.025	1.341	0.019	通过
I_{18}	0.349	3.957					
I_{19}	1.749	19.854					
I_{20}	1.069	12.142					
I_{21}	1.069	12.142					
I_{22}	1.749	19.854					
I_{23}	2.494	28.315					

表 5.19 EM 熵值法计算结果

指标项	信息熵值 *e*	信息效用值 *d*	权重/%
I_1	0.748	0.252	17.215
I_2	0.547	0.453	30.865
I_3	0.239	0.761	51.92
I_4	0.606	0.394	15.489
I_5	0.764	0.236	9.276
I_6	0.215	0.785	30.829
I_7	0.308	0.692	27.183

续表

指标项	信息熵值 e	信息效用值 d	权重/%
I_8	0.561	0.439	17.223
I_9	0.695	0.305	10.318
I_{10}	0.68	0.32	10.837
I_{11}	0.743	0.257	8.713
I_{12}	0.748	0.252	8.553
I_{13}	0.412	0.588	19.928
I_{14}	0.583	0.417	14.129
I_{15}	0.488	0.512	17.333
I_{16}	0.699	0.301	10.189
I_{17}	0.784	0.216	12.194
I_{18}	0.775	0.225	12.701
I_{19}	0.741	0.259	14.614
I_{20}	0.701	0.299	16.881
I_{21}	0.763	0.237	13.372
I_{22}	0.708	0.292	16.513
I_{23}	0.757	0.243	13.723

表 5.20 各评价指标项主观权重 W_1、客观权重 W_2、组合权重 W

	I_1	I_2	I_3	I_4	I_5	I_6	I_7	I_8	I_9
W_1	0.08912	0.42483	0.48605	0.08067	0.14046	0.24141	0.37949	0.15797	0.02689
W_2	0.17215	0.30865	0.5192	0.15489	0.09276	0.30829	0.27183	0.17223	0.10318
W	0.12533	0.36639	0.50829	0.11350	0.11590	0.27700	0.32612	0.16748	0.05720

	I_{10}	I_{11}	I_{12}	I_{13}	I_{14}	I_{15}	I_{16}	I_{17}	I_{18}
W_1	0.04702	0.16504	0.32943	0.17361	0.05721	0.10040	0.10040	0.03735	0.03957
W_2	0.10837	0.08713	0.08553	0.19928	0.14129	0.17333	0.10189	0.12194	0.14614
W	0.07752	0.13023	0.18230	0.20200	0.09764	0.14326	0.10984	0.07096	0.07995

	I_{19}	I_{20}	I_{21}	I_{22}	I_{23}	R	E	C	G
W_1	0.19855	0.12142	0.12142	0.19854	0.28315	0.27759	0.0953	0.46685	0.16027
W_2	0.12702	0.16882	0.13372	0.16513	0.13723	0.17104	0.26675	0.38499	0.17722
W	0.16697	0.15053	0.13397	0.19037	0.20725	0.22267	0.13280	0.43323	0.21129

表 5.21　各评价指标项的正负理想解

	I_1	I_2	I_3	I_4	I_5	I_6	I_7	I_8	I_9
A+	0.9999	0.9991	0.9999	0.9992	0.9972	0.9996	0.9995	0.9995	0.9941
A-	0.0001	0.0008	0.0000	0.0008	0.0027	0.0003	0.0004	0.0004	0.0058
	I_{10}	I_{11}	I_{12}	I_{13}	I_{14}	I_{15}	I_{16}	I_{17}	I_{18}
A+	0.9997	0.9999	0.9999	0.9968	1.0000	0.9997	0.9923	0.9999	0.9981
A-	0.00021	0.00002	0.00002	0.00311	0.00000	0.0003	0.00761	0.0001	0.00183
	I_{19}	I_{20}	I_{21}	I_{22}	I_{23}	R	E	C	G
A+	0.9997	0.9998	0.9998	0.9999	0.9995	0.99967	0.9995	0.9991	0.9995
A-	0.0002	0.0001	0.0002	0.0001	0.0005	0.0004	0.0005	0.0009	0.0005

表 5.22　绿色矿业城市发展水平二级指标评价结果

	赣州市	龙岩市	三明市	郴州市
D+	0.55413	0.93162	0.72300	0.70303
D-	0.76834	0.35562	0.62287	0.68918
T_R	0.58099	0.42762	0.46280	0.49503
D+	0.01499	0.98978	0.91572	0.75427
D-	0.99355	0.01642	0.34436	0.43109
T_E	0.61568	0.44165	0.40288	0.50159
D+	0.57401	0.68505	0.73758	0.79985
D-	0.79864	0.48754	0.43238	0.48681
T_C	0.49898	0.43507	0.39222	0.39531
D+	0.45936	0.62795	0.74776	0.53333
D-	0.76475	0.53652	0.61882	0.67172
T_G	0.52092	0.54023	0.62975	0.38315

表 5.23　绿色矿业城市发展水平评价区间化结果

	赣州市	龙岩市	三明市	郴州市
D+	0.24272	0.75184	0.72803	0.79015
D-	0.88856	0.39734	0.57255	0.33180
T_j	0.76944	0.38302	0.50194	0.33283
T	0.66166	0.42981	0.50116	0.39970

注：T_j 为综合评价得分指数，T 为综合评价得分指数在［0.2，0.8］区间化结果。

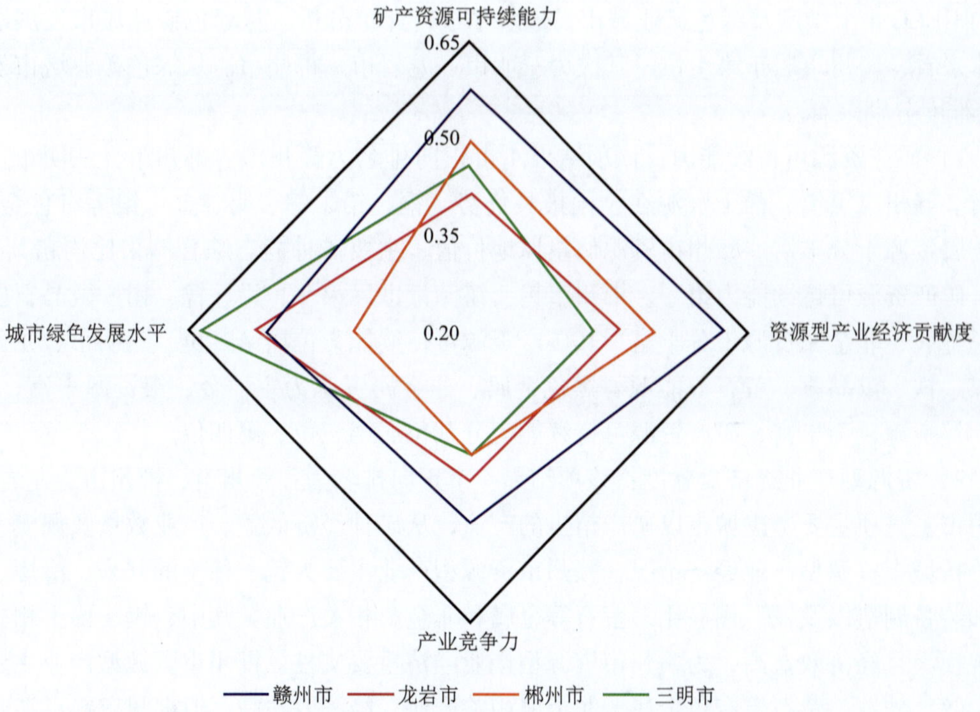

图 5.11 绿色矿业城市评价体系二级指标评价结果

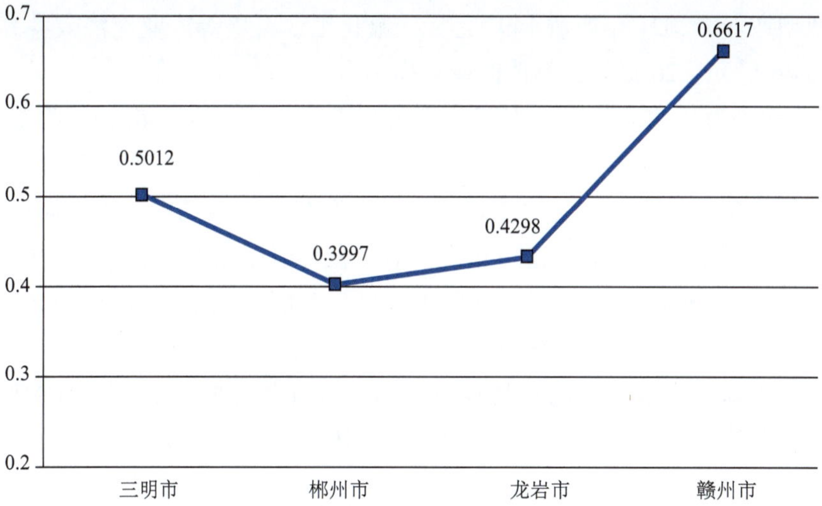

图 5.12 绿色矿业城市发展水平评价结果

用 AHP-EM-TOPSIS 综合评价方法对江西赣州、福建三明、福建龙岩、湖南郴州 4 市的 RECG 4 个维度及绿色矿业城市发展水平进行评价分析。从绿色矿业城市发展水平总体来看，赣州市居于第 1 位，其次为三明市、龙岩市、郴州市。从绿色矿业城市发展 4 个维度分别来看：

1）矿产资源可持续能力：该项结果 4 市正向排名为赣州市、郴州市、三明市、龙岩市。赣州市黑钨、稀土资源在全国极具优势，铜、铅、锌、锡、金、银等有色金属、贵金属资源十分丰富。赣州市资源储量原地价值、主要矿种静态综合储采比均超其余 3 市，矿产资源可持续能力第一。郴州市钨、铋储量世界第一，铅、锌、锡、微晶石墨等有色金属、非金属资源十分丰富，其矿产资源可持续能力位居第二位。三明市、龙岩市以煤、铁、重晶石、萤石等能源、黑色金属、非金属资源为主，金、银资源丰富，铜、铅、锌资源较为丰富，矿产资源可持续能力分别位居第三位、第四位。

2）资源型产业经济贡献度：该项结果 4 市正向排名为：赣州市、郴州市、龙岩市、三明市。该项主要考虑城市以矿产衍生的产业，从矿种经济效益、产业数量及规模大小去分析城市资源型产业经济情况。赣州市资源型产业主要为钨、稀土的开采、冶炼、加工和装备制造以及铜、锡、钼、萤石等金属和非金属相关产业。其中，钨、稀土相关产业规模大且经济效益高，为赣州市资源型产业经济重要支柱。郴州市资源型产业主要以铅、锌、硅石、萤石等有色金属、非金属相关产业，经济效益高。但郴州市钨只涉及开采，并无下游冶炼加工等产业。龙岩市资源型产业主要为铁、铜、金、灰岩、稀土等金属、非金属产业。其中，金铜产业为龙岩市最主要资源型产业，其余产业如铁、稀土相关产业规模不大。三明市资源型产业主要为铁、萤石、石墨等相关产业，其中钢铁为三明最大资源型产业，2021 年产值 1497 亿元。氟化工、石墨等产业经济效益高，2021 年产值分别为 46 亿元、26 亿元，整体产业规模不大。

3）产业竞争力：该项结果 4 市正向排名为：赣州市、龙岩市、三明市、郴州市。赣州市钨、稀土产业具有完整产业链，培育出南方稀土、金力永磁、江钨新材等龙头企业，且产业集群建设已取得一定的成效。龙岩市拥有全链条的铜、贵金属产业链，铜、稀贵金属深加工高附加值产品丰富，建设了稀贵金属精深加工基地，并注重以紫金为代表的全国行业领军型企业引领区域产业集聚发展。三明市在钢铁行业已形成“炼钢-压延-铸锻-精加工-产品服务-下游配套”的钢铁全产业链条，同时着力布局石墨和石墨烯产业等高技术新兴产业，并已初具规模。郴州市有色金属产业链具有良好的发展基础，白银、铅锌等已形成了相对完善的全产业链体系，但钨、锡、秘等主要以中上游产业为主，仍处于向高端深加工及高附加值产品延伸、向规模集聚型矿业产业的迈进阶段。

4）城市绿色发展水平：该项结果 4 市正向排名为：三明市、龙岩市、赣州市、郴州市。福建省为全国生态文明示范省，绿色发展要求高。三明市、龙岩市都十分注重绿选国家级绿色矿山，基本形成环境友好、高效节约、管理科学、矿地和谐的矿山绿色发展新格局。

3）《支持郴州市建设国家可持续发展议程创新示范区的若干政策措施》（湘政办发［2019］46号）：支持在三十六湾等重点区域和鲁塘矿区、玛瑙山矿区、新田岭矿区等重点矿区开展尾矿资源综合利用、矿山生态修复试点。加快建设郴州市绿色矿业发展示范区，在国家政策允许的情况下，对已经建成的绿色矿山依法给予增加开采指标、资金奖励等政策扶持。在郴州市开展矿山废弃地乔灌草相结合的植被复绿修复试点，并给予资金和项目倾斜。

6.1.1.3 郴州市层面

《郴州市矿业转型绿色发展改革试点工作方案》提出：到2020年底，基本建立完善绿色矿业发展新机制，创建绿色矿业管理新体系，构建绿色矿业发展新格局，实现绿色行政审批、绿色矿山建设和绿色矿业发展，在管理机制、工作模式、制度体系等方面形成可推广、可复制的探索成果，全面推进我市矿业转型绿色发展，为推动全省矿业转型绿色发展提供经验做法。

6.1.2 郴州市相关规划解读

1）《郴州市国民经济和社会发展第十四个五年规划和二○三五年远景目标纲要》指出：郴州市要推动绿色可持续发展，建设绿色转型示范城市。扎实开展矿山绿色转型行动，加快建立绿色低碳循环发展产业体系和现代化工业资源综合利用产业基地，带动资源综合利用水平全面提升，实现发展方式绿色化。支持柿竹园、宝山等有色矿、煤矿及其非金属矿智能化、绿色化、服务化转型。

2）《郴州市国土空间总体规划（2021—2035年）》明确：到2035年，采矿用地总规模134.19 km^2，新增采矿用地规模51.59 km^2。郴州市矿产资源产业可持续发展，矿产资源开发利用结构布局优化，矿产资源利用规模化、集约化、绿色化，矿山生态环境根本好转，全面实现矿产资源治理体系和治理能力现代化，形成矿业高质量发展新格局。

优化矿业发展总体布局。突出国家能源资源安全战略，以国家战略性矿产资源为重点，合理布局湖南桂阳宝山-黄沙坪、湖南郴州市柿竹园-新田岭、湖南郴州市鲁塘-荷叶、湖南宜章瑶岗仙-界牌岭、湖南临武香花岭-香花铺5个能源资源基地，稳步推动湖南汝城砖头坳钨矿国家规划矿区建设。积极推进郴桂永有色贵金属产业循环经济区、鲁塘-荷叶石墨产业经济区、郴州市城区-临武宝玉石产业经济区等10大重点矿业经济区建设，推动矿产资源开发与矿业产业园区建设深度融合，延长产品产业链，形成具有特色的产业集群。

完善矿产资源勘查开发格局。有序推进矿产资源勘查，调控主要矿产勘查开发方向，重点勘查开发锂、锡等新兴产业和先进制造业发展所需战略性矿产。优化开发利用分区布局，合理设置对经济社会发展有重要支撑的大中型矿区、重要矿产集中分布区、矿产资源集中开采区域，加大对宜章县、临武县、桂阳县等地区含锂矿物矿区的开发利用力度。统筹矿产资源利用与保护。节约集约利用矿产资源，推动矿业转型和绿色发展。完善矿产资源储备管理，加强未利用重要矿种的资源保护，防止破坏性开发和压覆重要矿产地。加强矿产资源管控。明确探矿权和采矿权设置区划原则，规范探矿权和开发准入退出机制。

3）《郴州市矿产资源总体规划（2021—2025 年）》明确：到 2025 年，郴州市矿产资源产业发展迈上新台阶，矿产资源开发利用更加规范集约，资源开发与生态保护更加协调适应，矿产资源治理体系和治理能力更加完善有效，形成矿业转型绿色发展新格局，全力保障“一极六区”战略部署顺利实施。

矿产开发利用更加规范集约。矿产资源开发利用秩序基本规范，矿产资源布局、结构基本科学合理。采矿权总量控制在 324 个以内，大中型矿山比例 35%以上。

4）《郴州市绿色矿业发展示范区建设方案》指出：到 2025 年，基本建成布局合理、集约高效、生态优良、矿地和谐、区域经济良性发展的国家级绿色矿业发展示范区，使之成为矿业领域生态文明建设的样板区、资源合理利用和先进技术装备应用的展示区、生态保护和矿地和谐的宜居区、资源开发与经济社会协调发展的先行区，提升矿业发展的质量和效益，形成矿业转型与绿色发展新格局。

6.2 国内外矿业城市转型发展案例分析

6.2.1 国内案例分析

6.2.1.1 平顶山市绿色矿业城市建设

1）案例概况。平顶山市位于河南省中部，是一座因煤而立、依煤而兴的典型矿业城市。平顶山市作为国家 262 个资源型矿业城市之一，矿业经济在国民经济中地位突出。随着经济进入新常态，该市产业结构偏重、能源结构偏煤、生态环境承载力弱等传统矿业城市普遍面临的问题逐渐凸显。该市围绕创建国家绿色矿业发展示范区、国际一流绿色矿业城市两大目标，突出以地热开发优化能源结构、地质文化产业开发促进城市提质升级两大重点，制定了《平顶山市绿色矿业城市建设规划》（以下简称《规划》）。

2）主要做法。该《规划》以平顶山市资源禀赋、土地利用现状、地质文化和地质旅游资源等为基础，坚持环境效益优先、促进全面协调发展，秉承“人与自然和谐共生”和“山水林田湖草是一个生命共同体”两大绿色发展理念，参照国家级新区——雄安新区的标准，围绕创建国家绿色矿业发展示范区、国际一流绿色矿业城市的两大目标，突出以地热开发优化能源结构、地质文化产业开发促进城市提质升级的两大重点，对规划区进行了以绿色矿业城市生态涵养带（一带）、绿色矿业发展示范区（一区）、地质文化产业园（一园）、国际绿色矿业城市论坛中心（一中心），兼顾尼龙新材料产业集聚区清洁能源利用综合试验区（一试验区）的（4+1）功能安排。一带规划了生态涵养区、地热开发示范区、城乡一体化田园综合体；一区规划了矿山公园和绿色矿山示范区；一园规划了地质文化产业园、地质游乐园、地质博览园；一中心规划了绿色矿业发展国际交流中心和国际展示中心；一试验区规划了清洁能源综合利用产业和康养产业，着力将平顶山市打造成集能源、绿色、生态、旅游于一体的国家绿色矿业发展示范区和国际一流绿色矿业城市。

3）主要成效。该《规划》的实施，对促进平顶山市实现矿业城市的绿色转型发展，促进高端产业链条的形成，打造城市转型发展的新动能，使平顶山成为地热开发规模全省最大、国内前列地区，使平顶山市走上既符合平顶山市自身特点，又能在国际上有影响力的绿色矿业发展示范区必将起到重要助推作用，并将为全国矿业城市转型升级和绿色高质量发展提供范例。

4）案例启示。平顶山市作为典型的矿业城市，利用地热开发优化能源结构、大力开发地质文化产业，推进资源高效利用，以绿色矿业城市建设为标志的“煤转绿”驶入了快车道。逐步改善全市矿区生态环境，产生了明显的环境效益、社会效益和经济效益。

6.2.1.2 湖州市绿色矿业建设

1）案例概况。湖州市是全国首个出台地方绿色矿山建设标准，建设全国绿色矿业发展示范区的城市。湖州市紧靠太湖南端，河网密布，水路和陆路交通运输便利。湖州市东部为平原，西部为山区，矿产资源主要是建筑石料和石灰岩，是长江三角洲重要的建材基地。

2）主要做法。湖州市以全国绿色矿业发展示范区试点建设为契机，坚持绿色发展引领，提出“从严从紧，依法规范”管理的基调和“生态优先，总量控制，自用为主”管理的目标，组织实施绿色矿业发展示范区“157”建设规划，全面开展矿山综合整治，全域建设绿色矿山，全面治理废弃矿山，深化矿地综合利用，因地制宜走出一条湖州特色的“环保建矿、科技强矿、生态美矿”绿色矿业发展之路，为全国绿色矿业发展提供了“湖州经验”。

3）主要成效。在“两山理论”的指引下，湖州市全面推进绿色矿山建设，彻底改变了粗放落后的矿业发展模式，“湖州模式”也成为全国矿业的范例，成为全国矿业发展绿色先行的典范。

4）案例启示。湖州市全面优化矿产资源开发布局、深入调整矿业产业结构、整体提升矿产资源开发利用效率、全面提升绿色矿山建设水平、全面加强矿山地质（生态）

环境保护、全面推进矿地融合发展、构建完善矿业绿色发展长效机制。

6.2.1.3 赣州市绿色矿山建设

1）案例概况。赣州市是典型的矿业城市，素有“世界钨都”“稀土王国”的美誉，是我国重要的有色金属、稀土和萤石等矿产资源产业基地，已形成钨、稀土、氟盐化工和新型建材等四大矿业经济体系，被列入国家绿色矿业发展示范区。

2）主要做法。一是构建绿色矿业发展新格局，按照《赣州市矿产资源总体规划（2016—2020年）》，优化勘查开发布局，统筹绿色矿业发展的重点、时序和空间布局，构建“示范区-重点片区-绿色矿山”三重建设的绿色矿业发展新格局。二是开创矿业转型升级新路径，针对赣州市优势矿产资源和有一定矿业发展基础的县区，赣州市政府积极通过高起点统筹、提前谋划、规划引领，打造矿业发展集群和矿产品深加工产业园区，促进矿业转型升级，带动矿业经济绿色发展。三是促进资源节约集约利用新发展，近年来，赣州市不断创新资源节约集约利用的发展新模式和矿业经济增长的新途径，全面促进资源节约集约利用。四是探索矿地和谐发展新途径，赣州市政府充分发挥统筹协调作用，积极解决企业征地、移民搬迁、修路架桥等协调难题，既维护了矿山企业的合法权益，又保证了矿区居民的合理诉求。

3）主要成效。作为全国绿色矿业发展示范区，赣州市积极推进绿色矿业和绿色矿山建设，通过引导和促进矿山规范企业管理、淘汰落后工艺和产能、落实节能减排、推广清洁生产、保护矿山环境等一系列措施，绿色矿业和绿色矿山建设取得了一定的成效。

4）案例启示。赣州市绿色矿山建设牢固树立绿水青山就是金山银山的理念，将绿色发展理念贯穿于矿产资源开发利用的全过程，通过持续推进科技创新、优化矿业开发布局、改造工艺技术装备、加强地质环境综合治理等方面，努力实现矿区环境生态化、开采方式科学化、资源利用高效化、企业管理规范化和矿区社区和谐化。

6.2.2 国外案例分析

6.2.2.1 德国鲁尔区“转型型”范例

1）案例概况。德国的鲁尔区是世界上最大的工业区之一，也是欧洲最大的工业区，位于德国西北部，是一个以煤炭开采为基础的工业基地。鲁尔区煤田面积为6200 km^2，煤炭地质储量达652×10^8 t，煤层厚、开采条件好、煤的品种多。20世纪50~60年代，其钢铁产量占全国70%，煤炭产量高达80%以上，经济总量曾占到德国内生产总值的三分之一。20世纪后期，鲁尔老工业基地经济结构和传统产业受到严重挑战，过度开采造成资源趋于枯竭，生产成本直线上升，产品市场萎缩，工人大量失业。德国政府从20世纪后期起，对鲁尔老工业基地进行改造。

2）主要做法。一是发挥政府主导作用，协调联邦、州和市三级政府共同参与对老工业基地的改造。二是改造传统产业，完善基础设施，通过投入大量资金来改善当地的交通基础设施、兴建和扩建高校和科研机构、集中整治土地等措施，为鲁尔区下一步的发展奠定基础。三是吸引资金和技术，大力扶持新兴产业，有意识地通过提供经济和技术方面的资助，逐步在当地发展新兴产业，以掌握结构调整的主导权。四是因地制宜实现产业结构多样化，同时积极创造就业，为充分调动有关各方的积极性和创造性，德国政府制订了“矿冶地区未来动议”，又着手实施“欧盟与北威州联合计划”，充分发挥鲁尔区内不同的区域优势，形成各具特色的优势行业，实现产业结构的多样化。五是积极创造就业，政府为解决产业结构调整过程中的失业问题，在大力发展加工业和服务业等劳动密集型产业的同时，加强人员培训，提高他们的职业技能，多方面拓展就业渠道。六是改善环境质量，在转型过程中高度重视环境保护，采取一系列有力措施改善被严重污染的环境，如限制污染气体、污水的排放、建立空气质量监测系统等。

3）主要成效。通过清理改造和产业结构调整，鲁尔工业区从以煤炭和钢铁工业为中心的资源型生产基地，转变为以煤炭和钢铁生产为基础，以电子计算机和信息产业技术为龙头，多种行业协调发展的新型经济区。

4）案例启示。德国鲁尔区抢抓机遇，坚持创新和扩大开放，优先发展有竞争力的产业，制定科学的振兴规划，将产业升级、企业改造和城市建设融为一体，全面提升综合竞争力。同时进一步优化人力资源配置，全方位、多角度实现经济结构绿色转型。

6.2.2.2 法国洛林地区的“告别型”范例

1）案例概况。洛林位于法国东北部，是法国历史上以铁矿、煤矿资源丰富而著称的重化工基地。20 世纪 60 年代末到 70 年代初，因资源、环境和技术条件的变化以及外部市场的竞争压力，洛林下决心实施了“工业转型”战略。

2）主要做法。一是从实际出发，调整发展思路，在城市及周边地区发展高新技术产业为重点，培育骨干企业。二是建立稳定的资金渠道。三是政府在转型之初就制定了一系列对外开放的优惠政策，吸引外资在洛林“筑巢”。四是把解决就业等民生问题放在突出重要位置。五是广泛开展国际合作，洛林地区将国际合作作为政府的优先项目，吸引周边和邻近国家参与洛林地区的经济建设。六是将转型与国土整治结合起来，创造优美舒适的环境。

3）主要成效。洛林转型大约花了 30 多年时间，从以煤炭、钢铁等传统产业为主老工业基地转型发展为高新技术产业、复合技术产业为主环境优美的新兴工业区。

4）案例启示。法国洛林以绿色转型为突破口，找准绿色经济、循环经济发展方向，通过明确产业发展的结构优化方向、完善产业发展的政策促进体系，以及将土地用途规划和绿色承诺联系起来支持绿色创新项目等措施，实现由资源型驱动转向可持续经济发展的绿色转型。

6.3 郴州市绿色矿业城市发展存在的主要问题

6.3.1 “矿竭城衰”风险较大

郴州市是湖南省最集中、最典型的矿产资源集聚区，矿产资源丰富，具有矿种多、储量大、分布广、质量好的特点。但矿山企业生产成本、环境成本、社会成本高，经营负担重。近年来，由于经济下行压力趋大，市场主体投资矿业的意愿和积极性持续下降，导致地质勘探投入长期不足，矿区深边部探矿找矿严重滞后，新发现矿产地数量明显减少，主要矿产储采比下降，矿产后备资源紧缺。全市纳入省矿产资源储量表的41种矿产中，居全省第1位的由20种减少到12种，居全省第2位的由8种减少到5种，居全省第3位的由6种减少到5种，减幅分别为40%、38%、17%，资源衰竭城市（县级）由1家增加到3家。郴州市作为成熟型资源型城市，面临着跨越“衰退型”阶段直接进入“再生型”阶段的严峻考验。

6.3.2 矿业结构布局不优

郴州市矿山数量多，但大中型矿山比例低，“小散乱污”矿山企业数量多，矿业结构不优；矿山数字化、智能化水平偏低，绿色改造投入资金不足，竞争力、抗风险能力弱。2019年，全市共有煤矿53个，70%左右的未达到国家规定的规模标准要求；共有砂石土矿273个，年开采规模在30×10^4 t以上的矿山53个，仅占19.4%；年产值过10亿元的矿业企业28个，仅占矿业企业总数的4.7%；矿山机械化、半机械化开采比重50%左右，智能化开采和数字矿山比重不足10%，矿业产业集群和企业集团培育发展不够，接续替代产业培育壮大为支柱产业尚需时日。

6.3.3 资源综合利用水平偏低

全市现有共生矿12种、伴生矿17种，共伴生矿、贫矿、难采选矿多，多种有用成分未得到有效利用，资源利用粗放问题仍未根本扭转。资源综合开发水平比较低，小型矿山采矿回采率、选矿回收率和共伴生矿利用率不高；资源综合利用的层次较低，产业融合水平不高，产业链短，精深加工能力不足；开发中的副产品、废弃物未得到有效利用，循环利用能力不足；科技创新比较缓慢，综合利用技术水平有待提高。

6.3.4 产业链条延伸缓慢

据调查分析，全市矿产品及初级加工产品占比约90%，而精深加工产品占比10%左右。梳理分析钨钼、白银、铅锌、铋、锡、铟等有色稀贵金属产业链显示，处于低端环节产值比重为75%，处于中端环节产值比重为20%，处于高端环节产值比重为5%。有色金属产业是全市的优势传统产业，但80%以上的产值都是来源于初步产品，精深加工的下游产品和高端产品比重低。

郴州市矿业产业大都处在产业链低端，目前以原矿生产为主，中下游发展滞后，产业链延伸严重不足。郴州市优势矿种包括钨、钼、铋、铍、锡、铅、锌、石墨、煤炭、萤石等，其中，占全国资源储量达10%以上的矿产有钨、锡、铍、铋，在国内外都占有举足轻重的地位，但是在国内外却没有市场话语权，原因就是矿产资源产业深加工少之又少，技术含量和产品附加值低，品牌效应还不明显，资源优势还没有完全转化为产业优势，造成产品整体竞争力不强。

6.3.5 矿山生态修复任务繁重

郴州市是矿业大市，矿业活动导致占用破坏土地资源、废水废液的排放、矿业废渣堆放、引发地面塌陷或地面沉陷地质灾害等问题。近年来，郴州市积极消化矿山地质环境问题存量，稳步推进生态修复，累计投入治理资金约50亿元，矿区生态环境得到有效改善。但历史遗留矿山地质环境问题依然严重，全市现有矿业废渣堆放地1740多处，累计堆存量达3亿多吨，给周边和下坡水体、土壤、农田造成潜在污染危害和安全隐患。目前，全市历史遗留矿山地质环境问题治理率和矿区土地复垦率离国家规定要求还有很大提升空间。矿山生态环境修复任务仍然艰巨。

6.3.6 矿地融合管理滞后

郴州市正积极探索矿地和谐发展新途径，不断推进矿地矿城基础设施建设一体化、基本公共服务均等化、社会保障制度公平化，统筹解决矿地差别和矿城差别，维护矿业企业及矿工利益和社区及居民利益。但矿地磋商协作机制还不健全，覆盖面不广。资源开发收益分配机制还不完善，地方共享资源收益分配和资源惠民利民机制尚未建立。发挥资源优势助力脱贫攻坚力度不大，公益性地质调查和投入对“老、少、边、穷”地区倾斜不够。矿产资源开发与乡村振兴战略结合不够紧密，资源优势未转化为乡村发展优势。地方政府、矿业企业、矿区群众对共享资源开发收益和发展成果的获得感、满意度不高。

6.3.7 部分矿区与“三生空间”存在矛盾冲突

全市矿山数由2019年的496个减少到300个以内，累计减幅39.5%；涉矿加工企业加速向园区集中，累计入园率达到95%以上；大中型矿山达到180个，比重提高到60%以上；规模以上矿业企业达到240个，比重提高到80%以上。到2025年，全市计划培育发展12个大型矿业集团，扶持打造14个接续替代产业集群，改造建设11个矿业产业园区和科技示范基地。矿业布局不断优化，从根本上解决矿业企业“小、散、乱、污”的现状，但部分矿区与“三生空间”还存在矛盾冲突。

（1）开采和勘查规划区块与永久基本农田套合情况

将《郴州市矿产资源总体规划（2021—2025 年）》划定的开采规划区块、勘查规划区块与永久基本农田进行叠加分析，发现存在 1742.61 hm^2 冲突空间，其中，开采规划区块与永久基本农田冲突面积为 1215.84 hm^2，主要分布在苏仙区、桂阳县、宜章县区域；勘查规划区块与永久基本农田冲突面积 526.77 hm^2，主要分布在桂阳县、宜章县区域。

（2）开采和勘查规划区块与生态保护红线套合情况

将《郴州市矿产资源总体规划（2021—2025 年）》划定的开采规划区块、勘查规划区块与生态保护红线进行叠加分析，发现存在 1404.62 hm^2 冲突空间，其中，开采规划区块与生态保护红线冲突较小，冲突面积仅为 367.81 hm^2，分布在嘉禾县和永兴县区域；勘查规划区块与生态保护红线冲突面积 1036.81 hm^2，主要分布在桂东县、桂阳县、临武县区域。

（3）开采和勘查规划区块与城镇开发边界套合情况

将《郴州市矿产资源总体规划（2021—2025 年）》划定的开采规划区块、勘查规划区块与城镇开发边界进行叠加分析，发现存在 1506.18 hm^2 冲突空间，其中，开采规划区块与城镇开发边界冲突面积 1088.04 hm^2，主要分布在苏仙区、桂阳县、宜章县、资兴市区域；勘查规划区块与城镇开发边界冲突面积 418.14 hm^2，主要分布在桂阳县区域。

（4）开采和勘查规划区块与现状城镇建设用地套合情况

将《郴州市矿产资源总体规划（2021—2025 年）》划定的开采规划区块、勘查规划区块与现状城镇建设用地进行叠加分析，发现存在 886.76 hm^2 冲突空间，其中，开采规划区块与现状城镇建设用地冲突面积 660.35 hm^2，主要分布在苏仙区、桂阳县、宜章县区域；勘查规划区块与现状城镇建设用地冲突面积 226.41 hm^2，主要分布在桂阳县区域。

6.4 郴州市绿色矿业城市建设指导思想与目标

6.4.1 指导思路

坚持以习近平新时代中国特色社会主义思想为指导，全面贯彻落实党的二十大精神，紧紧围绕生态文明建设总体要求，践行习近平总书记“绿水青山就是金山银山”的思想，深入贯彻落实习近平总书记郴州市考察指示精神，将新发展理念贯穿于提高矿产资源可持续能力、资源型产业经济贡献度、产业竞争力、城市绿色发展水平，全力推进绿色矿业城市建设，构建发展新格局。

6.4.2　绿色矿业城市建设定位

郴州市地理位置优越，交通便利。是湖南省通往广东、广西、贵州、云南、海南等地的必经之地，是湘港澳直通、对接粤港澳大湾区建设的门户。郴州市自然风光优美，是旅游资源丰富的城市。郴州市是一座“富矿”老城，拥有丰富的自然资源，特别是矿产资源。因矿而兴，因矿而名，是享誉世界的“有色金属之乡”，矿业是郴州市经济的支柱产业，同时也有着发展制造业和现代服务业的产业基础。郴州市是一座历史的文化名城，具有丰富的工矿城市文化和红色文化相映的魅力城市。根据郴州市的优势和特色，从丰富的自然资源出发，结合城镇和生态空间格局、产业发展情况和地域文化特色，大力推进绿色矿山、绿色矿业发展示范区建设，加强矿业产业链的延伸和产业园区建设，培育龙头企业产业，加快矿山功能转型，改善矿区生态环境，着力将郴州市建设成：集资源、产业、生态、文旅于一体，矿城融合发展的国内外知名的绿色矿业城市。

6.4.3　总体目标

通过绿色矿业城市建设，将郴州市建成布局合理、集约高效、生态优良、矿地和谐、区域经济良性发展的国家级绿色矿业发展示范区。矿产资源可持续能力保持稳定、资源型产业经济贡献度大幅提升、产业链竞争力全面增强、城市绿色发展水平显著提升，形成矿业转型与绿色发展新格局。

6.4.4　具体目标

依据绿色矿业城市评价指标体系，从矿产资源可持续能力、资源型产业经济贡献度、产业竞争力、城市绿色发展水平4个维度提出绿色矿业城市建设目标。

（1）矿产资源可持续能力保持稳定

矿产资源可持续能力指城市矿业的可持续发展水平。结合绿色矿业城市评价指标体系，应从加强政策保障，提高政策友好性、提升资源储量原地价值和静态综合采储比3个维度保持稳定的矿产资源可持续能力。

（2）资源型产业经济贡献度大幅增加

资源型产业经济贡献度指城市资源产业带来的经济效益情况。结合绿色矿业城市评价指标体系，应从加强矿业开发就业率、资源端增加值占比、冶炼加工端增加值占比、装备制造产业增加值占比，有序提升资源型产业人均收入、当地人均收入5个维度大幅增加资源型产业经济贡献度。

（3）产业竞争力全面增强

主要从产业链是否健全、配套体系、研发投入、科技水平等角度评价城市产业竞争能力。结合绿色矿业城市评价指标体系，应从提升GDP增速、完善交通运输能力；通过优化产业园区布局，加强产业集聚度、提高产业链覆盖率、全面提升高技术制造业增加值增长率；国家高新技术企业数量，加强技术研发，提升每万人专利拥有量、R&D经费支出/GDP 等 8 个维度不断增强产业竞争力。

（4）城市绿色发展水平显著提升

城市绿色发展水平主要反应城市发展过程中，生态环境保护、绿色生产生活等方面水平。结合绿色矿业城市评价指标体系，应从提高全年空气质量优良率、Ⅰ—Ⅲ类水体比例、生态修复率、单位 GDP 废水排放量、单位 GDP 废气排放量、单位 GDP 能耗、清洁能源发电比例 7 个维度不断提升城市绿色发展水平。

6.4.5 机遇与挑战

发展机遇：一是新能源、新材料等战略性新兴产业发展，为郴州市优势资源开发及下游产业发展拓展了新的需求空间。二是在国内大循环为主体，国内国际双循环相互促进的新发展格局下，通过中部崛起等国家战略实施、积极融入粤港澳大湾区发展，为郴州市提供了新的发展空间。三是新一轮技术革命推动绿色、低碳技术快速发展，为郴州市有色金属冶炼加工等支柱产业转型升级、高质量发展注入新的动能。

面临的挑战：一是郴州市冶炼加工产业以外的制造业基础相对薄弱，产业结构需要进一步优化升级。二是郴州市有色金属等支柱产业发展受到矿产资源储量的支撑和约束，勘查投入不足、新矿床勘探难度大等因素导致郴州市矿产资源可持续发展能力减弱。三是郴州市与赣州、韶关市等周边地市支柱产业相近，在承接产业转移的过程中存在竞争关系，如何发挥比较优势，提供差异化服务，实现错位竞争，以承接更多的粤港澳大湾区产业资源要素，成为郴州市面临的重要挑战。四是郴州市废弃矿山环境治理历史包袱大，碳达峰、碳中和对郴州市发展提出了更高的要求。

当今，内外环境的深刻变化既带来一系列新机遇，也带来一系列新挑战。困难和挑战前所未有，更具复杂性、全局性，历史机遇前所未有，更具战略性、可塑性。综合分析判断，“十四五”时期是积极应对各种风险挑战的 5 年，也是面临重要机遇的 5 年。郴州市应充分利用好区位优势、资源优势、产业基础，准确识变、科学应变、主动求变，善于在危机中育先机、于变局中开新局，推动经济和社会全面高质量发展，为建设社会主义现代化郴州市开好局、起好步。

6.5 绿色矿业城市实施路径

6.5.1 进一步理顺勘查-开发-保护三者之间的关系

矿业城市可持续发展的前提基础是要有足够的矿产资源接替能力，当前我国生态优先发展政策因为生态红线问题，导致很多有希望找到矿产资源的地方勘查工作无法深入，矿业开发受到限制。而矿产资源安全是大国安全战略的重要组成部分，矿业城市应主动承担起矿产资源安全保障的重要职责，并在此基础上进一步协调好矿产勘查、开发与生态保护的关系问题。首先，要拓宽矿产资源视野，全面分析和研究重新定义资源优势，查清矿产资源本底，以此确定矿业城市绿色发展的基准定位。其次，要在如何延长最大动能释放的角度上去做好矿业开发这篇大文章。最后，基于矿产资源安全战略，考虑可能存在勘查、开发的区域，再系统推进生态环境保护工作，解决矿区与“三生空间”存在的矛盾。

6.5.2　合理布局矿产资源勘查及结构优化

以新一轮找矿突破战略行动及《郴州市矿产资源总体规划（2021—2025年）》为契机，积极吸引中央财政及地方财政资金，针对铅、锌、锡等保有资源储量出现减少趋势的矿种，以及钨、白银、硅石等对郴州市资源型产业发展具有重要支撑作用的矿种和锂等极具发展前景的稀有稀散金属，加大找矿勘查力度，合理布局资源勘查工作，提高郴州市各类矿产资源保有资源储量，形成一批后备资源基地，提升郴州市资源保障能力，为郴州市资源型产业发展提供坚实基础。近年来，郴州市引进了中国五矿、中国建材、中化蓝天、旗滨集团等知名企业整合全市的有色金属、煤炭、石墨、萤石等资源，应进一步与有实力的矿业企业深度合作，培育大型龙头企业，形成大矿业大产业。

6.5.3　大力推进绿色矿业示范区建设

以国家绿色矿业发展示范区的创建为契机，明确创建主体、创建目标、建设任务和规范管理（陈丽新等，2021），以打造“绿水青山样板区、绿色转型示范区、普惠发展先行区”为目标，结合矿山分布情况和矿业发展基础，合理划定绿色矿业发展示范区范围，并有针对性地提出建设重点和措施。以绿色矿业发展示范区为核心，集中连片、整体推动全域绿色矿山建设，全面打造绿色矿业示范城市。

6.5.4　全面加强矿业产业园区建设

产业园区是项目落地、产业集聚发展的重要载体。为提高矿业产业链融合发展水平，按照政府推动、规划引导、市场运作的原则，围绕优势资源，结合产业基础，延伸产业链，引导矿产资源精深加工项目向产业园区集聚，打造矿业发展集群和矿产品深加工产业园区（郭敏等，2020）。根据郴州市实际情况，完善矿业产业链条，精准“补链、强链、延链”。

6.5.5　全力推进矿山地质环境治理和生态修复

全面提升矿山地质环境治理能力，通过修复、复垦矿山占用破坏土地，全市矿山生态环境破坏的状况得到基本控制，矿山生态环境实行全面动态监管，严格矿山生态准入、退出相关规定，将地质环境保护贯穿于矿山选址、生产、闭坑全过程。

6.5.6 加强地质矿业文化建设

郴州市矿产资源比较丰富和集中，素有“世界有色金属博物馆”“中国有色金属之乡”“微晶石墨之乡”“中国观赏石之城矿物晶体之都”的美誉。有 2 家国家级宝山矿山公园和柿竹园矿山公园；是“中国核工业第一功勋铀矿”711 矿所在地；有世界上独一无二的新矿物晶体香花石；有经过成千上万年的地质运动，岩石的分化、侵蚀、沉淀而形成的丹霞地貌景区——高椅岭等地质景点，并且区内热水温泉丰富。将这些与地质有关的矿业文化串成线，形成郴州市特色的地质文化、旅游资源，是今后绿色矿业城市高质量发展的路径之一。

6.5.7 加快资源枯竭矿区转型发展

坚持生态优先、绿色发展理念，加快资源枯竭矿区和闭坑矿山功能转型，推进矿冶历史悠久和地质文明资源丰富的地区发展特色矿山工业旅游，形成“一矿一特”。资兴曾依靠煤炭矿产之类的“黑金”转变为依靠水资源和绿色产业的“绿金”，并依托东江湖的水资源环境，发展大数据产业，实现了从煤资源型向可持续发展的绿色新兴城市的蜕变，成为示范、模板，全面实现资源枯竭矿区转型发展。

6.6 绿色矿业城市建设重点任务

6.6.1 统筹矿产资源开发与生态环境保护

按照生态优先、绿色发展的原则，加强矿产资源开发与生态环境保护的统筹，构建资源开发与生态保护协同的格局。结合规划采矿区块、探矿区块和生态保护红线、生态功能重要区，合理设置采矿权和探矿权。湖南省煤业集团湘永矿业有限公司安陵煤矿开采规划区块，湖南省桂东县普乐乡鸡公山含锂高岭土矿普查、湖南省桂阳县曹家冲矿区锡矿详查、湖南省香花岭矿区新风东部铅锌锡多金属矿普查 3 个勘查规划区块与生态保护红线冲突较大，按照生态保护红线管理要求，湖南省香花岭矿区新风东部铅锌锡多金属矿普查不属于战略性矿产的探矿区块，应优先考虑生态保护，探矿权的设置要合理避让生态保护红线。湖南省煤业集团湘永矿业有限公司安陵煤矿、湖南省桂东县普乐乡鸡公山含锂高岭土矿普查、湖南省桂阳县曹家冲矿区锡矿详查等战略性矿产资源的探矿（开采）区块，应本着绿色勘查的原则，合理设置探矿权，严格执行绿色勘查、开采及矿山环境生态修复相关要求。

严格落实永久基本农田特殊保护要求，确保国家粮食安全，统筹矿产资源开发与耕地保护，采矿区块、探矿区块应与永久基本农田加强衔接。宜章县城南乡兴隆有色金属矿业有限公司锡矿、湖南省煤业集团湘永矿业有限公司安陵煤矿、郴州市兴龙矿业有限责任公司九工丘铁矿、湖南鑫矿矿业集团有限公司小垣钨矿、湖南省煤业集团嘉禾矿业有限公司浦溪井、湖南省临武县金江镇林森矿泉水、湖南省煤业集团黄牛岭矿业有限公司黄牛岭煤矿 7 个采矿区块，以及湖南省郴州市苏仙区三口洞矿区铅锌多金属矿普查、湖南省桂阳县洋市矿区锰矿详查、湖南省宜章县蔡背岭矿区锡多金属矿普查、湖南省汝城县龙虎坳矿区铁铜多金属矿详查、湖南省桂阳县九头关矿区锰矿普查、湖南省郴州市苏仙区凤凰山铅锌银金属矿普查、湖南省桂阳县石街-六合矿区铅锌金银矿普查、湖南省桂阳县黄沙寺矿区老麻地矿段铜铅锌矿普查、湖南省桂阳县宝山-大坊矿区一期铅锌银矿普查、湖南省桂阳县小洑矿区铅锌锑矿普查 10 个勘查规划区块与永久基本农田冲突较大，应避开永久基本农田，占用耕地的，应严格落实耕地占补平衡政策。

6.6.2　加强矿产资源勘查

加强矿产资源调查评价，夯实基础地质调查；加强综合研究和信息化服务，有序推进矿产资源勘查。科学规划重点勘查区域，落实省级重点勘查区 8 个，规划市级重点勘查区 6 个。全面推行矿产资源综合勘查综合评价，健全绿色勘查技术体系，大力推进绿色勘查。

合理设置勘查规划区块。规划期内，为保护、储备关键矿产资源，按照国家、地方发展重点需求发展战略性矿种，防止矿产资源被压覆或破坏，适当新设部分勘查规划区块。全市已设探矿权 84 个，规划保留 67 个探矿权，拟注销 15 个财政全额出资勘查的探矿权，完成规定的勘查工作后注销探矿权，纳入国家出资勘查形成的成果清单管理。另有 2 个商业性探矿权到期后，探矿权人决定不再延续登记，主动申请注销。拟新设勘查区块 26 个，共设置勘查规划区块 93 个。规范探矿权准入退出机制，依法分类处置现有探矿权，财政出资勘查登记的探矿权，视勘查程度、找矿效果、投入计划等予以保留或注销，与各类生态敏感区或城镇开发边界有矛盾冲突的商业性探矿权应调整或退出，其他有效期内或非自身原因过期的商业性探矿权原则上予以保留。

6.6.3　全域推进绿色矿山建设

加快实施绿色勘查。坚持生态优先，树立绿色环保勘查理念，到 2025 年，全市绿色勘查格局基本形成，现有 17 个重点勘查区 70%以上达到绿色勘查标准要求，新上的重点勘查区全部按绿色勘查技术标准设计和施工。

按照绿色矿山建设要求，细化形成符合郴州市实际的绿色矿山管理办法，全域推进绿色矿山建设。新建矿山和扩界矿山全部按照标准进行规划、设计、建设和运营。生产矿山加快改造升级，在期限内分期分批达标，到期未达标的，一律停业整改。到 2022

年底，全市绿色矿山建设新格局基本形成。树立一批科技引领、创新驱动型绿色矿山典范，实施一批绿色勘查项目示范，建设一批区域绿色矿产发展示范区，形成发展绿色矿业、建设绿色矿山的良好社会环境。到 2025 年，全市基本形成绿色矿山建设新格局，基本构建矿业发展方式转变新途径，基本建立绿色矿业发展长效机制，走在全国绿色矿业发展示范区建设的前头，形成一批可复制、能推广的新模式、新机制、新制度（侯华丽等，2018）。

6.6.4 全面推进绿色矿业发展示范区建设

依托绿色矿业发展示范区，推动绿色矿业城市的规划建设。结合郴州市矿产资源种类多，分布广的特点，结合矿权的设置，以矿山企业集中区域为建设单元，推进绿色矿业发展示范区的建设。规划将全市划分为 13 个绿色矿业发展示范区，总面积约 1444.94 km^2，占全市总面积的 7.5%。全面推进郴州市绿色矿业城市的建设，大幅提高矿业集中度，淘汰落后产业，加强功能转型和生态修复。

苏仙区五盖山绿色矿业发展示范区。位于苏仙区白露塘和五盖山镇区域，主要包含红旗岭锡多金属矿和玛瑙山矿，总面积约 107.44 km^2。统筹矿产资源的勘查和开发，进一步加强矿山整合，提升矿业规模化水平，引导矿产精深加工向园区聚集，加强矿山用地的二次利用和生态修复，发挥生态优势，发展工矿文旅产业。

北湖区鲁塘绿色矿业发展示范区。位于北湖区鲁塘镇和桂阳县太和镇，主要包含南方石墨和北湖区鲁塘石墨矿等矿区，总面积 28.23 km^2。加强矿业开发与精深加工一体化发展，进一步壮大产业集群，加强以地下水治理为重点的矿山地质环境治理和生态修复。

北湖区芙蓉-临武水东绿色矿业发展示范区。位于北湖区仰天湖瑶族乡和临武水东、金江镇，包含北湖区清水江铅锌多金属矿、宜章金子坪锡矿等，总面积 73.11 km^2。推动临武碳酸钙产业规模化发展，建设采、选和加工一体的产业集群。加强北湖区芙蓉矿区历史遗留矿渣的治理，改善生态环境。

北湖区新田岭绿色矿业发展示范区。位于北湖区石盖塘街道和安和街道，主要包含新田岭钨矿和白菊塘萤石矿，总面积约 45.95 km^2。加强矿产资源勘查，推进矿区的规模化、柔性化、智能化、绿色化发展。

桂阳县宝山-黄沙坪绿色矿业发展示范区。位于桂阳县麓峰街道、黄沙坪镇和方元镇，总面积约 165.04 km^2。加强矿产资源的勘查，加强矿山整合，注重矿城融合发展，结合现有基础，着力发展工矿文化旅游，加强地质环境治理。

桂阳雷坪-桥市绿色矿业发展示范区。位于桂阳雷坪镇和桥市乡，主要包含白沙子岭锡矿和和旺铅锌铜矿，总面积 185.55 km^2。引入和培育大型矿业集团，推动矿业规模化，提高矿业集中度，引导精深加工产业向产业园区集聚。加强历史遗留矿渣的处理和废弃地的复垦利用。

宜章梅田-玉溪绿色矿业发展示范区。位于宜章县梅田镇和玉溪镇，主要包括黄岑岭锡矿和宜章县城南兴隆有色金属矿业有限公司锡矿，总面积约 67.25 km^2。加强矿产资源勘查和矿山整合，加强以地下水破坏治理为主的矿山地质环境治理。

宜章瑶岗仙绿色矿业发展示范区。位于宜章杨梅山镇和瑶岗仙镇，主要包括宜章县长城岭铅锌多金属矿和瑶岗仙钨矿，总面积约 182.76 km^2。加强矿产资源勘查，协调资源勘查与开发和精深加工产业融合发展，提高资源利用水平，加强以历史遗留矿渣治理为主的矿山地质环境治理。

嘉禾黄牛岭绿色矿业发展示范区。位于嘉禾行廊镇和坦坪镇，包含黄牛岭和浦溪井矿区，总面积约 20.4 km^2。加强绿色矿山建设，延伸产业链，加强煤化工产业的发展。加强以塌陷区治理为重点的矿山地质环境治理。

临武通天山绿色矿业发展示范区。位于临武县通天山区域，主要包含香花岭矿、泡金山铅锌多金属矿等，总面积约 168.37 km^2。加强矿产资源的勘探，引进战略投资者，推进矿区资源整合，整体提升资源开发利用效率。引导下游精深加工产业向园区集聚。加强以历史遗留矿渣治理为主的矿山地质环境治理，推进废弃工矿用地的复垦利用。

资兴三都绿色矿业发展示范区。位于资兴市唐洞街道和三都镇，主要包括北坪硐煤矿、周源山煤矿和南平硐煤矿，总面积约 57.55 km^2。加强绿色矿山建设，加强产业链的延伸，着力发展煤炭清洁利用和煤化工产业。加快矿区功能转型。加强以塌陷区治理为主的矿山地质环境治理。

汝城大坪-延寿绿色矿业发展示范区。位于汝城县延寿瑶族乡和大坪镇，包含湖南鑫矿矿业集团有限公司钨矿和大坪中小铁矿矿区，总面积约 221.7 km^2。推动矿产资源综合勘查、综合开发和综合利用，引入战略投资者，推动规模化发展。加强以大型矿坑治理为重点的矿山地质环境治理，推动土地复垦利用。

永兴马田-便江绿色矿业发展示范区。位于永兴县马田镇和便江镇，主要包含梓木煤矿安陵煤矿，总面积约 121.59 km^2。加强矿山转型，推进煤炭清洁利用和煤化工产业的发展。加快推进绿色矿山建设，加强以塌陷区治理为重点的矿山地质环境治理。

6.6.5 加快推进矿地融合发展

资源型城镇想谋求长远发展，就要摆脱对原有资源的依赖，根据自身优势并适当借助外部力量建立基本不依赖原有资源的新型产业（索忠连，2019）。将矿产资源绿色转型发展与特色小镇建设有机结合，实现共建共享共荣。结合各小镇资源禀赋，定位差异化发展，有序引导资兴市三都镇向工矿文旅影视小镇转型发展、苏仙区许家洞镇向温泉养生-红色文旅小镇转型发展、苏仙区白露塘镇向矿晶博览小镇转型发展、桂阳县黄沙坪镇向智能化家居特色小镇转型发展。通过系统持续深化矿地融合内涵，不断丰富完善矿地融合路径，促进矿地和谐一体化，全面推进绿色矿业城镇建设。

（1）有序引导三都镇向工矿文旅影视小镇转型发展

依托现状自然优势和保留完整的工矿建筑，以流华湾影视基地为基础，强化旅游、生态研学、红色教育、影视拍摄实景等多元业态，推动生态、旅游与影视等融合发展，发展影视策划投资、拍摄制作、影视发行及衍生品开发等产业链。

（2）有序引导许家洞镇向温泉养生-红色文旅小镇转型发展

依托丰富优良的工矿资源和享誉省内外的温泉资源，以核工业文化为重点，以温泉为亮点，结合区内其他资源，引进教育培训、主题民宿、拓展运动、研学实践、文化创意等多元业态，推进核工业 711 功勋铀矿旧址文创基地等文化创意设计孵化基地、文创产业园、文创商品基地建设，打造全国知名的爱国主义教育基地、文化旅游休闲基地和温泉健康养生基地。

（3）有序引导白露塘镇向矿晶博览小镇转型发展

依托柿竹园现有丰富的矿产资源，发挥矿晶文化和山水生态地域优势，通过创意、创新、创造，融合科技、商贸产业联动发展，以矿物宝石产业为主题，打造集矿物宝石加工、展示、交易、文化、旅游、金融、科普于一体的特色小镇。

（4）有序引导黄沙坪镇向智能化家居特色小镇转型发展

依托区位和资源优势，坚持走绿色转型发展道路，以家居行业为引领，打造集家居生产、家居展览、休闲旅游为一体的特色小镇。

6.6.6 有序推进矿业产业园区建设

全面推动矿业产业链的深度调整，强化矿产精深加工，加强产业链延伸，重点围绕和依托有色多金属（共伴生矿）、微晶质石墨、普通萤石、矿物宝玉石、优质碳酸钙、饰面石材，煤层气、地热等优势资源，培育一批具有技术和业态先导示范作用的企业集群和产业集聚基地，全力支撑有色金属产业链、新材料产业链、矿物宝石产业链、文化旅游产业链等优势产业链发展。引导和支持各类生产要素向优势企业集聚，有效衔接上下游产业、产供销，规模开发、高效利用发展区内资源，为区域内产业有序发展提供稳定的矿产原料供应，在全市设置 12 个矿业产业园区（表 6.1）。根据矿产地和资源禀赋引导矿业产业向园区集聚。

钨钼、铅锌、锡、铋、白银产业链产业园区建设：引导钨钼、铅锌、锡、铋、白银等矿产资源向郴州市高新技术产业开发区（含自贸区、综保区）、桂阳高新技术产业开发区（樟市片区）、桂阳高新技术产业开发区（共和片区）、永兴稀贵金属再生资源利用产业开发区、湖南永兴经济开发区以及汝城经济开发区集聚，以柿竹园、新田岭、宝山、黄沙坪等大型矿山龙头企业为重点，在钨钼、铅锌、锡、铋、白银等有色金属领域，打造冶炼、综合利用和精深加工产业链。郴州市高新技术产业开发区（含自贸区、综保区）总规模 13.05 km^2，加快稀贵金属深加工产业基地建设，形成以矿物宝石、有色金属、新材料、现代制造、电子信息的主导产业。桂阳高新技术产业开发区（有色科技产业园）总规模0.65 km²，以有色金属冶炼为主，形成以有色金属冶炼、电子信息的主导产业。桂阳高新技术产业开发区（创新创业园）总规模2.3 km²，以有色金属压延加工为主，形成以有色金属压延加工业、电子信息的主导产业。永兴稀贵金属再生资源利用产业开发区总规模5.51 km²，以稀贵金属冶炼、综合回收利用为主，形成以金、银等稀贵金属综合回收、废弃资源循环利用（冶炼）的主导产业。湖南永兴经济开发区总规模5.30 km²，以稀贵金属冶炼与精深加工为主，形成以金、银等稀贵金属精深加工、精细化工、电子信息的主导产业。汝城经济开发区总规模5.29 km²，打造钨矿探、采、选、冶、加工一体产业链，形成以新型金属材料、新能源、电子信息的主导产业。

表6.1 郴州市重点产业园区建设一览表

序号	园区名称	位置	主导产业	规模/km²
1	郴州市高新技术产业开发区（含自贸区、综保区）	郴州市中心城区	矿物宝石、有色金属精深加工、新材料、现代制造、电子信息	13.05
2	郴州市经济开发区（鲁塘石墨产业园）	郴州市中心城区	石墨精深加工及石墨烯新材料	0.5
3	桂阳高新技术产业开发区（有色科技产业园）	桂阳县春陵江镇、流峰镇	有色金属冶炼	0.65
4	桂阳高新技术产业开发区（创新创业园）	桂阳县城南部	有色金属压延加工业	2.3
5	宜章氟化学循环产业开发区	宜章县白石渡	新材料（氟化工、煤化工、碳酸钙）、新能源（萤石矿）	3.95
6	永兴稀贵金属再生资源利用产业开发区	永兴县柏林镇、太和镇	金、银等稀贵金属综合回收、废弃资源循环利用（冶炼）	5.51
7	湖南永兴经济开发区	永兴县县城	金、银等稀贵金属精深加工、精细化工、电子信息	5.30
8	嘉禾经济开发区	嘉禾县县城	锻铸造业、现代制造和专用汽车配件	4.88
9	临武产业开发区	临武县县城	电子信息、宝石产品加工、锂电池、	3.46
10	临武水东碳酸钙产业园	临武水东镇	碳酸钙深加工	0.70
11	资兴经济开发区	资兴市市区	计算机、通信和其他电子设备制造业、有色金属冶炼和压延加工业	13.17
12	汝城经济开发区	汝城县县城	新能源、新材料电子信息	5.29

石墨产业链产业园区建设：引导石墨矿产资源向郴州市经济开发区（鲁塘石墨产业园）集聚，园区总规模0.5 km²，以微晶石墨资源提纯和精深加工为重点，聚力发展优势传统石墨产业链、碳石墨烯材料产业链、石墨烯产业链，形成以石墨精深加工及石

墨烯新材料的主导产业。

萤石产业链产业园区建设：引导萤石矿产资源向宜章氟化学循环产业开发区集聚，园区总规模 3.95 km^2，以千里山和界牌岭为重点，开展尾矿萤石综合回收，重点突破低品位、伴生、难选萤石矿的浮选工艺技术，做好低品位萤石粉综合利用，延伸六氟磷酸锂产业链，形成以新材料（氟化工、煤化工、碳酸钙）、新能源的主导产业。

铁矿产业链产业园区建设：引导铁矿资源向嘉禾经济开发区集聚，园区总规模 4.88 km^2，重点强化铸件生产-机械制造产业链，形成以锻铸造业、现代制造和专用汽车配件的主导产业。

锂矿产业链产业园区建设：引导宜章、桂阳等锂矿资源向临武产业开发区集聚，园区总规模 3.46 km^2，全面加强锂矿采选、加工、锂电池生产工艺，构建“锂矿-材料-电池-终端-回收”“五位一体”的锂电池全生命周期产业链，形成以电子信息、宝石产品加工、锂电池的主导产业。

碳酸钙产业链产业园区建设：引导碳酸钙资源向临武水东碳酸钙产业园区集聚，园区总规模 0.70 km^2，重点发展新型建材、硫酸钙系列、碳酸钙下游加工等产业链，形成碳酸钙深加工主导产业。

硅石产业链：引导硅石资源向资兴经济开发区集聚，园区总规模 13.17 km^2，以州门司-兰市大断裂为重点，形成从矿产开采、科技研发、玻璃原片生产、玻璃深加工生产到销售的全链条硅产业链，形成以计算机、通信和其他电子设备制造业、有色金属冶炼和压延加工业的主导产业。

地热产业链：以郴州市、宜章、汝城为重点，以龙女、仙岭、许家洞、一六、暖水温泉为核心，加快推进地热资源可行性勘查进度，培育高档温泉旅游企业，做大做强养生健康度假旅游小镇，打造知名的温泉之城。

6.6.7 持续推进土地复垦和生态修复

结合市域国土空间总体格局和双评价结果，积极推进山水林田湖生态保护和矿山修复，全面推进矿山清洁生产、绿色化改造，坚决淘汰落后产能，加快以五盖山、三十六湾、鲁塘镇和仰天湖为生态修复重点区域的矿山生态环境综合整治，持续推进土地复垦和生态修复。

对农业开发适宜性高有潜力恢复为农用地的采矿用地，通过土地平整、农田水利等工程修缮的复垦方式，将被损毁压覆的土地逐步恢复为耕地、牧草地、鱼塘等，使土地再生并重新恢复生产能力和生态功能。

对生态保护重要性高适宜恢复为生态用地但区位偏远的采矿用地，建立生态环境保护区，以自然恢复为主，人工修复为辅。在受损严重的区域运用生态复绿或山体疮疤修复等方式，通过地貌重塑、土壤重构、植被重建等方式，修复破损山体，逐步恢复生态环境。对生态保护重要性高适宜恢复为生态用地但区位条件便利的采矿用地，可通过人工造景将其融入城市，成为矿业城市独特的历史文化景观，可将遗址保留或进行景观改造。

6.6.8　加强地质特色城镇建设

围绕县市区产业布局和全市产业发展重点，结合新型城镇化推进、新农村建设、历史文化资源保护和开发、“一湖一山一岭一泉一城”特色景观打造等，凸显本地资源、生态、区位等优势，做到定位精准、特色鲜明。特别是要着力培育文化旅游、健康养生养老、特色产品加工、电子商务、大数据、金融等新兴产业或富有区域特色、历史传承等经典产业，做好“一镇一业”文章，突出培育一批在全省乃至全国有影响力的产业“特色小镇”。推动产业做精、做特、做强，充分利用“互联网+”等新兴手段，拉伸延长产业链条。打造品牌，实现差异化、特色化、集约化发展，避免同质化竞争。

6.6.9　加强对外交流合作平台建设

依托中国（湖南）国际矿物宝石博览会场馆和会址，联合国家级柿竹园矿山地质公园，在其间规划拟建地质文化产业园、地质游乐园、地质博览园、地质矿业研究院、绿色矿业发展国际交流中心等，集会展、游乐、教学科研、文化旅游于一体平台中心，发展产、学、研、游事业，吃、住、行配套。通过广泛宣传，参观游乐，搭建对外交流合作服务平台，创办绿色矿业城市论坛会，组织各种地质矿业学会、协会成果交流会，组建矿山机械交易博览会以及网络设备交易平台，积极开展绿色矿业城市建设成果交流，将大力提升郴州市的国际知名度和国际影响力。

6.7　实施保证措施

6.7.1　健全组织领导

郴州市成立推动绿色矿业城市建设工作领导小组，明确建设方案实施责任分工，制定方案目标实施考核办法，对主要目标指标、重大工程、重大政策和重要改革任务落实情况加强考核，考核结果纳入绩效评价体系，确保方案确定的各项任务落到实处。

6.7.2　加强绿色矿业发展能力建设

围绕构建绿色矿业城市标准体系、工作体系、政策体系、控管体系和利益共享体系，推进绿色矿业城市体系科学化。按照绿色矿业城市建设要求，健全绿色勘查和绿色矿山建设标准体系，细化形成符合本地实际的绿色矿业城市地方标准指标。

6.7.3 建立和完善矿产勘查与开发利用融资体系

按照自然资源部、财政部有关文件精神，可建立“以奖代补”示范工程，健全政府和社会资本合作（PPP）模式，引导社会资金投入，保证重要矿产资源开发利用、矿产资源节约与综合利用、历史遗留矿山地质环境治理恢复、矿产资源储备与保护等项目实施。全面落实清洁生产节能减排专项资金政策和税收优惠政策。创新绿色金融扶持政策，加大金融部门对绿色矿业企业开辟绿色通道。政府要把绿色矿业城市发展建设工作经费列入财政预算，确保创建工作正常运转。积极引导矿业企业发挥主体作用，鼓励和支持社会资本投入绿色矿业城市发展建设。

6.7.4 建立科技扶持制度和运行体系

建立科技扶持制度，加大科技研发投入，推动产业链、供应链、创新链、价值链深度融合。支持重大科技项目实施、共性关键技术攻关、重大科技成果转化、应用基础研究。围绕资源型产业发展重点领域，建设一批郴州市产业发展急需的科技创新平台、新型研发机构、关键共性技术研发及工程化平台。壮大科技创新企业群体，推动产业链上中下游、大中小企业融通创新，推动科技创新成为郴州市发展新动力。

6.7.5 严格监督检查

加强对绿色矿业城市建设情况的动态监测，建立健全方案定期评估制度，加强矿业形势分析、产业发展的统计和监测，强化对示范区建设方案和绿色矿山建设方案实施和环境影响跟踪分析和动态评估，掌握主要目标和任务完成进度，针对方案实施中出现的新形势新问题，及时提出解决办法。每年对示范区建设取得显著成效的县市区和部门进行奖励，对绿色矿山建设取得显著成效的矿山给予表扬奖励，发挥示范引领作用。

6.7.6 加强宣传交流

充分利用网络、电视、报纸、微信等媒体资源，广泛宣传绿色矿业城市建设的重大意义、建设方案、目标任务、工作动态、先进典型。鼓励科研院所、咨询机构等共同参与绿色矿业城市建设，加强信息共享和宣传推广。

7 结　论

本次研究收集了部分矿业城市的有关资料、政策文献以及论文专著，对郴州市矿山生态环境影响进行了较为详细的野外调查及取样、室内分析测试，通过大量数据处理和综合研究，得到以下结论。

1）围绕矿业城市绿色发展现状，构建了一套绿色矿业城市综合评价指标体系。针对目前国内绿色矿业评价指标体系多集中在绿色矿山评价指标、绿色矿业示范区、矿业经济区评价指标等微观和中观层面的现状，本次研究综合了矿业城市绿色发展的相关理念和综合评价方法，提出了一套绿色矿业城市建设评价指标，从矿产资源可持续能力(Resource)、资源型产业经济贡献度（Economy）、产业竞争力（Competition）、城市绿色发展水平（Green）4 个维度，综合归纳和处理政策友好性、矿业开发就业率、GDP 增速、全年空气质量优良率等 23 个影响因子，构建了一套绿色矿业城市综合评价指标体系，可以为绿色矿业城市建设提供较好的指导。

2）以构建的绿色矿业城市综合评价指标对郴州市进行了 AHP-EM-TOPSIS 综合评价，提供了横向量化对比参考支撑。本次研究用 AHP-EM-TOPSIS 综合评价方法，对江西赣州、福建三明、福建龙岩、湖南郴州 4 市进行了 RECG 4 个维度及绿色矿业城市发展水平进行评价分析，评价结果显示，从矿产资源可持续能力、资源型产业经济贡献度两个方面，郴州市都排名第二，但是从产业竞争力和城市绿色发展水平上，郴州市横向对比排名第四，在 4 个矿业城市横向比较综合排名第四。通过本次的对比评价和对比分析，详细指出了郴州市的优劣势，并指出了郴州市绿色矿业城市建设应重点聚焦提升产业竞争力和城市绿色发展水平两大方面问题。

3）总结提炼了国内外矿业城市转型发展的一些好的经验做法，可为郴州市绿色矿业城市建设提供参考借鉴。本次研究对中国东南部 5 省 6 个典型矿业城市经济概况、主要资源及开发利用情况、产业发展、生态建设等进行了全面总结分析，提出了值得借鉴的经验：一是三明市加快引领传统产业升级，实现三钢集团增产增效不增污；二是文山壮族苗族自治州加强资源优势转化，促进铝全产业链延伸；三是赣州市打造产业集群，促进产业增效增益；四是龙岩市治理与建设并举，对矿山综合整治，实现变废为宝；五是湖州市多管齐下，保证绿色矿业建设，提供了“湖州经验”。这些成功的经验对郴州市资源、经济、生态协调发展将起到有益的帮助。选择国内 3 个矿业城市、国外 2 个矿业城市，分析研究其矿业转型、绿色发展的主要做法、工作成效，总结其成功的经验，为郴州市现在由成熟型资源性城市，将来跨越“衰退型”阶段，直接进入“再生型”

城市提供了范例。

4）系统分析郴州市矿业绿色发展现状及其对生态环境的影响，提出了郴州市绿色矿业城市建设的相关工作建议。通过对郴州市区位、资源、生态、经济、文化等情况基础的全面分析，认为郴州市既有资源优势、区位优势，历史名城优势，同时具备一定矿业发展基础，郴州市具有建设绿色矿业城市基础条件。通过对郴州市矿业产业链现状的系统研究，认为郴州市矿业产业链条较多，具有面广的优势，但同时呈现了多而不长、不强的短板，矿业产业散而不聚、下游精深加工布局少，是产业竞争力不强的主要原因。通过对郴州市因矿山开发所造成的地形地貌景观破坏、土地土壤资源破坏、矿山地质灾害、矿山水土及大气环境污染、矿山水资源破坏和矿山生物资源破坏 6 类矿山地质环境生态问题的综合分析，对郴州市矿山生态环境影响进行了分区，划分为矿山生态环境影响严重区面积 870. 80 km^2，占全市总面积的 4. 50%；较重区面积 246. 34 km^2，占全市总面积的 1. 27%；较轻区面积 18224. 89 km^2，占全市总面积的 94. 23%。结合郴州市生态环境承载力、自然资源、经济发展基础和潜力等因素，初步划定生态涵养区面积 14179. 06 km^2，占全市总面积的 73. 31%，其中，重点生态涵养区面积 3918. 16 km^2，占全市总面积的 20. 26%。

在上述分析基础上，以矿业-产业-生态一体的绿色矿业城市综合建设理念，对郴州市建设绿色矿业城市提出了 7 条具体建议，包括：①加大战略性矿产资源勘查，保障资源能源安全；②推进绿色矿山和示范区建设，提高资源利用高效化；③围绕“补链、延链、强链”，加快产业园差异化特色发展，培育龙头产业企业；④加强矿山生态环境综合整治，持续推进土地复垦和生态修复；⑤利用生态和文化环境，建设生态涵养区；⑥统筹城市基础设施建设，促进矿地融合发展，着力打造特色小镇；⑦加强矿业文化建设，打造城市矿业绿色发展“名片”。

主要参考文献及资料

地表水环境质量标准(GB3838—2002)[S]. 2002. 北京：中国环境科学出版社.

地下水污染地质调查评价规范(DD 2008-01)[S]. 2008. 北京：中国地质调查局.

地下水质量标准(GB/T 14848—2017)[S]. 2017. 北京：中国标准出版社.

地质灾害分类分级(试行)(DZ 0238—2004)[S]. 2004. 北京：中国标准出版社.

矿山地质环境调查评价规范(DD 2014-05)[S]. 2014. 北京：中国地质调局.

矿山生态环境保护与恢复治理方案(规划)编制规范(试行)(HJ 652—2013)[S]. 2013. 北京：中国环境科学出版社.

矿山生态环境保护与恢复治理技术规范(试行)(HJ 652—2013)[S]. 2013. 北京：中国环境科学出版社.

区域地下水污染调查评价规范(DZ /T 0288—2015)[S]. 2015. 北京：中国标准出版社.

生活饮用水卫生标准(GB 5749—2006)[S]. 2007. 北京：中国标准出版社.

水质采样样品的保存和管理技术规定(HJ 493—2009)[S]. 2009. 北京：中国环境科学出版社.

水质采用技术指导(HJ 494—2009)[S]. 2009. 北京：中国环境科学出版社.

土地利用现状分类(GB/T 21010—2017)[S]. 2017. 北京：中国标准出版社.

土壤环境质量 · 建设用地土壤污染风险管控标准(试行)(GB 36600—2018)[S]. 2018. 北京：中国标准出版社.

土壤环境质量 · 农用地土壤污染风险管控标准(试行)(GB 15168—2018)[S]. 2018. 北京：中国标准出版社.

危险废物鉴别标准(GB 5085. 1~ 5085. 7-1996)[S]. 2007. 北京：中国环境科学出版社.

中国土壤分类与代码(GB /T 17296—2009)[S]. 2009. 北京：中国标准出版社.

中华人民共和国国土资源部. 2015. 地面沉陷调查与监测规范(DZ /T 0283—2015)[S].

湖南省地质环境监测总站. 湖南省矿山地质环境实施细则(试行)(2017-10))[M].

盛玉环. 岩溶塌陷的勘察与防治[M]. 1990. 广西科学技术出版社.

郴州市城市规划设计院. 2019. 郴州市资源环境承载能力和国土空间开发适宜性评价[M].

郴州市人民政府. 2021. 郴州市矿产资源总体规划(2021—2025 年)[EB/0L].

郴州市人民政府. 2022. 郴州市第三轮矿产资源总体规划实施评估[EB/0L].

郴州市人民政府. 2022. 郴州市有色金属产业链发展“十四五”规划[EB/0L].

郴州市水利局. 2020. 2020 年湖南省郴州市水资源公报[EB/0L].

郴州市水利局. 2021. 2021 年湖南省郴州市水资源公报[EB/0L].

郴州市生态环境局. 2021. 2021(1—12 月)郴州市地表水环境质量监测情况[EB/0L].

郴州市统计局. 2019. 郴州市统计年鉴 2019[M]. 北京：中国统计出版社.

郴州市统计局. 2020. 郴州市统计年鉴 2020[M]. 北京：中国统计出版社.

郴州市统计局. 2021. 郴州市统计年鉴 2021[M]. 北京：中国统计出版社.

郴州市统计局. 2022. 郴州市统计年鉴 2022[M]. 北京：中国统计出版社.

湖南大学公共管理学院. 2018. 湖南省矿业经济绿色发展研究[R]. 2018.

湖南省地质矿产勘查开发局四〇八队. 2020. 湖南省郴州市北湖区矿山地质环境调查评价报告[EB/0L].

湖南省地质矿产勘查开发局四〇八队. 2020. 湖南省郴州市桂东县矿山地质环境调查评价报告[EB/0L].

湖南省地质矿产勘查开发局四〇八队. 2020. 湖南省郴州市苏仙区矿山地质环境调查评价报告[EB/0L].

湖南省地质矿产勘查开发局四〇八队. 2020. 湖南省郴州市永兴县矿山地质环境调查评价报告[EB/0L].

湖南省地质矿产勘查开发局四〇二队. 2020. 湖南省郴州市嘉禾县矿山地质环境调查评价报告[EB/0L].

湖南省地质矿产勘查开发局四〇二队. 2020. 湖南省郴州市临武县矿山地质环境调查评价报告[EB/0L].

湖南省地质矿产勘查开发局四〇二队. 2020. 湖南省郴州市汝城县矿山地质环境调查评价报告[EB/0L].

湖南省地质矿产勘查开发局四〇二队. 2020. 湖南省郴州市资兴市矿山地质环境调查评价报告[EB/0L].

湖南省湘南地质勘察院. 2020. 湖南省郴州市安仁县矿山地质环境调查评价报告[EB/0L].

湖南省湘南地质勘察院. 2020. 湖南省郴州市桂阳县矿山地质环境调查评价报告[EB/0L].

湖南省湘南地质勘察院. 2020. 湖南省郴州市宜章县矿山地质环境调查评价报告[EB/OL].
龙岩市人民政府关于印发龙岩市国民经济和社会发展第十四个五年规划和2035年远景目标纲要的通知[J]. 2021. 龙岩市人民政府公报, (S2): 2-146.
柏道远, 贾宝华, 马铁球, 等. 2016. 1∶25万郴州市幅区域地质调查主要进展及成果[J]. 中国地质调查, 3(02): 24-33.
陈存根. 2021. 践行习近平生态文明思想 推进绿色城市建设[J]. 中国生态文明, (03): 25-26.
陈静. 2021b. 长江经济带矿业城市绿色矿业与经济高质量发展关系研究[D]. 中国地质大学(北京).
陈丽新, 郭冬艳, 孙映祥. 2021. 绿色矿业发展示范区建设的关键问题研究[J]. 中国国土资源经济, 34(05): 15-18.
陈其慎, 干勇, 延建林, 等. 2019. 从矿产资源大国到矿产资源强国: 目标、措施与建议[J]. 中国工程科学, (01): 49-54.
陈其慎, 张艳飞, 刑佳韵, 等. 2021. 矿产资源供应基地评价与供应链调查理论技术方法[J]. 地球学报, (02): 159-166.
陈其慎, 于汶加, 等. 2015. 资源-产业"雁行式"演进规律[J]. 资源科学, 37(05): 871-882.
陈其慎, 张艳飞, 邢佳韵, 等. 2017. 矿产资源强国评价指标体系构建与评价[J]. 中国矿业, 26(11): 1-9.
陈翔. 2021. 绿色发展视阈下的资源枯竭型城市转型研究[J]. 公关世界, (22): 20-23.
楚德江. 2022. 矿业城市绿色治理转型的内生动力与实践逻辑——以江苏省徐州市贾汪区转型发展为例[J]. 北京行政学院学报,(05): 21-29.
崔彬, 赵磊, 刘淼, 等. 2003. 矿业城市循环经济发展模式[J]. 资源·产业, (06): 83-84.
戴长华, 梅金华, 肖荣, 等. 2017. 湖南省矿山地质环境调查评价实施细则(试行)(2017. 10修订版)[M]湖南省地质环境监测总站.
戴兰. 2022. "双碳"目标约束下矿业城市绿色低碳发展路径研究[J]. 中国矿业, (06): 41-49.
董成, 孙刚, 朱林, 等. 2022. 基于生态城市理念的建筑低碳化策略研究[J]. 江西建材, (11): 100-101.
窦攀烽, 左舒翟, 任引, 等. 2019. 基于城市分类的绿色城市指标体系构建[J]. 生态学杂志, 38(06): 1937-1948.
窦睿音, 焦贝贝, 张文洁, 等. 2023. 西部矿业城市绿色发展效率时空分异与驱动力[J]. 自然资源学报, (01): 238-254.
段鑫, 陈亮. 2023. 产业结构升级对黄河流域矿业城市经济高质量发展的影响研究[J]. 生态经济, (02): 92-99.
樊文广, 陈宝欣, 李沁心. 2023. 各省新发展格局构建评价研究———基于改进的CRITIC-熵值法组合权重的耦合协调度模型[J]. 中国商论, (04): 37-41.
方星, 许权辉, 胡映, 崔良忠. 2019. 矿山生态修复理论与实践[M]. 北京: 地质出版社.
冯超, 赵军, 卿苗, 等. 2022. 城市活力视角下全国地级矿业城市转型效率评价研究[J]. 资源开发与市场, (09): 1043-1051.
冯萌萌. 2023. 践行"双碳"使命 打造智慧绿色矿山———鄂尔多斯市昊华精煤有限责任公司高家梁煤矿[J]. 中国煤炭工业, (01): 6-7.
干勇, 彭苏萍, 毛景文, 等. 2022. 我国关键矿产及其材料产业供应链高质量发展战略研究[J]. 中国工程科学, (03): 1-9.
高怀璧, 张国柱, 张佩琴. 2022. 提升矿业城市绿色低碳水平[J]. 中国金融, (09): 99.
龚慧敏. 2022. 绿色矿业经济发展路径研究[J]. 内蒙古煤炭经济, (10): 126-128.
龚鹏, 张洪岩, 赵奎涛. 2018. 全国绿色矿业研究文献统计分析[J]. 中国矿业, 27(10): 104-107.
关伟, 袁绍彪, 任恩伯. 2022. 绿色金融支持矿业城市低碳发展的对策及建议———以葫芦岛市为例[J]. 当代金融家, (01): 126-127.
郭冬艳, 孙映祥, 陈丽新. 2020. 关于编制绿色矿业发展示范区建设方案的思考[J]. 中国矿业, 29(07): 57-60.
郭敏, 赵恒勤, 赵军伟. 2020. 赣州市生态文明试验区绿色矿山建设成效及建议[J]. 中国矿业, 29(06): 64-68.
黄陈林. 2021. 资源枯竭型城市绿色转型探索———以贵州省铜仁市万山区为例[J]. 理论与当代, (05): 37-38.
黄健敏, 王旭东, 李同鹏, 等. 2022. 安徽省绿色矿山建设地方标准的特点与实施效果[J]. 地球与环境, (06): 892-897.
黄云凤, 张项童, 崔胜辉, 等. 2020. 绿色城市评价指标体系的构建与权重[J]. 环境科学学报, 40(12): 4603-4612.
黄子洋. 2022. 中国矿产矿业城市生态安全多维评估与提升策略研究[D]. 中国矿业大学.
侯华丽, 强海洋, 陈丽新, 等. 2018. 新时代矿业绿色发展与高质量发展思路研究[J]. 中国国土资源经济, (08): 4-10.
李冰, 尚建阁, 谢克家, 等. 2021. 基于矿业遗迹和地质遗迹开发的矿业城市绿色发展设计: 以平顶山市为例[J]. 中国矿业, (08): 69-76.
李国政. 2018. 绿色矿业: 内涵界定、模式探索与实现路径[J]. 矿产保护与利用, (06): 1-8.

李虹，邹庆. 2018. 环境规制、资源禀赋与城市产业转型研究———基于矿业城市与非矿业城市的对比分析[J]. 经济研究，(11)：182-198.

李明阳. 2020. 我国绿色矿业发展分析[J]. 西部皮革，42(14)：56.

李文定. 2022. 关于绿色城市的发展与前景[J]. 城市建筑，(S1)：182-184.

廉庆先. 2022. 现代城市规划设计中生态城市规划探析[J]. 城市建设理论研究(电子版)，(27)：13-15.

刘丹，张倩. 2022. 矿业城市高质量发展的动力机制及实现路径[J]. 学术交流，(05)：96-107.

刘继兵，张驰，田韦仑. 2022. 金融科技、资源错配与城市绿色创新[J]. 金融与经济，(06)：68-78.

刘小玲，唐卓伟，孙晓华，等. 2022. 要素错配：解开矿业城市转型困境之谜[J]. 中国人口·资源与环境，(10)：88-102.

刘晓卉. 2021. 20 世纪 70 年代后美国绿色城市的建设———以波特兰为例[J]. 城市史研究，(02)：294-315.

刘晓玮. 2020. 绿色城市指标体系比较研究及反思[D]. 中国城市规划设计研究院.

刘新卫，吴悠. 2022. 关于新发展阶段生态修复高质量发展的思考[J]. 自然资源情报，(11)：8-12.

刘玉强. 2020. 绿色矿业体系建设探析[J]. 黄金，41(09)：1-5.

柳晓娟，侯华丽，孙映祥，等. 2021. 关于中国绿色矿业内涵与实现路径的思考[J]. 矿业研究与开发，41(10)：180-186.

罗平. 2023. 新时期绿色矿山建设与发展研究[J]. 新疆有色金属，46(02)：72-73.

聂雷，王圆圆，张静，等. 2022. 矿业城市绿色转型绩效评价———来自中国 114 个地级市的检验[J]. 技术经济，(04)：141-152.

牛金辉. 2022. 绿色矿业经济发展的前景与管理对策分析———评《矿业经济与管理》[J]. 领导科学，(06)：154-155.

毛景文，谢桂青，李晓峰，等. 2004. 华南地区中生代大规模成矿作用与岩石圈多阶段伸展[J]. 高校地质学报，14(04)：510-526.

秦炳涛，彭涔，葛力铭，等. 2023. 资源依赖、政府廉政水平与绿色技术创新———来自中国矿业城市的经验证据[J]. 中国环境科学，1-17.

邱媛. 2016. 新时期增强政府对矿产资源调控能力思考———以福建省龙岩市为例[J]. 现代商贸工业，37(18)：131-133.

阮君，何刚，王莹莹，等. 2022. 安徽省矿业城市生态安全动态评价及预测[J]. 矿业安全与环保，(01)：121-127.

石斌. 2021. 我国绿色矿业经济发展的前景与对策分析[J]. 煤炭加工与综合利用，(08)：89-91.

史玉芳，兰欣颐. 2021. 中部地区矿业城市绿色发展效率的空间网络结构研究[J]. 统计与信息论坛，(10)：86-98.

宋飏，肖超伟，王士君，等. 2011. 国外典型矿业城市空间可持续发展的借鉴与启示[J]. 世界地理研究，20(04)：76-83.

宋洋，贺灿飞，YEUNG Godfrey，等. 2023. 中国矿业城市产业结构升级对土地利用效率的影响[J]. 地理研究，(01)：86-105.

索忠连. 2019. 资源型城市转型发展的路径探索：以平顶山为例[J]. 中国矿业，(05)：51-55.

孙轩. 2021. 当前我国矿业城市推动绿色转型的难点与对策[J]. 重庆理工大学学报(社会科学)，(12)：7-13.

汪峰，莫言欢，李如忠，等. 2022. 有色金属矿业城市典型村镇土壤重金属污染评价及来源解析[J]. 环境科学，1-14.

汪毅，卢俊汝. 2022. 资源枯竭型城市转型发展中城市功能建设比较研究[J]. 中国资源综合利用，(03)：73-77.

王彩娜. 2021. 资源型地区高质量发展路在何方[N]. 中国经济时报.

王镝，张先琪. 2018. 东北三省能源矿业城市的市场机制建设与经济转型[J]. 中国人口·资源与环境，(06)：170-176.

王家明，丁浩. 2022. 矿业城市环境规制与经济高质量发展[J]. 统计与决策，(15)：108-112.

王兰，邱练. 2021. 乡村振兴视角下矿业城市森林康养发展模式[J]. 农村经济与科技，(16)：279-281.

王琼杰. 2021. 以绿色矿业建设和矿山生态修复推进矿业高质量发展[N]. 中国矿业报.

王硕，王丹. 2021. 矿业城市生态形象构建探析[J]. 南方农业，(24)：195-196.

王婉晶，赵荣钦，揣小伟，等. 2012. 绿色南京城市建设评价指标体系研究[J]. 地域研究与开发，31(02)：62-66.

卫旭芳，卓凌，张溪，等. 2021. 矿业城市的国家森林城市建设对策———以江西省德兴市为例[J]. 湖北林业科技，(06)：73-76.

吴祥祥. 2011. 转变管理理念 助推郴州市矿业经济转型[J]. 国土资源导刊，8(09)：36.

伍伟，尹琼，任卓隽，等. 2021. 国内外绿色矿业发展历程及策略[J]. 现代矿业，37(02)：1-4.

项松林，孙悦. 2022. 绿色城市的发展演进与推进路径探析[J]. 渤海大学学报(哲学社会科学版)，44(05)：22-28.

谢振安，吴澳霞. 2022. 安徽省矿业城市转型效率分析及趋势预测[J]. 淮南师范学院学报，(03)：46-51.

徐豪. 2021. 新时代"三明实践"[J]. 中国报道, (03): 18-27.

徐先兵, 梁承华, 陈家驹, 等. 2021. 南岭构造带基础地质特征与成矿地质背景[J]. 地球科学, 46(04): 1133-1150.

闫姝文, 蒋馨莹. 2023. 基于熵值法的我国生态环境与经济发展综合评价及关系研究[J]. 长春师范大学学报, 42(02): 108-113.

杨斯琪, 蓝海燕. 2021. 辽宁省矿业城市绿色转型绩效分析———基于熵权 TOPSIS 模型[J]. 中小企业管理与科技(中旬刊), (11): 113-115.

姚竞争, 王同山, 陈哲, 等. 2022. 基于粗糙集理论和优劣解距离法的邮轮舱室舒适性评价[J]. 科学技术与工程, 22(13): 5488-5497.

易水, 付艳波. 2018. 云南资源枯竭型城市的转型之路[J]. 创造, (12): 63-67.

游治宏. 2022. 一级标准化矿井条件下创建绿色矿山的研究[J]. 价值工程, 41(20): 10-12.

张继飞, 蒋应刚, 孙威, 等. 2022. 国内矿业城市转型研究进展的文献计量分析[J]. 城市规划, (03): 93-105.

张莉. 2009. 北京市生态涵养发展区的功能类型划分及发展对策[J]. 经济地理, (06): 990-99.

张项童. 2020. 绿色城市评价指标体系与实证研究[D]. 集美大学.

张艳, 张雨, 孙哲远. 2022. 政府治理能力对矿业城市绿色经济转型的影响[J]. 南京财经大学学报, (02): 76-85.

赵景柱, 崔胜辉, 颜昌宙, 等. 2009. 中国可持续城市建设的理论思考[J]. 环境科学, 30(04): 1244-1248.

赵立君, 李海东, 马伟波, 等. 2022. 生态城市建设观测指标: 基于人与自然和谐共生的考察[J]. 生态与农村环境学报, 38(08): 953-962.

赵洋. 2020. 中国矿业城市发展阶段研究———基于绿色转型的视角[J]. 经济问题探索, (02): 74-84.

赵永超. 2021. 矿业城市可持续发展能力: 概念界定、提升路径与实施对策研究[J]. 管理现代化, (02): 74-76.

周静. 2022. 市场化方式推进矿山生态修复的实施路径与思考[J]. 中国矿业, (06): 61-63.

周镕基, 皮上玉. 2009. 金融危机下有色金属产业集群发展模式分析——以湖南郴州市为例[J]. 衡阳师范学院学报, 30(04): 39-42.

朱珈萱, 吕萍, 李鑫. 2022. 双碳目标背景下矿业城市发展文化产业促进经济转型研究[J]. 对外经贸, (11): 59-61.

Bui Q D, Luu C, Mai S H, et al. 2022. Flood risk mapping and analysis using an integrated framework of machine learning models and analytic hierarchy process[J]. Risk analysis: an official publication of the Society for Risk Analysis, https://doi.org/10.1111/risa.14018

Cao W K, Jian-Wen X U, Gao P F, et al. 2011. Developing Recycling Economy and Promoting Green Mining[J]. Coal Technology. 30(1): 1-2.

Chang Y T. 2018. Green City and Green Growth: Environment Governance as a Moderating Variable[J]. Journal of Economics, Business and Management, 6(4):145-149.

Huang J. 2009. On the Construction of Green Mines[J]. Metal Mine, 15(4): 23-25, 33.

Hao Z, Fei H, Liu L. 2012. GreenMining:the Basic Policy of China[J]. Acta Geologica Sinica, 86(6):1593-1593.

Jenni V, Richard K. 2014. Smart Cities and Green Growth: Outsourcing Democratic and Environmental Resilience to the Global Technology Sector[J]. Environment and Planning A, 46(4):803-819.

Long R Y, Ming L I. 2007. Reasons of Positively-lacking and Revelation of Policy-making on Green Mining[J]. Ecological Economy, 194-7 [in Chinese].

Sieting T, Yang J, Yan J Y, et al. 2016. A holistic low carbon city indicator framework for sustainable development[J]. Applied Energy, 185: 1919-1930.

Soomro H, Shah S F, Sahito W S, et al. 2022. Assessment of Sustainable Biomass Energy Technologies in Pakistan Using the Analytical Hierarchy Process[J]. Sustainability, 14(18):11388. https://doi.org/10.3390/su141811388.

Xu G S, Yuan X Z, Wei J. 2019. How do Economic Openness and R&D Investment Affect Green Economic Growth? —Evidence from China[J]. Resources, Conservation & Recycling, 146: 405-415.